Wes Yoder
Bruderherz

Über den Autor

Wes Yoder ist aufgewachsen auf einem Milchbauernhof in der amischen und mennonitischen Gemeinschaft in Pennsylvania, USA. 1973 zog er nach Nashville, wo er vielen bekannten Musikern zu ihren Karrieren verhalf. Zu seinen Projekten gehören auch die Medienvertretung für Rick Warrens Bestseller *Leben mit Vision* sowie die literarische Vertretung für die Nr. 1 New York Times-Bestseller *Mistaken Identity* und *Die Hütte*. Er ist mehrfach im Fernsehen erschienen. Wes und seine Frau Linda leben im US-Bundestaat Tennessee. Sie haben zwei Kinder und zwei Enkelkinder.

Wes Yoder

ECHTE MÄNNER

BRUDERHERZ

ECHTE FREUNDE

Aus dem amerikanischen Englisch von Jokim Schnöbbe

INHALT

Für meinen Vater.
Für meinen Sohn.
Mit Liebe für Linda, Jenny und Mom.

VORWORT

Wes Yoder ist mein Freund, und zwar ein vertrauenswürdiger. Sein Gesicht ist vom Leben gezeichnet, im positiven Sinne. Seine Entscheidungen zu lieben, zu vergeben und den Preis zu zahlen, den nur Güte abverlangen kann, haben sich wie die Radierungen eines göttlichen Künstlers in seine Haut graviert. Er hat ein markantes Gesicht, dessen natürliche Falten sich durch Jahre des Lächelns und Lachens gebildet haben. Es trägt auch Furchen der Reife, durch die im Laufe eines langen Lebens viele Tränen und viel Liebe geflossen sind.

Wes ist ein Mann. Er braucht keine Definition von außen, um bestätigt zu bekommen, was das bedeutet; er ist einfach ... Mann. Und ein Glaubensvater mit einem weiten Herzen für die *Brüder*, die sich noch nicht ganz sicher sind, was einen *Mann* ausmacht. Seine Hände sprechen für sich; harte Arbeit, die geleistet wurde, von der Farm bis auf den Markt, hat dort ihre Spuren hinterlassen. Selbst wenn man blind wäre, könnte man trotzdem sein Herz erkennen; man kann es in seiner Stimme hören, in jenen Klangfarben und jener Resonanz, die einen Widerhall in den tieferen Orten der eigenen Seele erzeugt und einen bleibenden Eindruck hinterlässt.

Möchtest du besser verstehen, was es heißt ein *Mann* zu sein? Dann fang hier an, mit Geschichten und Fragen, mit dem

Verlangen und den Wünschen, mit den Entdeckungen von Risiken und erforderlichem Vertrauen, mit den Untersuchungen von tiefgründiger Majestät wie auch schwindelerregender Dummheit, innerhalb dieser Schmiedearbeit und Kunstfertigkeit. Dies ist kein Buch mit Formeln und magischen Lösungen, sondern eine Einladung zum „Werden", zu tiefen Offenbarungen, die aus uns Männern Menschen machen, während es auch das feiert, was nur wir zum Leben beitragen können.

Also, nichts wie los: Hör auf das Herz des Vaters, desjenigen, der dich so sehr respektiert, dass er auf dein Rufen wartet, dich aber auch so sehr liebt, dass er nie weit weg von dir ist und dich diesen Weg nie alleine gehen lässt.

William Paul Young,
Autor des Bestsellerromans „Die Hütte"

VORBEMERKUNG

Herzlich willkommen, ihr Brüder, die ihr im Leben verletzt worden seid, die ihr feststeckt und denen nicht so ganz klar ist, was sie als nächstes tun sollen.

Herzlich willkommen, ihr Väter, die ihr euren Kindern und den zukünftigen Generationen in geistlicher wie menschlicher Hinsicht etwas Authentisches hinterlassen wollt.

Herzlich willkommen, ihr Männer, die ihr tiefgründige stille Wasser seid, die aber selten Worte finden, um ihre Gedanken, Gefühle und Überzeugungen denen gegenüber auszudrücken, die ihnen am nächsten stehen.

Herzlich willkommen, ihr Söhne, die ihr euch danach sehnt, mit euren Vätern und anderen Männern eine Unterhaltung zu führen.

Auch herzlich willkommen ihr Frauen, die ihr bereitwillig zuhört, da ihr eure Männer besser verstehen möchtet – eure Väter, Söhne, Freunde und Ehemänner.

Und ein ganz besonders herzliches Willkommen all denjenigen, die von Menschen, denen sie am meisten vertraut haben, verletzt oder verraten wurden.

Dies ist eine Einladung zu einem Gespräch.

Männer werden von dem geprägt, was sie lieben.
Ein Mann sollte deshalb als seine erste Liebe,
als seine höchste Liebe, das annehmen,
was sein Herz, seine Seele,
seinen Geist und sein Leben prägen soll.

EINLEITUNG

MEINE TOCHTER EINEM
VON UNS GEBEN?
WILLST DU MICH VERÄPPELN?

Dass ein Mann seine eigene Tochter einem anderen Mann anvertraut, bis dass der Tod die beiden scheidet, ist ein geradezu schlechter und skandalöser Wechsel. Die Hochzeit bezahlen *und* dabei sein Mädchen verlieren? Wer hat sich denn so einen Mist ausgedacht?

Alles Theorie, bis zu dem Zeitpunkt, an man es selbst erlebt. Wenn es dann nämlich soweit ist, ruft der Schock eine tiefe Stille hervor, die Männer auf der ganzen Welt kennen. Eine Stille, die tief ins eigene Herz reicht, hinein in das, was ein Vater über sich selbst und andere Männer weiß. Denn in diesem Moment erinnert er sich klarer als in irgendeinem anderen Augenblick seines Lebens daran, wie er selbst in seiner Jugend war. Und das kann sehr beängstigend sein. Denn jeder Mann, der sich selbst kennt, kennt auch alle anderen Männer. Und es fühlt sich an, als

13

wäre man gezwungen, den privaten Schriftverkehr eines Fremden zu lesen. Insofern will man, wenn ein junger Mann um die Hand der *eigenen* Tochter anhält, sich ihm lieber nicht verpflichtet fühlen.

Vielleicht steckt dahinter eine Urangst, ein verfeinerter Überlebensinstinkt. Oder der eingebaute väterliche Taschenrechner, der weiß, dass die Summe der Ausgaben für Hunderte Hochzeitsgäste nicht der für ein weiteres Studiensemester in Italien gleicht. Trotzdem, es geht nicht in erster Linie ums Geld.

Es steckt etwas unsagbar Schönes darin, als Mann eine Tochter zu haben. Es ist so, als sei man zu etwas Zartem ähnlich der Jungfrau Maria, als rauer Mann eingeladen. Nie werde ich den kalten Wintermorgen vergessen, an dem der Arzt Jennys Ankunft bekanntgab. „Es ist ein Mädchen", sagte er. „Sind Sie sich sicher?", fragte ich. Ich hatte bis dato keinerlei Erfahrung damit, der Vater eines kleinen Mädchens zu sein. Ich wusste nur, dass es einen liebevollen Mann erforderte, um einem Mädchen ein guter Papa zu sein, und ich hatte Sorge, nicht sanft genug für seine Bedürfnisse sein zu können.

Doch sie wuchs, und ich wuchs mit ihr, und irgendwie, wie durch ein Wunder, tanzten wir Walzer durch die Jahre. Ich brachte ihr das Fahrradfahren bei. Ich ermutigte sie, einer Freundin zu vergeben, damit ihre Freundschaft nicht endete. Ich half ihr bei ihren Hausaufgaben und Dingen, die sie für zu schwer hielt. Ich redete mit ihr über Jungs und deckte ihr und ihren Brüdern vom Ende der Grundschulzeit bis zum Schulabschluss jeden Morgen den Frühstückstisch. Was kann man als Vater tun, um Zeit mit Kindern von heute zu verbringen?

Ich baute ihr eine Scheune und zäunte die Weide für „Sugar" ein, das Pferd, das sie mit zehn zu Weihnachten bekam. Wir misteten zusammen den Stall aus, und als sie 17 war, hielt ich ihre Hand und führte das liebe Pferd zum letzten Mal über die Weide, wobei ich selbst wie ein Baby heulte und – man stelle sich das vor! – Jenny *mich* trösten musste. „Das Pferd hat mir geholfen, ein besserer Vater zu sein", sagte ich ihr. „Ist schon okay, Daddy", erwiderte sie. „Wir finden bestimmt bald andere Sachen, die wir gemeinsam machen können." Und wir hofften, Sugar würde nun einem anderen Vater und Tochter die Gnade erweisen, sie näher zueinander zu bringen.

In vielen anderen religiösen wie nicht-religiösen Traditionen, gilt der Vater als das (geistliche) Oberhaupt der Familie. So war es auch bei mir. Es ist Ehre und zugleich Privileg, in den Stürmen des Lebens Schutz und Weisheit zu bieten, und seiner Familie die nötige Liebe zu geben, damit die eigenen Kinder nicht zu früh nach Liebe (oder einem ärmlichen Liebesersatz) in den Armen anderer suchen. Doch irgendwann kommt der Tag, und mag er noch so strahlend schön sonnig sein, an dem er sie bereitwillig in die Arme ihres Geliebten geben muss – vor Gott, vor der Verwandtschaft und der an diesem Tag versammelten Welt.

Gar nicht so leicht, wie es aussieht. Und es ist auch nicht leicht, darüber zu reden, besonders wenn da kein Mann war, der ein Wort darüber verloren hat, wie es für ihn war.

Dieser Kerl da bekommt mein Mädchen. Was für ein schöner Tag – und er verschwendet keinen Gedanken daran, was es ihren Vater gekostet hat, sie ihm in die Hand zu geben, bis er eines Tages selbst dran ist und seine eigene Tochter weggibt. Dann ist er gefragt. Das Einzige, was ich aus einem Freund, einem Schriftsteller, zu diesem Thema herauskitzeln konnte, war ein Wort – „beängstigend" –, sowie ein unverständliches Grunzen von einem anderen Freund. Mittlerweile verstehe ich sowohl das Wort als auch das Grunzen. Später hat mir mein Vater erzählt, dass er den Verlobten meiner Schwester zwar durchaus mochte, er sie aber zum Altar (der ihm in dem Moment wie ein Opferaltar erschien) so langsam wie möglich führte. Ich tat das auch.

Angesichts der Tatsache, dass die meisten Männer heutzutage für gewöhnlich kaum noch über irgendetwas von Bedeutung reden, überrascht es da, dass sie auch nicht über eines der bedeutsamsten Dinge reden, die ein Mann tun kann? In diesem einen hoch symbolischen und heiligen Moment, für den es keine Worte gibt, legte ich die Hand meiner Tochter in die Hand des Mannes, den sie liebte. Damit trat ich als ihr vorrangiger geistlicher Beistand zurück, „im Guten wie im Bösen", und öffnete den Weg für mein hinterlassenes Erbe und ihr Wohlergehen. In vielerlei Hinsicht war dieser Moment eine Weichenstellung für ihr weiteres Leben.

Jenny strahlte am Tag ihrer Hochzeit wie ein Engel. Und am frühen Abend dieses perfekten Sommertags – auf der Wiese, auf der wir so oft miteinander gespielt hatten – standen wir, während die Musik spielte, einen ganz besonderen Moment lang zusammen. Und dann vollzog ich das, was ein Mann tut, wenn er mit seiner Tochter vor Gott und dem Mann steht, den sie liebt. Ich vollzog es mit einem Lächeln, mit Wissen, Glauben und Hoffnung: Ich gab mein Fleisch und Blut einem von uns.

Man sollte es für keine Kleinigkeit halten, was von einem Mann einem anderen Mann zuliebe verlangt wird. Möge Gott uns dabei beistehen!

1

REDEN WIR MAL ÜBER DAS MANNSEIN

„Warum setzt du dich nicht mehr mit
ganzer Kraft für uns ein?
Wo sind deine großen Taten?
Warum hältst du dich zurück?"

JESAJA 63,15

Mein Vater war kein verbitterter Mann. Zwar prägte ihn jahrelang Gesetzlichkeit, er nahm auch seine Arbeit und seinen Glauben sehr ernst, er hatte aber trotzdem immer ein Lied auf den Lippen, ein Leuchten in den Augen und ein Schmunzeln um seine Mundwinkel. Im Gegensatz zu anderen Gesetzestreuen in unserem Bekanntenkreis kämpfte er gegen seine Ängste an. Letztendlich war er ein lausiger Gesetzesgläubiger. Sein Herz schlug irgendwie in einem anderen Rhythmus. Irgendetwas war bei ihm anders.

17

In jungen Jahren waren für meinen Vater vorbildliches Verhalten und gute Leistung gleichbedeutend mit Gottgefälligkeit, der äußere Beweis einer inneren wie persönlichen Glaubenserfahrung. Je besser das Auftreten nach außen, desto stärker war der Beweis dafür erbracht, dass man es mit Gott ernst meinte. Doch mit den Jahren schmolz sein Leistungsdenken dahin und ließ ein tiefes Verständnis zum Vorschein kommen, dass Gott ihn und den Rest von uns liebt, egal ob wir nun gute Leistungen für Gott erbringen können oder nicht. Mein Vater hatte ein Lied im Herzen. Seine klare Tenorstimme hörte man, während er die Kühe molk, während er die Straße entlangfuhr, wenn er in der Werkstatt arbeitete und viele Jahre, Tag um Tag, am Esstisch mit Familie und Freunden. Oftmals musste er von seiner Verwandtschaft Kritik einstecken, er sei nicht streng genug mit seinen Jungs. Doch seine Güte mir gegenüber rettete mein Leben.

Die Einzelheiten sind nicht so wichtig, er muss seine Geschichte selbst erzählen, doch mein Vater benötigte beinahe siebzig Jahre, bis er lernte, vollkommen ehrlich zu seiner Familie zu sein.

Wie lange habe ich dafür gebraucht? Und wie lange du?

Heute ist mein Vater ein freier Mann, und seine Freiheit – wie wir noch sehen werden – hat viel mit mir zu tun. Deine Kinder bleiben immer mit dir verbunden, im Guten wie im Schlechten.

Im Laufe der Jahre verschwendete ich mehr als nur einen flüchtigen Gedanken daran, ob ich dieses Buch schreiben soll oder nicht, doch schließlich habe ich mich entschlossen, dem Vakuum der Stille zu widerstehen. Eigentlich verstecke ich mich gerne in meiner ruhigen, kleinen Welt, genauso wie viele andere Männer, anstatt mit meinen ehrlichen, aber noch nicht ganz ausgereiften, Gedanken an die Öffentlichkeit zu gehen. Sie könnte ja schließlich die Illusion zerstören, ich hätte alles im Griff.

Deswegen habe ich mich dazu entschlossen, ein Gespräch darüber zu eröffnen, wie ich die Seelenarchitektur eines Mannes verstehe, und ich möchte versuchen, Männern zu einer Sprache zu verhelfen, durch die sie ausdrücken können, wer sie als Männer sind, um ihre Familie und ihre Träume wiederzufinden, selbst wenn ihre Träume lügen und – so wie James Taylor sang – wie Flugmaschinen sind, deren Bruchstücke am Boden liegen.

Ich bin mir ganz sicher: **Männer, die zerbrochen wurden, aber nicht zuließen, dass sich ihr Herz mit Bitterkeit füllte, können im Reich Gottes besser gebraucht werden als solche, die nicht zerbrochen wurden.** Auch sind sie ausnahmslos angenehmer, und vielleicht kann ich einem verbitterten Mann helfen, ein besserer Mann zu werden, mit einer neuen Ausrichtung und Hoffnung. Vielleicht können wir zusammen unsere Ängste überwinden.

Vieles von dem, was ich weiß, lernte ich auf die harte Tour, „an der Universität der harten Schläge, in der Schule, die unsere Ausbildung vervollständigt", wie es Ralph Parlette ausdrückte. Meine Brüder auf dieser Reise sind wie Jakob, der in einer Wüstennacht mit einem Engel kämpfte. Kurz vor der Morgenröte rief er mit krächzender Stimme: „Ich lasse dich nicht eher los, bis du mich gesegnet hast!"* Er ging aus diesem ungleichen Kampf hinkend hervor, aber auch mit einem Segen, den Gott über ihn aussprach. Und wenn wir unser Leben einmal anschauen, merken wir, dass auch wir hinken. Vielleicht haben wir bereits entdeckt, dass Gott uns gesegnet, beschützt und seine Gnade in unser Herz ausgegossen hat, und dass er das weiterhin tut, Tag für Tag. Vielleicht erscheint uns das aber auch wie ein unmöglicher Traum,

* 1. Mose 32,27 (Hfa)

gut für einen anderen Mann, aber viel zu weit weg, als dass wir es selbst erfahren könnten.

Du, mein sehr geschätzter Bruder, bist der Grund, warum ich mich entschlossen habe, in diesem Buch über das Herz und die Seele von Männern zu schreiben. Über Dinge, über die wir für gewöhnlich nicht reden. Denn ich glaube, wir können dadurch etwas wiedergewinnen, was uns gestohlen wurde: unsere Familien, unsere Kinder, unsere Enkel und unsere Freunde. Daher richtet sich dieses Buch an uns alle, weil es die Herausforderungen beschreibt, ein Mann zu werden, uns selbst zu verstehen und eine lebendige Männlichkeit auszustrahlen.

WIE DER VATER, SO DER SOHN

Der Mann, den jeder Mann am besten kennen sollte – seinen Vater – ist allerdings wahrscheinlich der Mann, den er am wenigsten kennt. Allzu oft sind Väter schweigende Helden oder mysteriöse, ferne Gestalten. Männlich, aber undefiniert; Mann, aber ein schleierhaftes Schweigen. Hat man nicht schon oft gehört oder selbst gesagt: „Mein Vater redet nicht viel" oder: „Meinen Vater hab ich eigentlich nicht so gut gekannt"? Das ist ein Schrei, der mit einem Zucken im Herzen eines kleinen Jungen anfängt und wächst, bis er etwas viel Schlimmeres in der Brust eines erwachsenen Mannes ist, der sieht, wie er in das Muster des „wie der Vater, so der Sohn" fällt und sich wünscht, er könnte diesen Mann Freund nennen.

Als mein Vater 89 Jahre alt war, erzählte er mir, dass sein Vater, ein gläubiger, aber sehr ernster Mann, ihm nur einmal ein Kompliment machte. Er erinnerte sich an diesen Moment, als ob er gestern gewesen wäre, denn die Worte waren für ihn immer noch wie frischer Honig.

„Was hast du getan, um ein solch großes Lob von meinem Großvater zu bekommen?", fragte ich.

Sein Gesicht fing an zu strahlen. „Ich habe die Weizengarben besser aufeinandergestapelt als jeder meiner acht Brüder", sagte er.

Obwohl mir klar war, dass dies ein tolles Kompliment ist für einen Jungen aus einer großen Bauernfamilie, sagte ich zu ihm: „Stell dir mal vor, Großvater hätte dir, sagen wir mal, in deiner Kindheit zehn Komplimente gemacht statt nur eines. Wie wäre das gewesen?"

„Ich weiß nicht."

Dass sich Liebe derart ausdrücken kann, lag außerhalb seines Vorstellungsvermögens. Und obwohl er 89 Jahre alt war, nahm ich in seiner Stimme die Sehnsucht eines Sohnes wahr nach lebensspendenden Worten der Gnade und Wahrheit seitens seines Vaters.

Einige Zeit später stellte ich ihm eine andere Frage: „Dad", sagte ich, „du hast mir mehrfach gesagt, du hättest gewusst, dass dein Vater dich liebte. Woher hast du das gewusst? Hat er dir je *gesagt*, dass er dich liebt?"

„Nein", erwiderte er, „ich habe diese Worte nie gehört." Seine Stimme verstummte.

„Nicht einmal, auch nicht nachdem du erwachsen warst und selbst eine Familie hattest?"

„Nein, kein einziges Mal." Mein Vater hielt inne. „Aber ich wusste es immer. Als ich 1941 einberufen wurde, sagte er mir, er würde lieber an meiner Stelle gehen."

Dass mein Vater nach alldem schließlich doch eine ganz andere Lebensweise für sich entdeckte, empfinde ich sehr bemerkenswert.

Nahezu jeder Mann kann Wort für Wort ein schönes Kompliment oder eine harte Kritik wiedergeben, die er von seinem Vater bekommen hat. Er weiß diese Worte immer noch genau zu zitieren, selbst wenn dies eine halbe Lebenszeit zurückliegt. **Worte, besonders Worte, die vom Vater gesprochen werden, haben die Kraft, den menschlichen Geist zu brechen oder zu heilen.** Durch Worte werden Gedankengebäude aufgebaut, und durch sie werden geistliche Vermächtnisse geschaffen, gute wie schlechte. Worte haben die Kraft, bei einem Kind die Weichen für das ganze Leben zu stellen. Insofern halten Väter die Schlüssel des Lebens für ihre Kinder in der Hand. Ihnen ein einfaches Kompliment, eine Umarmung oder ein „Ich hab dich lieb" vorzuenthalten, ob sie es nun „verdient" haben oder nicht, kommt einem Todesurteil gleich. Es ist zwar ein Tod auf emotionaler wie geistlicher Ebene, aber dennoch ein Tod.

Es heißt, man erinnert sich an uns anhand von drei Dingen: anhand dessen, was wir sagen, anhand dessen, wer wir sind und anhand dessen, was wir tun. Wenn das stimmt, schau mal, ob folgende Beschreibungen auf dich oder deinen Vater (oder die meisten Männer, die du kennst) zutreffend sind:

- Wir zeigen unsere Verletzungen nicht.
- Wir weinen nie.
- Wir tun uns schwer damit, Mitleid oder unsere wahren Gefühle auszudrücken.
- Wir machen nur selten, wenn überhaupt mal, ein Kompliment ohne Einschränkungen.
- Wir fühlen uns nicht genug respektiert.
- Unser Sprachgebrauch schließt keine simplen Formulierungen ein wie: „Ich liebe dich, Sohn. Ich bin stolz auf dich."

- Wir reden über unsere Unternehmungen oder das Wetter, als wären beides furchtbar wichtige Themen. Die wirklich bedeutsamen Ereignisse in unserem Leben als Mann bleiben hingegen irgendwo unter der Oberfläche, unsichtbar für unsere Söhne und Töchter, sogar unsichtbar für uns selbst.
- Wir sind still.

DIE STILLE DES MANNES

Das, worüber Männer nicht reden, gehört zu den wichtigsten Dingen im Leben. Denn hinter unserem Schweigen verbergen sich unsere Sorgen. Wir schweigen über das, was wir zwar bewundern, aber selbst nicht erreichen können. Und wir schweigen über Vorlieben und Ängste.

Nur selten dringen Gespräche unter Männern in eine Tiefe vor, wo etwas ins Fließen gerät. Das mag zwar auch für Frauen gelten, aber ich habe unter Männern und in meinem eigenen Leben beobachtet, dass die Dinge, über die Männer nicht reden, letztlich zu ihren Geheimnissen werden. Und unsere Geheimnisse werden zu unseren Ängsten, und diese Ängste wiederum werden zu einer Art Einzelgefängnis, in das wir uns statt eines richtigen Zuhauses begeben.

Sogar noch beunruhigender und schädlicher als die weit verbreitete körperliche Abwesenheit von Männern in ihren Familien ist ihr Rückzug ins Schweigen, ihr Abstieg tief in die Unterwelt der Unsicherheiten, verlorener oder dunkler Romantik, Entmutigung, Versagen, Depression und verpuffter Träume. Mit der Zeit, das weiß jeder Mann, entwickelt das Schweigen eine Eigendynamik. Und es bekommt eine beherrschende Stimme, die sich den Mann unterwerfen will.

Unser Schweigen widerlegt leider nicht die folgenden Sprüche: „Wie er in seinem Herzen denkt, so *ist* er" und „Wer andere Menschen meidet, denkt nur an sich und seine Wünsche."* Sollen wir daraus schließen, dass alle stillen Männer keine Fülle des Herzens haben, nichts, was sie zu einer Unterhaltung beitragen können, und keine Worte finden, durch die sie einen Freund, einen Sohn, eine Tochter oder eine Ehefrau ermutigen können? Einige von uns sind aus dem einfachen Grund verschlossen, weil sie noch nicht ihre Stimme gefunden haben; sie wussten nicht, dass Männer Stimmen *haben*, die andere hören wollen. Bei anderen liegt der Grund für ihr Schweigen jedoch viel tiefer, und zwar an einem verletzten Herzen. So jemand verspürt dann keinen Wunsch, irgendetwas überhaupt zu sagen. Eine absichtliche Selbstisolation entwickelt sich jedoch nur selten gutartig, mit der Zeit treten furchtbare Konsequenzen auf.

Da, wo es am meisten drauf ankommt, sind viele Männer wie verschollene und totgeglaubte Soldaten im Krieg. Wir arbeiten zwar so lange wie nötig, um unsere Familien zu versorgen; wenn es sein muss, opfern wir uns für Frau und Kinder auf, indem wir vierzig Jahre lang im langweiligsten Job der Welt arbeiten, um ihnen unsere Liebe zu beweisen (und wir lieben sie wirklich), doch die Jahre des Schweigens unserer eigenen Väter und unseres eigenen Herzens haben uns wenig Substanz mitgegeben. Einige Männer schlagen die Hände über dem Kopf zusammen und finden sich damit ab. Andere brennen alles nieder. Dass wir nichts zu sagen haben, ist natürlich eine Lüge, der wir über uns selbst auf den Leim gegangen sind. Gerade wenn Männer an den Punkt in ihrem Leben kommen, an dem sie anderen am meisten zu bieten

* Sprüche 23,7 (direkt aus dem Englischen); Matthäus 12,34 (Hfa); Sprüche 18,1 (Hfa)

hätten, werden sie in die große Stille ihres Lebens hineingeführt und denken, sie hätten nichts zu sagen. Doch nichts könnte der Wahrheit ferner liegen.

In meinen Gesprächen mit anderen Männern habe ich festgestellt, wenn ich mein eigenes Herz kenne und ehrlich zugebe, was ich darin finde, dann weiß ich auch besser, was im Herzen meines Gegenübers ist sowie im Herzen eines jeden Mannes, dem ich begegne. Dieses Wissen kann jeder erlangen, zwar nicht perfekt, aber doch zu einem hohen Grade. Das ist der Schlüssel, das eigene Herz aufzuschließen, das eigene Schweigen zu beenden und andere Männer zu verstehen, die sich im Sumpf ihres Irrglaubens abstrampeln.

Machen wir uns nichts vor, Männer werden Frauen nie im Reden übertreffen – das müssen wir auch nicht –, aber die eigene Stimme zu erheben, gehört zu dem Wichtigsten, was einem Mann selbst, seiner Frau, seinen Kindern und seinen Freunden widerfahren kann. Das Wiedererwachen von Seele und Geist, die Neuentdeckung totgeglaubter Träume, die Wiedergeburt und Heilung von Beziehungen und der neu entstehende Fluss von Leben und Freude im Alltag eines Mannes sind nicht nur möglich; sie sind unerlässlich – und sie liegen gar nicht so weit entfernt, wie man vielleicht glaubt.

TRAURIGE FAKTEN ÜBER MÄNNER

Insofern: Willkommen im emotionalen und geistlichen Gefängnis des 21. Jahrhunderts. Willkommen in der „Utopia", die den Kindern der 1960er-Revolution versprochen wurde, in einer Welt, die Verhaltenswissenschaftlern zufolge ein Ende hätte finden sollen. Willkommen in einer der verwirrendsten Zeiten für Männer in der Weltgeschichte.

In den letzten Jahrzehnten haben Fernsehen, Popkultur, Bücher und die Massenmedien Väter zur Zielscheibe von Spott und Lächerlichkeiten gemacht. Zugegeben, einige Dinge über Männer sind schon witzig, und manche total bizarr, es gibt also keinen Grund, seinen Sinn für Humor zu verlieren. **Aber in einer Zeit, in der Ehepartner ihr Treueversprechen brechen, in der Väter ihre Familien verlassen und Männer noch stiller im Hinblick auf das Wesentliche des Lebens werden, müssen Männer unbedingt ihre Stimme, ihr Herz und ihren Verstand wiederentdecken – ja, ihre Seele.**

Wie würden wir einen Mann beschreiben? Was haben uns unsere Väter darüber erzählt, worauf es beim Mannsein ankommt – sofern sie überhaupt etwas dazu geäußert haben? Welches Lied, welches Buch, welche Werbung, welche Predigt skizziert den wahren Mann? Was haben wir oder werden wir unserem Sohn erzählen? Was haben wir über Männer gehört, das nicht auch von einer Frau gesagt wurde? „Sei brav, sei nett, sei fromm, sei stark, sei lieb und folge deinen Träumen." Liegt das Problem nicht auf der Hand? Männer reden nicht darüber oder sind sich nicht mal sicher, was man braucht, um ein Mann zu sein. Und wenn *wir* es selbst schon nicht wissen, kann man darauf wetten, dass es auch sonst niemand weiß.

Ein Freund meinte neulich zu mir: „Es ist nicht übertrieben, wenn man sagt, dass man das Chaos in der Welt dem Zustand von Männern zuschreiben kann." In meinem Beruf habe ich viel mit karrierestarken Männern zu tun, mit Männern in hochkarätigen Positionen im Geschäftsleben, in der Politik, in den Medien und der Unterhaltungsindustrie, und auch mit Männern, die sich sowohl in christlichen Kreisen als auch in der Welt hervorgetan haben. Aufgewachsen bin ich allerdings eher mit dem „kleinen

Mann", im Kreise ganz normaler Arbeiter, die von einem Gehalt zum nächsten lebten, und du darfst mir gerne glauben, dass sich ein roter Faden durch alle Männer zieht, unabhängig vom Sozialstand oder von der Lebensposition. Es gibt einen gemeinsamen Kern, der zerrissen, ignoriert, misshandelt oder verspottet worden ist. Die meisten von uns verstecken sich – oder verstecken etwas –, und wenn jemand den heißen Punkten zu nahe kommt, ist unsere Standardeinstellung ein Ausweichmanöver. Klingt bekannt?

Von dem Tag an, an dem Adam sich im Garten Eden vor Gott versteckt hat, neigt jeder Mann von Natur aus dazu, sich zu verstecken – selbst wenn wir gar nichts zu verbergen haben. Man kann also Gift darauf nehmen, dass wir uns verstecken, wenn wir einen guten Grund dafür haben. Das gehört zur alten Welt. Es liegt uns im Blut und wird uns zudem schon früh eingetrichtert. Wir verinnerlichen es geradezu. Hat man einmal mit diesem Versteckspiel begonnen, kommt man nicht leicht wieder heraus, denn schon bald wird daraus eine geschickte Überlebenstaktik inmitten einer brutalen Welt.

Unabhängig von unserem eigenen Selbstbild haben wir einen enormen Wert als Mann, ganz gleich was wir im Leben gerade durchmachen. Wenn uns im Moment der Glaube fehlt, diesen Wert in uns zu sehen, können wir uns ein bisschen Glauben von einem Freund ausleihen und Hilfe bei ihm suchen, um gemeinsam die Last tragen zu können. Denn es ist höchste Zeit, dass wir uns nicht immer dieselben alten Lügen erzählen, sondern der Wahrheit glauben, die uns frei macht. Dabei sollten wir allerdings auch uns immer wieder vor Augen halten: Wir sind auf einer Lebensreise, das Leben ist keine Formel, also haben wir die Sache Schritt für Schritt anzugehen.

DER WEG ZUM MANNSEIN

Mann zu werden ist eine Odyssee. Es ist eine Reise, die Mut, Ehre und Würde erfordert und nicht ohne Schmerz und Kampf bewältigt werden kann. Es gibt keine Zauberformel, durch die ein Junge zu einem Mann wird, und auch kein genaues Alter, wann er das „Mannesalter" erreicht. Doch die Frage, wie man mit dem Schmerz in seinem Leben umgeht, ist ein wesentlicher Schlüssel zur Tür des Mannseins.

Zum Mann zu werden, lässt sich wie eine Wanderung durch eine unbekannte Wildnis verstehen. Unterwegs gibt es hier und da Überlebensstationen sowie Markierungen von Männern, die bereits vor einem dort gewesen sind, nur haben sie keine Navigationsausrüstung für den nächsten Teil der Strecke hinterlassen.

Erst recht spät konnte ich bei mir selbst mit voller Zuversicht erkennen, dass ich auf meiner Reise zum Mannsein eine gewisse Reife erreicht hatte, die mir in meinen jüngeren Jahren gefehlt hatte. Vermutlich werde ich in zwanzig Jahren auf meine Zeit jetzt zurückblicken und sagen: „Ja, der junge Mann hielt sich damals schon für alt und meinte, er wüsste was vom Mannsein, aber in den letzten zwei Jahrzehnten hat er noch eine ganze Menge dazugelernt."

Ich bin mir nicht sicher, an welchem Tag oder in welcher Stunde ich zum Mann wurde. Mehr noch, ich weiß, dass es nicht an einem bestimmten Tag war, und ich weiß ganz sicher, dass es nicht der Tag war, an dem ich mich mit meinem Körper einer Frau hingab. Es grenzt an Irrsinn, wenn Männer meinen, ihre Sexualität oder ihre sexuelle Leistungsfähigkeit seien ein Zeichen ihrer Männlichkeit. So ist ein Mann, der einer Frau sagt „Gib dich mir hin und mache einen Mann aus mir", genauso in diesem Sumpf verloren wie die Frau, die ihre Weiblichkeit von einem Mann bestätigen lassen will, indem sie ihm sagt: „Dring in mich ein und mache aus mir eine Frau". Denn dahinter steckt nur der traurige Versuch, sich etwas von anderen auszuleihen, was man eigentlich selbst bereits empfangen, aber nicht gänzlich verstanden hat. Oder anders gesagt: Eine ganze Herde zu zeugen, macht aus einem Elch keinen Bullen. Ein Bulle ist und bleibt ein Bulle aufgrund seiner angeborenen Eigenschaften, einschließlich seines Geschlechts. Im Gegensatz zum Tierreich betrifft unsere Lebensreise sowohl den körperlichen als auch den geistlichen Bereich, und deshalb muss ich weder eine Herde zeugen noch einen Elch abschießen, um zum Mann zu werden. Letztlich macht diese dynamische Kombination einer fortwährenden geistlichen und körperlichen Reise das Geheimnis des Mannseins und unserer Existenz aus. Diese Reise mag zwar unsicher sein, aber ihr Ziel ist es nicht. Und es gibt gute Neuigkeiten: Einen Mann macht mehr aus als die Fähigkeiten seines Körpers, seine Fantasien auszuleben. Und er ist mehr als die Summe seiner Misserfolge.

Einer meiner schon etwas älteren Freunde, der sich wohl bald in seinen Unzulänglichkeiten wiedersehen wird, sagte mir vor Kurzem: „Ich will nichts weiter als auf einer karibischen Insel leben und eine Menge Sex haben. Ich würde gerne dorthin meine Frau mitnehmen", sagte er, „aber wenn sie nicht will, habe ich trotzdem Sex – mit oder ohne sie."

Viel Glück, George. Ich frag in einigen Jahren mal bei dir an, um nachzuhören, wie es läuft. Ich befürchte, wir müssen ein wenig tiefer graben, um zu entdecken, wer wir wirklich sind und worauf es wirklich ankommt.

In der westlichen Welt sind unsere multioptionalen Möglichkeiten eine Art Gott geworden, doch dieser Gott fordert etwas von uns, ähnlich wie der wahre Gott, unser Schöpfer, der uns die bestmöglichen Wahlmöglichkeiten anbietet. **Wir haben Entscheidungen zu treffen, was für ein Mann wir sein wollen. Und wir haben die Wahl.** Was wir allerdings nicht entscheiden können, ist, welcher Art von Schmerz wir auf unserer Lebensreise begegnen werden. Gute Entscheidungen können zwar Schmerz lindern, aber kein Mann hat so viel Macht über sein eigenes Leben, dass er den Schmerz ganz vermeiden könnte, der ins Innere dringt, wo der Funke der Mannesseele entweder zur Flamme wird oder verlöscht.

Im Endeffekt verhält es sich so: Wenn man überhaupt zu einem Mann wird, dann zu einem ehrlichen. Denn wer unehrlich ist, der wird auch nicht richtig zum Mann, sondern trägt ein totes oder sterbendes Herz in sich. Solange aber unser Herz tot ist, glauben wir selbst nämlich nicht einmal, dass wir ein richtiger Mann sind. Doch wir haben die Wahl: Wir können falsch oder aufrichtig sein. Wir können hart, spröde und bitter sein oder stark, sanft und ehrlich. Entweder sind wir authentisch und in den Umständen und Beziehungen unseres Lebens voll da oder wir verhalten uns wie falsche Fuffziger, ohne Bedeutung und emotional abwesend, wenn es darauf ankommt. Entweder zeigen wir Mut im Angesicht von Gefahr oder wir knicken aus Angst ein. Wir können Würde und Ehre ausstrahlen oder eben nicht.

Wenn du wie andere Männer bist (und ich garantiere dir, das bist du), dann wirst du mit zunehmender Reife feststellen, dass du in bestimmten Situationen stark und mutig bist, in anderen hingegen furchtsam und nur die Schale eines Mannes. Scheue dich nicht zu fragen, welcher Teil deines Mannseins bereits herausgebildet ist und welcher Teil noch zu der Person heranwachsen muss, die du wirklich bist – die Person, wie Gott dich sieht. C.S. Lewis schrieb in seiner geistreichen Wiedererzählung des griechischen Mythos über Cupido und Psyche, dass man der Wahrheit erst ins Gesicht schauen kann, wenn man selbst ein „Gesicht" hat. Ein echter Mann hat ein echtes Gesicht, und es ist wesentlich, sein eigenes Gesicht zu finden. Doch das muss bewusst geschehen. Von daher braucht es von Zeit zu Zeit ein Lagerfeuer mit anderen Männern, an dem man sitzt und darüber redet, welche Masken – welche falschen Ichs – man hat und die Masken dann als Brüder gemeinsam in die lodernden Flammen wirft. Das erneuert das Feuer in unserem Herzen für das Abenteuer, das noch vor uns liegt.

Beim Mannsein geht es also in erster Linie darum, authentisch zu sein, denn der Gott, der die Männlichkeit geschaffen hat, ruft Männer dazu auf, in Gegenwart anderer ehrlich und lebendig zu sein, auch in Gegenwart der Ehefrau oder Freundin (bitte nur eine auf einmal und in der richtigen Reihenfolge). Es bedeutet, aufmerksam zu sein und anderen „im Geist und in der Wahrheit" zur Verfügung zu stehen – den Eltern, den Kindern, dem Vorgesetzten, den Geschwistern und selbst einem Kerl, dessen innere Leere seinen Mitmenschen das Leben aussaugt, sei es bei der Arbeit, in der Gemeinde oder im Verein.

Beim Mannsein geht es auch darum, das Sündenbekenntnis zum Bestandteil des eigenen Lebens zu machen, denn „wenn ich schwach bin, dann bin ich stark"*, vorausgesetzt, ein solches Bekenntnis ist kein PR-Gag, durch den man andere glauben lassen will, man hätte eine Charakterschwäche getilgt, der man sich weiterhin nur zu gerne hingibt. Es geht darum, Schwächen sichtbar werden zu lassen. Wie sollen andere sonst unsere wahren Stärken kennen? Genauso wie wir in einer gebrochenen Welt nicht

* 2. Korinther 12,10

31

die größten Freuden kennenlernen können, ohne auch etwas von dem größten Leid in der Welt zu wissen, so können wir nicht unsere wahren Stärken kennen und erleben, bis wir unsere Schwächen nicht mehr geheim halten. Es ist gut, Schwächen und Misserfolge einzugestehen, erst sich selbst gegenüber, dann gegenüber Gott und schließlich gegenüber denen, die uns am nächsten stehen. Meist kennen sie diesen sowieso schon. Gott jedenfalls.

Wir wollen kein unsichtbarer Mann sein oder werden – wie ein Vater, dessen Familie sich wünscht, sie würde ihn kennen, jemand, der nie „Ich hab dich lieb" gesagt hat, oder wie ein Bruder, der in Gegenwart seine Geschwister immer abwesend gewesen ist. Für den, der so ein Mann ist, gibt es heute die Gelegenheit, Gott um Gnade zu bitten. Konkret lautet der Name dieser Gnade *Freundschaft*. Den vielen Männern, die eine Menge preiszugeben und zu bekennen haben, weil sie sich jahre- oder sogar jahrzehntelang versteckt gehalten haben, ist allerdings Diskretion geboten. Am besten sucht so jemand einen Pastor oder einen geachteten und ausgebildeten Seelsorger auf. Ehefrau oder Kinder sollten ihm nicht als Mülldeponie dienen. Es ist besser, mit ihnen einen gesunden Weg zu finden, mehr zu kommunizieren.

Unser Leben durchläuft verschiedene Phasen und nicht jede Eigenschaft eines Mannes ist zu jeder Zeit sichtbar. So hat ein alleinstehender Mann zum Beispiel nicht das Vorrecht, Frau und Kinder zu versorgen. Doch im Laufe seines Lebens entdeckt ein Mann, dass viele der folgenden Eigenschaften für ihn zutreffend geworden sind. Am besten stellt man seinen Freunden mal ein paar Fragen, worum es beim Mannsein ihrer Meinung nach geht, das kann zu ganz interessanten Gesprächen führen.

Zu irgendeinem Zeitpunkt im Leben gehört zum Mannsein, dass man lernt, seine Gedanken zu Dingen zu äußern, über die man lieber schweigen würde. Es bedeutet, unter Freunden und in der Familie ein Initiator zu sein, der Dinge in die Wege leitet, die wirklich wichtig sind. Es bedeutet, ein verantwortungsvoller Versorger, Verteidiger und geistlicher Leiter für seine Familie zu sein, sowie für benachteiligte Menschen in seiner Umgebung, Menschen, die nicht gut für sich selbst sorgen können. Es bedeutet, das lebenslange Vorrecht zu haben, sich in Geduld zu üben, ein Diener zu sein, mehr vom Leben zu haben, indem man es weggibt, sowie seiner Familie Identität, Stärke und Charakter zu verleihen. Ein Mann hat die Ehre, Weisheit zu bewahren und einen vernünftigen Lebensstil bereitzustellen, der Schutz bei Gott gewährt vor den Lügen aus der Umgebung und Kultur.

Auch wenn das bei vielen Männern nicht erkennbar wird, so sind wir Männer doch mit einer inneren Fähigkeit ausgestattet, die emotionalen und geistlichen Bedürfnisse unserer Frau, Kinder, Kollegen und Freunde zu verstehen. Zwar ist jeder Mann für sich einzigartig – ein Unikat –, aber jeder Mann kann verstehen und praktizieren, was es heißt, ein liebevoller Familienvater und Ehemann zu sein. Wir haben die Gelegenheit und Verantwortung, unsere Familie zu stärken, wie auch unseren Freundeskreis, die Mitglieder unserer Gemeinde und unsere Nachbarn. Wir können anderen nach bestem Vermögen Schutz vor physischer, emotionaler und geistlicher Gefahr bieten.

Vor meinem inneren Auge stelle ich mir vor, wie Männer mit Demut und Würde vor Gott knien. Und Gott als König sagt zu den vor ihm knieenden Dienern: „Ich schlage dich zum Ritter", und daraufhin sind diese Männer für immer Ritter, durch die Ehre, die ihnen der König verliehen hat und dadurch, dass sie die Worte des Königs für sich persönlich angenommen haben. Es steht Königen und Königinnen zu, große Männer aufgrund ihrer Leistungen zum Ritter zu schlagen – in den alten Tagen aufgrund ihrer Tapferkeit im Kampf und heute wegen außergewöhnlicher Leistungen zum Wohl der Menschheit.

Doch selbst nicht alle Ritter entdecken ihr Mannsein. Zum Mannsein gehört viel mehr, als nur eine große Leistung zu erbringen, obwohl man als Mann durchaus große Leistungen erbringen will. (Ich weiß, uns ist da im Laufe der Jahrhunderte ein bisschen was abhandengekommen: Man vergleiche nur einen Ritter ohne Furcht und Tadel, der sich ins Getümmel des Gefechts stürzt, mit einem zum Ritter geschlagenen Popstar, der im Wembley-Stadion auf einem Klavier spielt.)

Früher gab es Ritterzeremonien, bei der ein junger Mann feierlich in den Stand der Ritter aufgenommen wurde, die ein heiliges Gelübde auf ihren König abgelegt hatten. Ritter waren Krieger, und ein König konnte einen Mann von der Ritterschaft ausschließen, wenn sich dieser des Verrats oder der Feigheit schuldig gemacht hatte. Eine solche Schande wurde oft von einem Todesurteil begleitet.

Man stelle sich einmal Folgendes vor: Wir werden aufgefordert, uns vor den König des Himmels niederzuknien – den König der Könige und Herrn der Herren. Wir verneigen uns vor dem, der uns nach seinem Bild geschaffen hat. **Vor ihm können wir nichts verstecken – keine Lügen, kein Versagen, keine Wünsche, keinen Stolz, keine Zügellosigkeit oder Sünden, einfach nichts. Also legen wir dar, was wir haben. Das soll heißen: uns selbst und die dürftigen Schätze, die wir in unserem Herzen angesammelt haben.** Wir sind dann nicht mehr imstande, unser eigenes Bild anzubeten, weil unsere Augen jetzt die Herrlichkeit des Königs sehen, der vor uns steht. In seiner Hand liegt das Schwert der Wahrheit, Ehre und des Mutes, und in seinen Augen blitzt

Autorität. Wir selbst besitzen so wenig. Das, was wir vorbringen können, ist ehrlich gesagt peinlich. Im Angesicht dieses großen Herrn und Königs bleibt uns nur ein einfaches aufrichtiges Gebet und die Hoffnung unseres Herzens.

In diesem Moment, in dem wir vor ihm knien, sagt er aber in der stärksten und doch sanftesten Stimme, die wir je gehört haben: „Willkommen, mein Sohn. Hiermit ernenne ich dich zum Mann. Das ist ein Geschenk, für das du geschaffen wurdest, das du selbst aber nicht erreichen konntest. Danke, dass du mir deine Schätze gebracht hast. Jetzt gebe ich dir meinen. Nimmst du diesen Tausch an, dann stehe auf und tritt in die Freiheit ein, die ich für dich geschaffen habe."

DIE MUTPROBE

Probier es mal aus! Probier mal aus, Gott alles hinzugeben. *Alles.* Trau dich, dem wahren und lebendigen Gott deine offenen Hände hinzuhalten und zu sagen: „Herr, nimm aus meinen Händen alles, was dir nicht gefällt und lege in meine Hände das, was in deinen Augen wohlgefällig ist. Mach alles, was du willst, um mein Leben in Einklang mit deinem ursprünglichen Plan zu bringen." Das sind die Gebete, aus denen wahres Mannsein spricht. Und ich verspreche, du wirst nicht enttäuscht sein.

Ähnlich verleihen wir unseren eigenen Söhnen zu einem gewissen Grad ihr Mannsein, wenn wir sie unsere tiefe Liebe wissen, hören und erfahren lassen. Unseren Söhnen zuliebe müssen wir unseren Teil in dieser Geschichte beitragen, sonst glauben sie vielleicht nicht einmal, dass es einen guten König gibt. Wir müssen sie lehren und ihnen sagen: „Sohn, ich hab dich lieb und ich respektiere dich." Wir müssen unseren Wunsch nach Perfektion in Bezug auf unsere Söhne beiseitelegen. Wir dürfen nicht warten, bis sie eine bestimmte Leistung erbracht oder eine üble Angewohnheit abgelegt haben, oder bis sie sich ihre Rastalocken abgeschnitten haben, bevor wir ihnen den Frieden geben, dass sie um unsere Liebe wissen. Wir sind ihre Väter. Sie sind unsere Söhne. Und ungeachtet, dass wir diesen Beitrag für unsere Söhne zu leisten haben, müssen auch sie eines Tages vor dem König ihr Knie beugen, wenn sie ihre eigene Identität bekommen und ganz zum Mann werden wollen. Es ist Gott, unser Vater, der das in uns zur Vollendung bringt, was unsere irdischen Väter begonnen oder aufgegeben haben – das, was wir für uns selbst nicht tun können. Und wie wir wissen, macht Gott keine Fehler bei diesen Angelegenheiten.

Trotzdem, für die von uns ohne Väter – und es gibt viele unter uns, deren Väter von der Bühne getreten sind, Väter, die bereits gestorben sind, ohne herzliche Worte zu sprechen oder die aus irgendeinem Grund nicht in der Lage sind zu sagen: „Ich liebe dich" – ist die gute Nachricht, dass unser himmlischer Vater uns heute, morgen und übermorgen das verleiht, was uns unsere irdischen Väter nicht zu verleihen vermochten (oder es immer noch nicht vermögen). Eines der letzten Versprechen, die Jesus vor seiner Himmelfahrt machte, war dieses: *„Ich lasse euch nicht als hilflose Waisen zurück."**

Mannsein ist der Prozess, zu dem zu werden, den Gott in uns sieht. Und je aufrichtiger wir werden, umso freier werden wir. Mein Sohn sagte mir einmal: „Die Wahrheit ist genug." Er ist auf dem Weg zum Mannsein, und trotz der 29 Jahre, die ich ihm voraushabe, bin ich es auch noch. Die Wahrheit ist wirklich genug. Sie befreit Männer immer noch.

---

* Johannes 14,18 (Hfa)

Also, lieber Bruder, mach mit! Nicht bei einer weiteren zum Misserfolg bestimmten Männerbewegung, sondern beim Verfolgen unseres gemeinsam Ziels nach Heilung und Freude. Mach den Mund auf! Steh auf! Komm aus deinem Sessel heraus! Und widerstehe der verhängnisvollen Stimme, die dich dazu verleiten will, den Mund zu halten und dich zu verstecken. **Wir können auf gute Art eine heilige Rebellion gegen den Status quo starten, gegen unser eigenes falsches Ich, gegen die Karikaturen, die andere von uns gezeichnet haben.** Wir können die Querdenker eines neuen Tages für Männer sein, einer besseren Lebensweise für unsere Familien und der Menschheit und einer gesünderen Reise hin zu unserer Bestimmung. Wir wollen realistisch sein, in dem Wissen, dass diese Reise schwer ist, und dass es unmöglich erscheinen mag, Mann für Mann die Welt zu verändern. Doch wäre die Sache nicht gut, wäre sie auch nichts für Männer.

2

DAS WETTER IST GUT, ABER MIR GEHT'S NICHT SO BERAUSCHEND

Meine Tochter Jenny an ihrer Hochzeit der Obhut eines anderen Mannes, ihrem Bräutigam, anzuvertrauen, war mein Weckruf. Und da meine Freunde und ich nicht darüber sprachen, wie es ist, seine eigene Tochter jemand anderem zu geben, fragte ich mich, worüber sprechen Männer denn sonst noch alles nicht? Die Liste ist erschreckend.

Denkt man mal genau darüber nach, so sagt das, was einige Männer nicht sagen, mehr über sie aus, als das, was sie sagen. Eine erfahrene New Yorker Nachrichtenproduzentin erzählte mir einmal, sie mache sich wegen ihres Mannes Sorgen. Sie verbrächte viel Zeit und Energie damit, Freunde für ihn zu finden, aber er könne einfach kein Gespräch aufrechterhalten und stünde niemandem nahe. Die traurige Wahrheit ist, dass viele Männer keine engen Freunde und auch keine Ahnung haben, wie sie welche gewinnen sollen. Wir schämen uns wegen dem, was wir verstecken, und wir sind unsicher, wer wir eigentlich sind. Vielleicht gibt es ein paar Männer, die unseren Sarg tragen werden, wenn wir sterben, ein paar Kumpels zum Biertrinken am Wochenende, ein paar Glaubensbrüder, die uns in der Gemeinde auf die Schulter klopfen, aber niemand, mit dem wir ehrlich reden können, niemand, der mit uns über wirklich Wichtiges spricht.

Gespräche unter Männern beginnen und enden oft mit „Mensch, ist das ein heute Wetter wieder!", „Hast du das Fußballspiel gesehen?" und „Wie läuft's bei der Arbeit?". Die perfekte Unterhaltung für Männer, die wenig zu sagen haben, lässt sich in diesen sieben Worten zusammenfassen: „Was für ein Wetter bei dem Fußballspiel!" Dabei wissen wir als Männer doch eigentlich, dass es Zeit ist, eine neue Art des Gesprächs anzufangen. Eins, dass uns hilft, unsere Identität zu entdecken, unsere Herzen zu erneuern und wahre Freundschaft zu finden. Sonst ist unser Leben nur wie ein Hütchenspiel, bei dem kein Spieler gewinnt, weil es keine Tore und keine Teams gibt.

Ich hörte einmal einen jungen Mann bei der Beerdigung seines Vaters sagen, dass die besten Gespräche, die er je mit seinem Vater hatte, um Sport gingen. Und ich empfand das Bedürfnis, Tränen für ihn zu weinen, solange er noch nicht selbst gelernt hatte zu weinen.

Gespräche über Sport bieten Entspannung und Männern, die sich gerne ein Spiel anschauen und eine große sportliche Leistung bewundern, oberflächliche Freundschaften. Außerdem schaffen solche Sportgespräche Raum für Wettbewerbsverhalten innerhalb eines akzeptierten sozialen Rahmens, durch den sich ein Mann eine weitere Stunde von sich selbst und seiner eigenen Leere lösen kann. Nichts gegen ein gelegentliches, lockeres Gespräch über den Lieblingsfußballverein, aber einige Männer übertreiben es. Denn sie messen sich und andere daran, wie gut jemand hinsichtlich der Bundesliga auf dem Laufenden bleibt.

Für Männer, die ihren Lebenssinn an ihrem Beruf festmachen, reichen ein paar Kommentare von einem anderen Mann über dessen Arbeit schon aus, um einen „Vergleich" herbeizuführen, das Beziehungsnetzwerk zu checken und damit das Gespräch aufrechtzuerhalten. Doch so ein oberflächlicher Austausch ist wie der dahindümpelnde Zustrom eines sumpfigen Flussarms, weit entfernt von den tiefen Gewässern der Männerseele. Soziale Sümpfe, in denen Männer sich bewegen. Warum Millionen Männer sich in dieser öden Monotonie des Todes durch die Jahre plaudern, weiß ich nicht. Aber im Vergleich zu Männern, deren Geist tot ist, findet man interessantere Gespräche auf Friedhöfen inmitten der stillen Ruhe der Toten.

Also, was ist los mit Männern?

Nun, neben den offensichtlichen Dingen gibt es eine Menge Unsicherheiten, Geheimnisse und Traurigkeit. Und Stille. Schamhafte Stille. Diese Realität zieht sich quer durch alle Gesellschaftsschichten, durch jede religiöse und ethnische Gruppe. **Wir sind so von uns und unserer eigenen Befriedigung vereinnahmt, dass die seelenlosen Vampire, die wir damit schaffen, uns geradezu leersaugen.** Oder um es mit dem Psalmisten zu sagen: „*Meine Lebenskraft vertrocknete wie Wasser in der Sommerhitze.*"* Und das ist die geistliche Konsequenz, wenn man den Weg des geringsten Widerstands geht.

Nehmen wir mal meinen Freund Allen als Beispiel, dessen Kollege seine Freundin verprügelte und das Wochenende in Haft

* Psalm 32,4 (Hfa)

40

verbringen musste, weil sie ihm gegenüber „respektlos" gewesen sei. „Inwieweit war sie respektlos?", wollte Allen wissen. Sie war mit einem anderen Kerl Essen gegangen. Und was hatte Allens Kollege gemacht, während er in dieser kranken Beziehung mit ihr gewesen war? Er war mit drei oder vier anderen Frauen ausgegangen und hatte mit jeder geschlafen, was sein „Recht" sei, sagte er, doch sie habe ihn angeblich respektlos behandelt, indem sie mit einem anderen Mann Essen gegangen war. Wie der US-Bestsellerautor Stephen King einmal schrieb: „Seine eigene Untreue entschuldigte nicht ihre."

So ein Verhalten ist schlimm genug und leider allzu üblich unter schlechten Charakteren, aber noch schlimmer ist geistliche Manipulation von Familie und Freunden, um zu verstecken, wie krank man ist. Ein Bekannter von mir erzählte seiner Frau, er sei oft noch so spät unterwegs, weil seine Freunde so viele Fragen über Gott hätten. Mehr noch, er sagte ihr, mehrere von ihnen hätten sich bekehrt und wollten von ihm mehr über die Bibel wissen. Was aber machte er wirklich? Seine Ausgaben offenbarten ein breites Spektrum nächtlicher sexueller Beziehungen sowie Pornografiesucht. Einst ein angesehener Mann lebt er jetzt von Sozialhilfe. Allein in seiner Wohnung. Er ist von seiner Familie und allen früheren Freunden verlassen und wartet auf den Tod. Jedes Lächeln ist von seinem Gesicht verschwunden, jede Lebensmotivation tot und begraben.

Also, was ist los mit Männern, abgesehen von den Geheimnissen, die aus unseren Fantasien hervorgehen? Warum haben wir solche Angst davor, unser wahres Ich zum Vorschein zu bringen, bevor unsere Schwächen zu einem wütenden Hornissennest werden? Nun, bestimmt kann ein Buch, das ein Gespräch zwischen Männern und ihren Angehörigen initiieren will, keine Süchte heilen, die professionelle Hilfe brauchen, aber zumindest können wir anfangen zu reden. Wir Männer haben einen schier unersättlichen Appetit auf Sex, doch weder die viktorianische noch die moderne Betrachtungsweise der Sexualität scheint Männern da viel geholfen zu haben. Einen gesunden Umgang damit zu finden, ist unbedingt erforderlich, da Perversion unsere Vitalität aussaugt. **Sünde bleibt nicht still. Wie ein alter Jagdhund beschnüffelt sie uns und bellt uns an, bis jemand nachschaut, was nicht stimmt.** Gott hat das so eingerichtet, mit einem gut eingebauten Detektor, den wir gar nicht bewusst wahrnehmen, bis er mitten in der Nacht aufheult. Letzten Endes können wir uns gar nicht verstecken, warum also sollten wir es überhaupt versuchen?

Die heutige Generation junger Männer trägt große Lasten dadurch, dass sie sehen, wie ihre Väter – ihre einsamen und freundlosen Väter – ihre Ideale und ihren Charakter verraten. Die Bilder, die sie für sich selbst geschaffen haben, zerfallen. Mehr noch, es herrscht eine wachsende Wut unter jungen Männern, denen bewusst wird, was sie verloren haben. Wer selbst schon Kinder hat, stellt anhand seines eigenen liebevollen Umgangs mit ihnen fest, was für einen weitreichenden Verlust die Stille und das Desinteresse ihrer Väter mit sich gebracht hat. Und diese Bestürzung unter jüngeren Männern öffnet der Wut einen Weg, während sie mehr Lebenserfahrung sammeln. Die große Enttäuschung unter Männern, die merken, dass sie in Sachen Beziehungen reifer sind als ihre eigenen Eltern, bringt die schockierende Erkenntnis mit sich, dass sie jetzt nicht nur in die Rolle des Kindererziehers schlüpfen müssen, sondern auch in die des Elternerziehers.

Die eiserne Stille der Männer, die von ihren Geheimnissen herrührt, steht mit dieser beunruhigenden Entwicklung in Verbindung, und ich vermute, dass ohne irgendeine Form von Erwachen darüber, was wir heute als „normale Familienbeziehungen" sehen, diese Entfremdung zwischen Vätern und Söhnen, zwischen Männern und Frauen und von Mann zu Mann noch chronischer wird und zunehmend mehr Trennung in der Gesellschaft verursacht. Hass hat die Macht, uns in genau das zu verwandeln, was wir hassen.

Soziologen erforschen heute, welche Auswirkungen der Umgang mit Technik auf unsere Beziehungen hat. Technik treibt uns häufig noch tiefer in die Isolation. Man verbinde die Macht technikbasierter Sexsüchte mit einem Drittel der Männer, die nicht über ihren Beitrag zur Zerstörung des Fötus reden, der – und das wissen sie in ihrem Herzen – ihr erstgeborener Sohn oder ihre erstgeborene Tochter gewesen wäre, und man stößt auf eine der dunkelsten und am schlechtesten verstandenen Wenden unserer Zeit. Vielleicht in zwanzig Jahren, wenn wir eine Verschlimmerung der Beziehungsdynamiken unter Männern beobachten, werden wir diese neue „Zeit" verstehen, aber im Moment scheint niemand bereit zu sein, die Folgen zu bedenken. **Ohne seelische Heilung verschwinden die Auswirkungen unserer Scham nie, sondern bilden den Rahmen, in dem die innere Zerstörung des Mannes weiter ihren Lauf nehmen kann.** Wenn wir noch etwas von uns selbst und denen, die wir lieben, übrig behalten wollen, ist Heilung zwingend notwendig. Unsere beschämenden Geheimnisse verunstalten nicht nur unser Selbstbild, sondern auch unsere Identität. Sie bilden die großen unbekannten Faktoren in der Sicht unserer Freunde, die von uns denken: „Ich mag ihn, aber irgendetwas stimmt mit ihm nicht, ich kann es nicht genau benennen." Das ist der springende Punkt.

Hat ein Mann etwas zu verstecken, ist das Erste, was er zu kontrollieren versucht, das Geld. So agiert Furcht. Deswegen mein

Rat: Falls du derjenige bist, der in der Familie für die Finanzen zuständig ist, dann lass deine Frau wissen, wo das Geld hingeht und wie du es ausgibst. Denn wenn du dir ernsthaft Gottes Segen wünschst, dann sei großzügig zu deiner Frau und tu dein Bestes, es ihr gutgehen zu lassen. Gehe offen mit den Kreditkartenrechnungen und den Kontoauszügen um. Hab keine Geheimnisse. Bring Transparenz in die Beziehung und mach den Verbleib des Geldes sichtbar, denn meist kostet Sünde Geld – und Süchte führen in Armut.

Doch dies hier will kein weiteres Buch sein über Sexfantasien, Süchte oder Pathologien, die Männer in Monster verwandeln. Darum geht es nicht in erster Linie in diesem Gespräch. Vielmehr geht es darum, der Oberflächlichkeit den Krieg zu erklären – dem, was den Durchschnittsmann viel zu, nun ja, durchschnittlich macht. Und darum, unser Herz zu finden und zu erneuern, eine Sprache zu entdecken, um dem Ausdruck zu verleihen, was uns wichtig ist. *„Mehr als alles andere hüte dein Herz"*, schrieb Salomo im Buch der Sprüche, *„denn von ihm geht das Leben aus"*.*

Doch wie geschieht das?

ZEIT AUFZUHÖREN, SO ZU TUN,
ALS WÜRDEN WIR UNS SELBST NICHT KENNEN

Es ist in unserer Macht, Entscheidungen zu treffen, die uns zerstören können. Deswegen brauchen wir ein neues Verständnis unter Männern, einen neuen Ausgangspunkt, wo wir uns eingestehen: *Jeder Mann, der sich selbst kennt, kennt auch alle anderen Männer. Unser* gemeinsames Eingeständnis ist dann, dass wir verkorkst sind – und nicht unbedingt nur ein bisschen. Jeder Mann

---

* Sprüche 4,23

hat seine Mischung, wie er in seinem eigenen Leben Schaden anrichtet, doch die Zutaten sind immer gleich und die Ergebnisse daher vorhersagbar. Deswegen müssen wir anerkennen, dass wir Gott und unsere Mitmenschen brauchen. Und wir dürfen unser Gottesbedürfnis nicht vom Bedürfnis nach Männern wie Brüdern trennen. Wir sollten vielmehr uns gegenseitig unsere Fehler gestehen und somit Vergebung und Heilung erleben, statt so zu tun, als hätten wir keine.

Diese lebensspendende Kunst der Freundschaft und des Austauschs unter Männern ist allerdings nahezu verschwunden. Männer langweilen sich auf Partys, vergeuden Zeit in toten Kirchen, stecken im Trott der Routine und werden von Small Talk in den Wahnsinn getrieben. Und an die Stelle gesunder Freundschaften und tiefer Gespräche ist das schnelle Lebenstempo der westlichen Gesellschaft und Kultur getreten. Per Knopfdruck hat man Zugang zu der erfinderischen und süchtig machenden Welt des Vergnügens und der Unterhaltung. Wir können einen Tag, eine Woche, einen Monat, selbst Jahre durchlaufen, ohne zu lesen, ohne einen Moment der stillen Besinnung, ohne einen originellen Gedanken, ohne ein einziges authentisches Gespräch.

Natürlich könnten wir, wenn wir wollten, die Schuld dafür auf andere schieben. Vielleicht auf unseren Vater, der nie mit uns geredet hat. Vielleicht auf komische Kirchengemeinden mit komischen Regeln, die nicht mal Gott halten würde und die absolut nichts dazu beitragen, einen Mann geistlich oder menschlich voranzubringen. Vielleicht auf die kalte Architektur habsüchtiger Bauunternehmer, die eine moderne Lebenswelt geschaffen haben, in der Nachbarn sich kaum noch begegnen. Oder wir können die Verantwortung übernehmen für unsere eigene Flachheit. Unser Drang zu Effizienz und Zweckmäßigkeit hat Schönheit zerstört. *Bigger* ist eben nicht immer *better*. Und Kirchengemeinden haben das Thema Mann verfehlt, weil es in unserem Gemeindeleben häufig nicht mehr um Freundschaft geht, sondern darum, wie wir gut dastehen. Unsere Partys sind auch nicht besser. Frauen reden über attraktive Männer in Filmen, während die Männer über heiße Frauen reden. Wir quasseln über Politik, Sex und Religion und was wer gerade so anstellt. „Oh, übrigens, wie läuft's mit deinen Kindern? Und machst du Fortschritte bei deinem Schwung? Du solltest mal meine neuen Golfschläger sehen. ... Mann, das war ein toller Abend heute." Bitte, bitte, befreie uns jemand von diesem Elend. Die Welt geht in die Binsen wegen schlechter Partys und schlechter Kirchen – ich weiß, das ist übertrieben, aber nicht sehr. Natürlich gehen unsere Probleme viel tiefer, aber Männer, die ein aufrichtiges Interesse daran haben, zusammen mit anderen Männern etwas Wertvolles zu entdecken, können sowohl unsere Kultur als auch unsere tieferen Probleme verändern.

Die Vorstellung, wir hätten nichts zu sagen, ist nicht wahr. Doch wer sich selbst auf seinem Lebensweg verloren hat, ist häufig unbeholfen und entweder zu laut oder zu leise. Er begnügt sich mit der Haut oder anderen Materialien der Oberfläche, ist glatt wie Teflon oder unverhältnismäßig ruhig. Auf einem anderen Blatt steht, ob wir Kommunikationskanäle für einen bedeutungsvollen Austausch mit anderen Männern schaffen können oder ob wir andere dazu nicht genug verstehen oder sie uns einfach egal sind. Es erfordert nicht viel, um ein Gespräch ins Laufen zu bringen, selbst mit jemandem, dem man zum ersten Mal begegnet, doch für einige Männer kann ein freundliches Gespräch zu den unbehaglichsten Erfahrungen des Lebens gehören. Ein Gespräch unter Männern, das zwischen dem Banalen und dem Tiefergehenden hin und her fließt, zwischen Philosophie und Kunst, zwischen Spiel und Arbeit, zwischen Humor und Liebe, zwischen Trauer und Zorn sowie zwischen Politik und Lebenssinn – buchstäblich zwischen dem Heiligen und Verrückten – diese Art von Unterhaltung ist eine Kunst, die wie die persönlichen Gespräche über den Gartenzaun immer mehr abnimmt und die in der für diesen Zweck ungeeigneten Welt von WhatsApp und Twitter in Vergessenheit gerät. Unsere „Schöne neue Welt", in der „der Optimismus die Menschen in den Pessimismus getrieben hat", wie G.K. Chesterton beobachtete, hält uns viel zu sehr beschäftigt, als dass wir Tiefgang für ein breites Lebensspektrum entwickeln könnten.

DEIN GESICHT ERZÄHLT DEINE GESCHICHTE

Aus welchem Grund auch immer, Männer sind unsicher, wer sie sind und wie sie sein sollten. Zum Leben gehört auch die Aufgabe, die eigene Identität zu entdecken, um mit ihr in Gegenwart anderer zu erblühen. Warum aber definieren wir uns so oft über unseren Beruf, unsere Bildung oder unseren Bildungsmangel, unser Sozialleben, unsere Kirchengemeinden oder die Stimmen um uns herum? Einige dieser Stimmen, die wir hören, klingen zwar vielleicht sehr scharfsinnig, doch selbst die freundlichsten Stimmen können uns für den Rest des Lebens in eine Schublade stecken, die unserem wahren Ich einfach nicht entspricht. Eine zugeschriebene Identität ist meistens falsch – mit Ausnahme der Identität von unserem Schöpfer –, und damit ist sie eine Lüge.

Wenn man nun einer Lüge darüber, wer man wirklich ist, auf den Leim gegangen ist, oder in einem falschen Ich gefangen ist, wie kann man dann je ein ehrliches Gespräch darüber führen? Dieser Umstand gibt uns einen Anhaltspunkt, warum Männer lieber über Wetter, Sport und Beruf reden und so wenig über anderes. Eine Freundin erzählte mir neulich, mit etwa achtzig Prozent der Männer in ihrer Bekanntschaft sei es unmöglich, ein ehrliches Gespräch zu führen. Sie hat vermutlich damit recht. Dabei gehören das Entdecken des eigenen Ichs und das Potenzial unserer Männlichkeit zu den besten Abenteuern im Leben eines Mannes. Es ist wie eine Schnitzeljagd. Doch ein Mann muss an dieser Jagd Spaß haben. Und er muss bereit sein, sich so zu sehen, wie er ist. Denn zeige ich anderen eine falsche Identität, ist sie wie ein gefälschter Ausweis. Und dadurch verleite ich andere zu der falschen Annahme, dass das glänzende, zweidimensionale Bild von mir einem wahren Mann entspricht. Das aber tut es nicht. Insofern sind wir wie Kinder, die Strichmännchen zeichnen und sagen: „Das bin ich und das bist du und das ist die Katze" – nur dass Kinder den Unterschied zwischen Strichmännchen und wirklichen Menschen kennen.

Als ich Kind war, nannte mich meine Munter manchmal ihren „kleinen Geschäftsmann", denn ich klopfte furchtlos an die Haustüren von unseren Nachbarn, um Mamas hausgemachtes Brot und unser Gartengemüse zu verkaufen. Mir gefielen ihre Komplimente und ich glaubte an unsere Produkte. Da ich schon früh im Leben ein Händchen fürs Verkaufen bewies, fiel es mir leicht, „Geschäftsmann" als Teil meiner Identität anzunehmen, wann immer ich über mich selbst nachdachte. Es brauchte aber zum Glück nur wenige Ehejahre, bis ich feststellte, dass meine Frau und meine Freunde, obwohl sie durchaus Interesse an einigen meiner beruflichen Erfolge hatten, nicht wirklich viel davon hören wollten, was für einen tollen Tag ich letzten Donnerstag im Büro hatte. Ich gehörte zu jenen glücklichen Männern, denen bewusst wird, dass ihre Arbeitsleistung und ihre Karriere nicht ihre Identität ausmachen. Genauer gesagt haben sie fast nichts damit zu tun, wer ich bin – weder mit der Architektur meiner Seele noch mit dem Felsen, auf dem mein Leben steht. Die Quelle meiner Identität ist ein tieferes Reservoir, und das ist bei dir nicht anders.

Mit den Jahren verfeinerte meine Mutter ihre Kunst, ein direktes und doch zweideutiges Kompliment auszusprechen. Zweideutig in dem Sinne, dass man erst einmal darüber nachdenken musste, was sie da eigentlich gesagt hatte, und nachdem man dahinter gekommen war, konnte man den Rest des Lebens davon zehren. Ich war Anfang vierzig, als sie mir eines Tages direkt in die Augen sah – ihre Augen suchten meine, ihre Hände hielten mein Gesicht nur wenige Zentimeter von ihrem entfernt – und sagte: „Wes, ich bin so froh, dass Gott dich von den kleinen Falschheiten deines Lebens befreit hat." Ganz viele Schichten von Weisheit, Gnade, sanfter Zurechtweisung, Ermutigung, Einsicht, Hoffnung, Liebe und mütterlicher Zuneigung waren alle in diesem kleinen Päckchen verschnürt. Sie hatte mich schon längst durchschaut, doch sie hatte abgewartet und gebetet – jahrelang –, bis sie diese lebensspendende Bombe platzen ließ. Und natürlich ist die „Befreiung", von der sie sprach, ein anhaltender Prozess in meinem Leben.

Wie sieht ein Mann aus, der um seine wahre Identität weiß? Was für ein Mann ist das? Er ist jemand, zu dem man sich hingezogen fühlt. Nicht wegen seines Schlittens, sondern wegen seiner Zuversicht. Nicht wegen seiner Titel, sondern wegen seiner Freundlichkeit. Nicht wegen seiner Leistungen, sondern wegen dem, was er aus seinen Fehlern gelernt hat. Männer, die ihre von Gott gegebene Identität kennen, können auf den ersten Blick recht durchschnittlich wirken, bis man ihnen tief in die Augen sieht und ihre Falten sieht. Jede Falte enthält eine Erinnerung, die DNA der Seele, die Spuren salziger Tränen, wenn man ehrlich war, sowie die

Wärme von Jahren des Lächelns und Lachens, wenn man freundlich und verständnisvoll war, und die Zeichen der Weisheit und Gnade, die einen sicher nach Hause brachten. Das ist der Mann, zu dem man wird, wenn man überhaupt zu einem Mann wird. Das Gesicht eines Mannes erzählt seine Geschichte und seine Augen offenbaren sein Herz.

Falls du zu den vielen Männern gehörst, denen nicht gefällt, was sie auf ihrem Gesicht oder in ihrem Herzen geschrieben sehen, ist die gute Nachricht, dass deine Geschichte noch nicht fertig geschrieben ist. Noch nicht ganz. Du kannst in der Zeit, die dir noch verbleibt, einen neuen Schluss schreiben und das Ende, das dein Gesicht jetzt voraussagt, ändern. Du kannst dort, wo jetzt eine Leblosigkeit in den Augen liegt, ein Funkeln ergänzen. Und du darfst sicher sein: Änderungen im Herzen folgen Änderungen im Gesicht, aber alles Falsche fliegt auf. Garantiert.

Meine Mutter hatte recht. Absichtliche Täuschungen, besonders jene, von denen ich meinte, keiner bemerke sie, hielten mich davon ab, zu dem Mensch – dem Mann – zu werden, der ich eigentlich bin. Ein seltsamer Zustand, der zu sein, der ich bin, und doch noch nicht ganz Ich zu sein. **Wer aber ein echter Mann sein will, wer seine Identität aufrichtig erkennen will, der wünscht sich ein reines Herz, in dem Falschheit abnimmt und sich wahre Freude mehrt.** So jemand ist nicht perfekt, aber seine Füße zeigen in die richtige Richtung. Wer hingegen kein Interesse an diesem Rezept für ein sinnvolles Leben hat, kann sich an dem Spruch messen: „*Trug ist im Herzen derer, die Böses planen, aber bei denen, die zum Frieden raten, ist Freude.*"* Böses planen oder zum Frieden raten? Trug oder Freude? Die Entscheidung liegt bei uns.

* Sprüche 12,20

50

Ehe die „harten Jahre" kommen, wie ich sie nenne – jene unerwarteten Tage des Kampfes in der Lebensmitte, von denen man meint, sie wären nur anderen bestimmt –, erwarten die meisten Männer, dass ihnen die Welt bis dahin zu Füßen liegt. Schließlich liegen die Jugendsünden dann hinter einem. Wir denken eh, Männer zwischen 45 und 60 haben so ziemlich alles im Griff. Und mit Ausnahme einiger weniger alter Spinner, die bekommen, was sie verdient haben, stellen wir uns vor, dass Männer in dem Alter inzwischen immun gegen ihre eigene Dummheit sein würden. Wir stellen es uns als das Alter vor, indem sich Träume verwirklicht haben und wir im Gelobten Land leben. Unsere Väter haben wenig getan, um uns von dieser Illusion zu befreien, dass sich Erfolg, Familie und alles Gute im Leben ab einem gewissen Alter wie von selbst einstellen. Ich hatte zwar schon den einen oder anderen Mann gesehen, der aufgrund einer Midlife-Crisis die Nerven (und schließlich auch alles andere) verloren hatte, aber ich hatte mir fest vorgenommen, dass ich nie eine Midlife-Crisis haben würde. Doch jeder gute Vorsatz wird auf die Probe gestellt, so wie auch jeder Mann.

Die Ängste, die einem Mann in dieser Lebensphase begegnen, sind enorm. Werde ich meine Träume noch erreichen? Und was genau waren sie überhaupt? Warum muss die finanzielle Situation so schwierig sein und warum müssen *meine* Kinder unbedingt über die Stränge schlagen? Was passiert mit meinem Körper, warum spielt der nicht mehr so mit wie früher? Ich schufte mehr denn je, doch weder meine Frau noch meine Kinder scheint das zu kümmern. Warum sollte ich mich noch weiter abmühen?

Charles Haddon Spurgeon war es, der sich fragte, ob Schmerz, Leid und Trauer in unserem Leben dazu da sein könnten, um uns vor dem Sündigen zu bewahren. Doch ob das zutrifft, hängt von dem Mann und seinem Herzen ab.

ETWAS STIMMT NICHT IM PARADIES

In Amerika hießen uns zwei einschneidende Ereignisse im 21. Jahrhundert willkommen. Am 11. September 2001 erwischten uns die Terroristen und am 2. Oktober 2006 wurden zehn unschuldige amische Schulmädchen erschossen – eine Erinnerung daran, wie sehr wir uns auch selbst terrorisieren. Beide Ereignisse veranschaulichten, welchen Wahnsinn es in der Welt gibt, und sie läuteten eine neue nationale Midlife-Crisis ein. Eine Krise sowohl unserer Identität als auch unserer alternden Ideale. Die Terroranschläge vom 11. September wie auch der finanzielle Zusammenbruch wenige Jahre später haben Angst zur Nationalwährung werden lassen.

Unsere Gedanken an dem Tag, als die Wolkenkratzer einstürzten, haben uns entlarvt. Die Welt hat gehört, wie wir Fragen gestellt und beantwortet haben, die unsere Identität offenbaren. Wir wollten wissen, wer uns diesen Schaden zugefügt hat, damit wir zum Gegenschlag ausholen konnten. Fernsehmoderatoren fragten, ob wir vergeben sollten. Kann eine Nation einem Terroristen vergeben oder ist rohe Gewalt die einzig mögliche Reaktion? Sind wir verpflichtet zu vergeben, selbst wenn man uns nicht um Vergebung bittet? Unsere Antworten machten deutlich, dass wir lieber nur netten Menschen vergeben, Menschen, die uns nicht wirklich schaden wollen. Unseren Feinden zu vergeben, ist etwas ganz anderes. Feinden zu vergeben sei schädlich für eine Nation, hieß es. Echten Feinden wird nur selten vergeben.

Die Abgeordneten im Kongress, die die Mehrheitssicht des Volkes widerspiegeln, stimmten für den Weg des Krieges und der

Vergeltung. Unsere Feinde, so wurde erklärt, würden zur Rechenschaft gezogen werden. Ich möchte an dieser Stelle kein Urteil für oder gegen die Entscheidungen unserer jüngsten Geschichte fällen, aber man kann wohl kaum sagen, dass unseren Feinden, die in Guantanamo Bay schmachteten, Gerechtigkeit widerfuhr. Freunde haben wir damit sicher nicht gewonnen. Wie zähmt man einen Terroristen? Ein Fernsehkommentator sagte, wir seien nicht zur Vergebung verpflichtet, solange man uns nicht um Vergebung bitte – eine Aussage, die unter Christen für viel Verwirrung sorgte. Einerseits bejahen wir das Recht souveräner Staaten auf Kriegsführung, andererseits bejahen wir, dass Jesus den Friedensstiftern seinen Segen verheißen hat. Ob es uns nun gefällt oder nicht, das waren unsere Wahlmöglichkeiten, unser Test am Anfang des neuen Jahrhunderts, eines neuen Jahrtausends. Eigentlich hatten wir auf eine rosigere Zukunft gehofft, mussten aber schnell feststellen, dass Krieg einer Nation mehr schadet als Feindesvergebung es je tut.

Innerhalb weniger Tage nach dem besagten Massenmord an der amischen Schule im Herbst 2006 veröffentlichte eine Lokalzeitung einen Leitartikel über Vergebung, in der es um die kuriosen christlichen Lehren ging, die von den Amischen praktiziert werden. Daraufhin berichteten die nationalen Medien, dass die Amischen noch am Tag des Massenmordes eine Delegation zu Maria Roberts, der Frau des Täters, geschickt hatten, um ihr zu sagen, dass sie ihrem Mann vergeben hätten und keinen Groll gegen sie hegten. Alle waren verblüfft. Wie waren sie dazu in der Lage? – Wegen dieser Güte bezweifelten viele, dass die Amischen anfangs wirklich verstanden hatten, was ihnen angetan worden war; doch das war eine despektierliche und zynische Haltung, die dahinschmolz, als die Wahrheit ans Licht kam. Und dieser

Tag wurde zu einem Tag, an dem die Gemeinschaft der Amischen eine ganze Nation belehrte. Sie taten nämlich nichts weiter, als dem Beispiel von Jesus zu folgen, der inmitten großen Leids betete: *„Vater, vergib ihnen, denn sie wissen nicht, was sie tun!"** Die Lokalzeitung verglich im Artikel die christliche Vorstellung von Vergebung mit den Lehren der anderen Weltreligionen und veröffentlichte Kommentare ihrer Anhänger. Ein Moslem sagte: „Wir bitten andere nicht wirklich um Vergebung, aber wenn wir Allah bitten, vergibt er uns unsere Sünden." Ein Jude verlieh der traditionell rabbinischen Position Ausdruck, dass Juden nur dann Vergebung befürworten, wenn der Schuldige um Vergebung bittet. „Und überhaupt, was soll das nützen? Nur Gott kann Sünden vergeben", meinte er. Ein Hindu sagte: „Wenn Menschen jung sterben, muss es eine Menge schlechten Karmas geben, das geläutert werden musste. Wir glauben, dass Roberts und die amischen Mädchen eine Verbindung in einem vergangenen Leben hatten, die bereinigt werden musste." Statt über den Massenmord entsetzt zu sein, „sollten wir froh sein, dass [das schlechte Karma] bereinigt worden ist", schlussfolgerte er.

In der hebräischen Bibel gibt es eine lange Tradition, Gott um Vergebung zu bitten und Sündenopfer zu bringen. Doch sie beinhaltet keine Betonung, seinen *Feinden* zu vergeben. Die Psalmisten erwähnen diese Vorstellung mit keinem Wort. Vielmehr liegt die Betonung des Alten Testaments auf Gerechtigkeit – Auge für Auge, Zahn für Zahn, Leben für Leben – und auf der Vergebung von Gott für die eigenen Sünden, von denen es viele gibt. Zufluchtsstädte boten Schutz und Gnade für Schuldiggewordene.

---

* Lukas 23,34

Der junge Rabbi aus Nazareth steckte die Welt jedoch mit einer neuen Lehre in Brand. Wer Vergebung von Gott empfangen habe, sagte er, müsse anderen gegenüber dasselbe Erbarmen walten lassen. Mehr noch, Jesus machte eine schockierende neue Lehre zum Kern des christlichen Glaubens, nämlich die, dass ich nur in dem Maße Vergebung meiner Vergehen erwarten kann, wie ich selbst anderen ihre Vergehen gegen mich vergebe. Wer nicht vergibt, bleibt in einem erbärmlichen Teufelskreis hängen. Gottes Geschenk der Sündenvergebung, durch das ich errettet werde, bleibt zwar weiterhin bedingungslos, aber der Teufelskreis kann mich in Verbitterung gefangen halten. Ich lasse mir die Freude und Freiheit entgehen, die man erlebt, wenn man seine Hände vom Hals desjenigen nimmt, dem man nicht vergeben will. Gott weiß, wie man Dummköpfe in die Ecke verweist und sichergeht, dass die Menschwerdung Jesu nicht zu einer eingerosteten Theologie wird. Solange ich nicht so vergebe, wie mir vergeben worden ist, haue ich mich selbst übers Ohr und sperre mich in einen Kasten, aus dem es kein Entrinnen gibt.

Wer nicht vergibt, hat noch weitere Probleme. Er hat kaum Freunde, und wenn, dann meist nur Artgenossen. Das heißt nicht unbedingt, dass man sich gleich mit allen Menschen, denen man vergibt, anfreundet. Aber wer anderen vergibt, zieht definitiv Freunde an. Craig, ein Mann in unserer Gemeinde, spottete, als ich ihm sagte, er müsse dem Kerl vergeben, der ihm seine Frau ausgespannt hatte. Er hat lange gebraucht, sich durchzuringen und zu einem neuen Mann zu werden, aber heute hat Craig sogar aufrichtiges Mitleid mit dem Mann, der inzwischen von Sorgen geplagt ist.

Vergebung ist komplex, und sie kann eine vertrackte Sache sein, doch wie es in dem einen Song von Thad Cockrell heißt:

„Pride won't get us where we're going." **Stolz bringt uns nicht ans Ziel.** Der Teufelskreis der gegenseitigen Kränkung kann nur durchbrochen werden, indem einer die Initiative ergreift und dem anderen vergibt. **Vergebung holt uns aus dem schwindelerregenden Kreis heraus und gibt uns die Kraft, dem Schurken zu vergeben, der uns verletzt hat.** Liebe eröffnet uns die Perspektive, dass andere Männer zwar aufgrund ihrer Unsicherheiten und irrgeleiteter Leidenschaften immer noch Schurken sind, aber zu bemitleiden sind, weil sie nicht die Männer sind, die Gott sich eigentlich vorgestellt hat. Ich muss mir klarmachen: Solange ich meinem Feind nicht vergebe, werde ich wie er. Und solange ich ihm nicht vergebe, bin auch ich nicht der Mann, den Gott sich vorgestellt hat. Vergebung bricht sowohl demjenigen, der vergibt, als auch dem, der Vergebung empfängt, eine Bahn. Sie bringt diejenigen wieder in Fahrt, deren Motoren durch Scham- und Schuldgefühle abgewürgt worden sind. Natürlich gibt es auch Verbrecher, die so etwas wie der Teufel im Fleisch sind; in solchen Fällen gewinnt die Lehre Jesu eine ganze neue Bedeutung.

Angenommen, du hast mich ausgenutzt und ich will dir einfach nicht vergeben. Das bedeutet, dass ich nicht glaube, dass Gott mir meinen Verlust erstatten kann. Keine Freunde, wenn ich deine Freundschaft verliere. Kein Geld, wenn du unseren Deal in den Sand setzt. Keine kreativen Ideen, wenn meine jetzige gestohlen wird. Nichts Gutes mehr. Ich muss mich um mich selbst kümmern. Wenn ich etwas an dich verliere, kann Gott mir das Verlorene nicht ersetzen. Wir sind sogar so verdreht in unserem Denken, dass wir *Gott* dafür die Schuld geben, wenn andere uns verletzen. Zu vergeben bedeutet hingegen, darauf zu setzen, dass Gott gut ist. Er ist unerschöpflich, ob es nun um Finanzen, Ideen oder Beziehungen geht.

Vergebung passt nicht gut zu Verbitterung. Es ist geradezu selbstzerstörerisch, sich an seine Kränkungen zu klammern, und es zerstört den anderen, ihn für seine Vergehen büßen lassen zu wollen. Selbstgerechte Vergebung ist ebenfalls zerstörerisch. Dadurch tut man, wie Jesus es ausdrückte, dem Reich Gottes Gewalt an. Man vergiftet andere mit einer kranken Version religiöser Regeln und Schuldgefühle, mit denen man sie manipulieren will. Geistlich gesehen kommt das Vergewaltigung und Mord gleich.* Die einzige Option, die uns bleibt, ist etwas viel Radikaleres.

Wir sind ein mit Schuld behafteter Haufen Menschen, denen Gott großzügig vergeben hat. Jetzt erwartet er von uns lediglich, dass wir anderen Sündern mit der gleichen Großzügigkeit begegnen. Mehr zu wollen, ist wahnsinnig. Weniger zu wollen, ist selbstgerecht. Doch oft wollen wir uns aus diesem Auftrag herauswinden. Wir kleiden uns in religiöse Lumpen, die unsere Blöße nicht richtig bedecken. Das führt dazu, dass wir uns selbst zu Abgesandten Gottes ernennen, die andere überführen und kontrollieren wollen. Wir verfallen der Selbsttäuschung und verwandeln Glaubensgemeinschaften in Konklaven religiöser Idioten. In einer solchen „Wirtschaft" hat Schuldenfreiheit nicht viel Wert. Lieber werden große Programme aufgebaut, bei denen reichlich Schuldgefühle im Spiel sind. Sorgen aber verdrängen Vergebung. Unsicherheiten machen Abhängigkeiten zur Haupthandelswährung. Es herrscht zu viel Machtgier, um Freundlichkeit herrschen zu lassen, und es gibt zu viele Ängste, um im Schutz des göttlichen Erbarmens zu leben. Die gute Nachricht ist jedoch, dass wir in Jesus nicht für unsere eigenen Sünden blechen müssen.

Schreibe dir diesen letzten Gedanken tief in deine Seele!

* Matthäus 11,12

Da Gott klug und freundlich ist, verlangt er nicht, dass verkorkste Menschen in einer perfekten Welt leben müssen. Seine Gleichung ist vielmehr: unvollkommene Menschen in einer unvollkommenen Welt. Und die ursprüngliche Gleichung einst im Garten Eden lautete: vollkommene Menschen in einer vollkommenen Welt. Doch am ersten Tag menschlicher Unvollkommenheit unterwarf Gott die ganze Schöpfung der „Nichtigkeit". Dadurch schuf er einen Weg für uns, wie wir unsere Zerbrochenheit und Verzweiflung, unseren Kummer und unsere Mühen, unsere Qual und unsere Trauer überleben können. In der Geschichte ist nur ein einziges Mal Vollkommenheit in eine unvollkommene Welt gekommen. Das Ergebnis war vorhersagbar: Das Unvollkommene sucht immer den Tod des Vollkommenen.

An diesem Punkt kommen wir durcheinander. Wir wissen, dass es etwas Besseres geben muss – unsere Sehnsucht beweist es –, aber wir wissen nicht, wie wir es erreichen sollen. Gott lässt sich Zeit damit, uns unsere Wünsche zu erfüllen, also versuchen wir, sie an uns zu reißen. Das kommt davon, wenn man in einer nicht perfekten Welt ein perfektes Leben haben will. Ein solches Vorhaben ist die perfekte Formel für emotionalen, geistlichen und sogar buchstäblichen Selbstmord. Falls das, was ich gerade beschrieben habe, auf deine Herangehensweise an deine Ehe, deine Kinder oder Freundschaften zutrifft, dann empfehle ich, dass du schnellstens umdenkst. **Wir müssen akzeptieren, dass wir verkorkst sind.** Nur wenn zwei unvollkommene Menschen in einer unvollkommenen Ehe ihren albernen Schein ablegen, können sie gemeinsam ein erstaunliches Leben erzielen. Das kann ich aus meiner eigenen Ehe bezeugen, und das Gleiche gilt auch für Gemeinden. Wenn der Schein endlich durchleuchtet wird, werden

Gemeinden, Freundschaften und Ehen so viel besser, so viel glücklicher. Und die Kinder darin auch.

Freundschaften – geistliche Freundschaften – sind der lebensspendende Kern aller gesunden Beziehungen unter Männern. Ohne sie verfangen wir uns in einem Raster, in der die Arbeit wichtiger wird als die Menschen, mit denen wir zusammen die Arbeit tun. Wenn Freundschaft nicht das Herzstück unserer Beziehungen in unseren Gemeinden und religiösem Umfeld ausmacht, werden wir selbstgerecht und wirklichkeitsfremd. Dann sind wir wie der ältere Bruder in Rembrandts Gemälde *Die Rückkehr des verlorenen Sohnes*, der im schattigen Hintergrund steht, abgesondert von der Szene der Buße. Statt sich als reuiges Mitglied zu seiner unvollkommenen Familie zu gesellen, spielt er die Rolle eines isolierten und arroganten Lehrmeisters. Jesus erhöhte sich nie; nur als er am Kreuz erhöht wurde. Wenn Leute mit ihren Problemen zu uns kommen, denken wir oft, wir müssten klug oder geistlich tun. Dabei brauchen wir nur für den anderen da sein – an seiner Not teilhaben. Gott kann die Probleme lösen, und vielleicht können wir auch dabei helfen, aber vor allem kommt es darauf an, für den anderen da zu sein, ihm zuzuhören, ihn zu trösten und zu lieben und in unserer Zerbrochenheit gemeinsam Schritte auf Jesus zuzugehen. Das macht das Wesentliche von Freundschaft aus.

Viele Menschen sträuben sich gegen die Offenheit geistlicher Freundschaft. Sie wollen lieber eine Religion, die ihnen eine bequeme Lösung für ihre Probleme bietet. Doch wahre Freunde gestehen sich auch ihre Schwächen ein. Statt Perfektion gibt es Zerbrochenheit, eine Zerbrochenheit, in die wir Jesus gemeinsam einladen können. Denn dann kann Jesus – der menschgewordene Gott, der in uns lebt – sich an die Arbeit machen, aus den zerbrochenen Stücken etwas Neues zu formen.

Dass Gott klug und freundlich ist, gefällt den meisten von uns eigentlich. Das klingt nach einem Gott, mit dem man auch mal abhängen kann. Allerdings verlangt er auch etwas von uns, wenn wir das Zusammensein mit ihm genießen und Frieden finden wollen. *Er verlangt von uns, dass wir leben.* Selbst das verlangt von uns eine Wahl. Es fängt damit an, dass wir mit ihm zu Tisch sitzen und von seinem Brot und seinem Wein nehmen. Denn erleben wir diese Gemeinschaft, fangen wir an zu verstehen, dass mit uns noch andere Sünder am Tisch sitzen, und das schafft Offenheit. Gott vergibt uns und lädt uns in seine Gegenwart ein. Genauso können wir anderen vergeben und sie in unsere Gegenwart einladen. So kommt man aus der Isolation heraus und erlebt wahre Gemeinschaft unter Brüdern. Man gewinnt einen Tisch voller Freunde. Nur durch eine solche Gemeinschaft kann ein Mann innerlich erneuert werden. Und wenn Jesus mit uns am Tisch sitzt, dürfen auch unsere Mängel auf den Tisch gelegt werden. Über das Wetter kann man später noch reden.

3

SPIELE UND GESCHICHTEN ODER WIE MAN DAS REICH GOTTES BETRITT

Amerikaner lieben Spiele. Wir sind eine Nation, die arbeitet, um zu spielen. Jedes Jahr geben wir mehr als 26 Milliarden Dollar für Sportunterhaltung aus, mit steigender Tendenz.* Wir haben uns einen Ball geschnappt und uns vierzig Varianten rund um das gleiche Thema ausgedacht und so aufbereitet, dass Menschen Hunderte – ja teilweise Tausende – Dollar hinlegen, um zusehen zu dürfen, wie ein Team das andere quält. Denkt man darüber nach, sind diese erfinderischen erwachsenen Abwandlungen des Klassikerspiels „Schweinchen-in-der-Mitte", die zudem noch im Stadion ausgetragen werden, ziemlich verblüffend. Noch nie haben Männer so viel aus so wenig gemacht.

* Statistiken gesammelt von Street & Smith's Sports Business Journal (www.sportsbusinessjournal.com). Die Summe berücksichtigt Eintrittspreise, Ermäßigungen und Souvenirs. Insgesamt belaufen sich die Ausgaben für Sportunterhaltung jährlich auf mehr als 195 Milliarden US-Dollar.

Auch ich habe meine Lieblingsmannschaften – die Tennesse Titans und die Philadelphia Phillies –, ohne aber eine Erklärung zu haben für dieses komische Paar, außer der geografischen Lage und einer frühen Gehirnwäsche durch mennonitische Cousins, die sich bei uns zu Hause am Sonntagnachmittag Baseballspiele im Radio anhören durften. Ich wurde zum Phillies-Fan, weil meine Cousins eben Phillies-Fans waren und die Phillies im Radio kamen. Ich bin übrigens immer noch ein Fan, auch weil ich von der mysteriösen Dynamik fasziniert bin, bei der ja Loyalität gegenüber der eigenen Mannschaft im gleichen Maße von Liebe und Hass abhängig ist. Beeindruckt bin ich auch von der Erfolgsserie des Teams, die jedoch immer wieder ein jähes Ende findet. Da ich im Süden der USA lebe, verbindet mich und ein paar andere hunderttausend Männer ein merkwürdiger Freudefunken mit meiner Yankee-Heimat, wann immer die Phillies die Atlanta Braves schlagen und es bis in die Play-off-Runde schaffen und darüber hinaus. Bestimmt brauchen wir alle eine Therapie. Denn wenn man mir Tickets zu Worldcup-Spielen irgendwo auf dem Planeten anbieten würde, wären mein Sohn und ich sofort mit dabei und würden wie die Verrückten grölen.

Was Strategie und Eleganz angeht, ist wohl Baseball das niveauvollste Spiel, das man sich je ausgedacht hat. Es ist ein sehr intensives und doch auch langsames Spiel. Ein bisschen warme Nachmittagssonne, ein Baseballplatz und ein Getränk – dann bleibe ich gerne bei den ersten drei Innings dabei. Die nächsten drei verschnarche ich im Traumland und wache am Ende des Spiels wieder auf, ohne auch nur einen Deut verpasst zu haben.

An heutigen Maßstäben gemessen bin ich kein großer Sport-Typ. Das macht mich etwas zum Außenseiter. Früher hatten wir bei uns weder überregionale Kinder- oder Jugend-Ligen, noch

Mannschaften in jedem Ort, geschweige denn große Sportver-
anstaltungen in der Schule. Schulveranstaltungen hatten bei uns
damals eher mit Kühen und Hausarbeiten und Mamas gutbür-
gerlicher Küche zu tun – alles hohe Prioritäten im amischen Pa-
radies. Ein Grundschullehrer brachte mir damals bei, meine Koor-
dinationsfähigkeit sei nicht gut genug für den Wettkampfsport.
Meine körperliche Betätigung bestand vor allem darin, über Rei-
hen im Maisfeld zu springen und Kuhfladen auf der Wiese zu umgehen, was nicht gerade das beste Training für Wettkämpfe ist.

Trotz dieser starken Benachteiligungen in meiner Kindheit gab
es keinen Mangel an Spielen jeder Art. Wir bauten aufwendige
Festungen im Heu, ritten auf Kühen über die Wiese und spielten Fangen, Monopoly, Scrabble und improvisierten Softball. **Wir
veranstalteten Schlachten mit verdorbenen Eiern, schwammen
im schlammigen Bach hinterm Haus und ließen uns mit Hoch-
geschwindigkeit von „Rennziegen" in kleinen roten Karren den
Hügel hinabziehen.** Wir gingen auf die Jagd mit selbstgebauten
Schleudern und ein paar glatten Steinen und dachten uns viele
Spiele selbst aus – eben alles, was man auf dem Land so treiben
konnte. Wir spielten nach Herzenslust. Es gab also in dieser Hinsicht in meiner Kindheit keinen Mangel.

Als ich dann erwachsen wurde – auch wenn ich zögere zu behaupten, dass ich zu dem Zeitpunkt erwachsen war –, freundete
ich mich mit waschechten Sportskanonen an. Da gab es beispielsweise Ed, unseren Nachbarn, mit dem ich immer noch befreundet
bin. Bis heute bin ich keinem Menschen begegnet, der ihm in Sachen Sport das Wasser reichen kann. Er kann Statistiken zu aller-
lei Sportarten zitieren; sich die Namen (mit richtiger Aussprache)
und Positionen unzähliger Spieler merken; sich auf die besten Plätze in Entscheidungsspielen auf aller Welt mogeln, mit oder ohne

Ticket; den Spielbericht eines obskuren Matches in Texas in 1974 herunterleiern und den ganzen Abend lang von nichts als Sport reden. Besser gesagt den ganzen Tag und die ganze Nacht. Lange Zeit wusste ich nicht, dass er überhaupt über irgendetwas anderes reden kann oder einen normalen Job hat, bis ich eines Tages feststellte, dass er mein Bankberater ist. Seine Kinder waren große Talente auf dem Sportplatz, wo sie Erstaunliches leisteten, zum Beispiel bei sehr kurzgeratenen Baseball-Schlägen trotzdem noch einen Homerun zu erzielen oder drei Meter in die Luft zu springen, um einen Football aus der Luft zu greifen. Die Ruhmestage meines eigenen Sohnes in seiner Baseballkarriere als Kind gipfelten darin, dass er sich nach seinem ersten und letzten Homerun auf dem Schlagmal übergab. Und seine erfolgreichere Football-Karriere in der Highschool hatte, wie wir beide wissen, absolut nichts mit den Fähigkeiten zu tun, die er von meiner Seite der Familie erbte.

Dass ich heute, fast dreißig Jahre später, Ed zu meinen besten Freunden zähle, grenzt an ein Wunder. Dass wir befreundet blieben war unwahrscheinlich, und eines Tages meinte Ed zu mir: „Du bist der erste Nicht-Sportsfreund, den ich je hatte." Ich konterte, er sei der erste Sportsfreund, den ich je hatte. Wir brachen in Gelächter aus, genauso wie wir noch heute oft über unsere komische Kombination lachen. Ich habe immer noch keine Ahnung, was ich sagen soll, wenn er mal wieder abhebt, aber ich habe gelernt, dass das auch gar nicht nötig ist. Er braucht keine Sportstatistiken oder Sportratespiele von mir. Er weiß sowieso schon alle Antworten, und ich kann an seiner Freude teilhaben, indem ich ihm zuhöre. Eine mehrere Jahre zurückliegende Nahtoderfahrung hat Ed zu einem unersättlichen Leser gemacht. Meine einzige Angst ist daher, dass eine ähnliche Erfahrung mich zu einem Sportfanatiker machen könnte!

Eines bin ich mir gewiss – und Ed auch: Dass unsere Freundschaft ein Beweis dafür ist, dass das ganze Leben heilig ist. Wir ergänzen einander. Jeder trägt zu unserer Freundschaft bei, was dem anderen fehlt. Und sie ist ein kleines aber zutreffendes Beispiel dafür, dass Gott etwas Gesünderes für Männer vorgesehen hat als unsere Extreme. Wir müssen uns weder in dem Sportenthusiasmus unserer Kultur verlieren noch dem Glauben verfallen, Gott hätte nur dann an uns Gefallen, wenn wir jeden Augenblick des Lebens in geistlicher Besinnung verbringen. Und wenn das ganze Leben heilig ist, dann hat Gott auch etwas Spielerisches für Männer vorbereitet. Schließlich will er uns unsere Spielfreude nicht wegnehmen. Aber: **Könnte es sein, dass Gott sich unter Männern neben dem ganzen Gerede über Sport einen reicheren Ideenaustausch wünscht?** Unsere Spielversessenheit ist ein Hinweis darauf, dass etwas in unserem gemeinsamen Leben fehlt. Doch die seichte Spiritualität, die uns aufgetischt wird, bietet Männern so gut wie keinen Anreiz. Weder Spielversessenheit noch seichte Spiritualität bietet Männern ein Gleichgewicht von Spiel und sinnerfüllter Lebenslaufbahn.

Wenn die hauptsächliche Leistung eines Mannes in erster Linie darin besteht, vom Fernsehsessel aus durch die Leistungen anderer Männer zu leben, ist er einem großen Betrug auf den Leim gegangen. Immer nur auf das nächste Bundesligaspiel hin zu leben, was viele Männer tun, schenkt uns kein Leben. Ein schönes Sprichwort der Bibel besagt: *„Der Edle aber plant Edles und tritt für das Edle ein."** Beim Sport hingegen nehmen wir nur als Zuschauer teil. Statt uns in den edlen Dingen des menschlichen Geistes zu bewegen, „amüsieren wir uns zu Tode", wie der Kul-

* Jesaja 32,8

turkritiker Neil Postman bemerkte. Die abenteuerliche Rauheit von Männern, die sich so deutlich im Spiel und in Wettkämpfen abzeichnet, fehlt uns sonst im Großteil unseres Lebens. Jahr für Jahr geben wir deswegen mehr für das Vorrecht des Zuschauens aus als ganze Bruttosozialeinkommen vieler Entwicklungsländer. Wir sind zu einer neuen Bürgerklasse geworden – den Zuschauern –, und als solche spielen wir selbst überhaupt nicht mehr mit. Seit mehr als einer ganzen Generation amüsieren wir uns nun schon mithilfe der Spiele anderer. Könnte die globale Wirtschaftskrise im frühen 21. Jahrhundert mit ein Zeichen einer sich rückläufig entwickelnden Reife unserer Menschlichkeit sein – eines fehlplatzierten Wertesystems? Als William Wilberforce sich dafür einsetzte, die Sklaverei im Britischen Weltreich abzuschaffen, gab das dem englischen Poeten William Cowper Anlass, von einer „besseren Stunde" zu sprechen. Könnte sich unsere „bessere Stunde" im Verfall befinden, sodass uns sogar unser Zeitvertreib zu langweilen beginnt?

Zeitvertreib, der eine ganze Gesellschaft in seinen Bann zieht, weist auf tiefere Probleme hin, die weitreichendere Folgen haben können, als wir vielleicht ahnen. Leidenschaften sind geradezu prophetisch. So kann eine Spielkonsolen-Lebensmentalität beispielsweise zur Folge haben, dass die Nöte benachteiligter Menschen zunehmend missachtet werden. Wie der Kolumnist Matthew Parris in der London Times geschrieben hat, wäre Afrika ohne den christlichen Glauben „schutzlos einer böswilligen Verschmelzung von Nike, Hexendoktoren, Mobiltelefonen und der Machete ausgeliefert".* Oder anders gefragt: Ist das, was eigentlich für unsere Entspannung sorgen soll, bereits eine Quelle

* Matthew Parris, „As an atheist, I truly believe Africa needs God", Times Online, 27. Dezember 2008.

reflexiver Gewalt? Unsere Soziologen und Propheten haben uns mehr darüber zu sagen, als die Transferwechsel junger Sportstars.

Der ehemalige Erziehungspsychologe vom Boston College, William Kilpatrick, nennt Sport das „emotionale Zentrum" des modernen Mannes. Und der Autor Paul Young sagt, dass der Mensch von Natur aus dazu neigt, sich mehr auf seine Arbeit und Leistung zu konzentrieren als auf Beziehungen. Doch der Mann an sich ist mit dem Staub und Schmutz der Erde verbunden, aus dem Gott ihn geschaffen hat. Dieser Schmutz ist sein „nächster Verwandter", wie Young es beschreibt, die instinktive Ausrichtung seiner post-paradiesischen Existenz. Seine Lebenserfahrung ist mit Anstrengung und Leistung verwurzelt. Und fügt man diese Gedanken zusammen, hat man vielleicht eine plausible Erklärung dafür, warum Männer sich so stark von sportlichen Leistungen angezogen fühlen.

Das ist nun also der Mist, den wir gebaut haben: dieses komische Umfeld, in dem Männer nicht mehr Männer sind und sich unsere Lebensgeschichte nur noch um belanglose Spiele dreht. In einem solchen Umfeld kann „Mann" nicht aufblühen. Denn dadurch dass wir unsere Identität mit unserem Team, unserem Verein oder unserer Firma verbinden, verlieren wir unsere eigene Stimme. Unsere Identität ist dann deplatziert und das zerstört unseren Lebensauftrag. Haben wir eine Stimme, die andere hören wollen? Verstehen wir unsere Identität und haben eine klare Lebensausrichtung? Der Verlust dieser wesentlichen Merkmale des Mannseins entfremdet den Mann von seiner Seele, die infolgedessen keinen Beitrag mehr leisten kann – und das ist ein Verlust sowohl für ihn selbst als auch für seine Mitmenschen.

Unter den einsamen Stimmen, die ich von Männern höre, findet sich allerdings ein Echo des Jubels für kurzlebige „Helden", die an unserer Statt Träumen nachgehen. Kurzlebig sind sie deshalb, weil sie uns schon in der nächsten Saison für eine schmeichelndes Ablöseangebot verraten können. Warum auch nicht? Wir verfluchen die Mannschaften, die verlieren und die Hälfte aller Mannschaften verliert jede Woche. Und wenn einzelne Spieler eine zu schwache Leistung erzielen, werfen wir sie ohne große Gewissensbisse über den Haufen. Dabei sind die Spieler, diese Männer – unsere „Brüder" –, und sie leiden genauso an Misserfolgen wie andere Männer auch. Wurdest du schon mal gefeuert oder von deinem Chef fertig gemacht? Wir tun das. Jede Woche in unseren Stadien fordern wir das bei schlechter Leistung. Und diejenigen, die am längeren Hebel sitzen, kommen nicht selten unserer Aufforderung nach, um uns zu gefallen.

Während dies geschieht, fühlt sich der Gemeinschaftsgeist eines jubelnden Heimpublikums wie Freundschaft an, doch dann ist das Spiel vorbei und wir wissen nicht, worüber wir reden sollen als über noch mehr Spiele. Nichts gegen die Nachlese eines Spiels. Aber wenn das *alles* ist, was wir einander zu sagen haben, bleiben wir einsam, selbst wenn wir mitten unter Leuten sind. Dann sind wir lediglich Schatten der Männer, für die wir uns gerne halten würden. **Dass der eindimensionale Aspekt des Zuschauersports zum Schweigen des Mannes beiträgt und dass schweigende Männer den Sport genauso angehen wie das Gemeindeleben, nämlich wie Roboter, die alle im Gleichschritt marschieren, ist nicht übertrieben.** Der einzige Unterschied zwischen beidem besteht darin, dass Spiele für gewöhnlich spannender sind, man dort nicht so schnell verurteilt wird und es Bier zu trinken gibt. Zuschauersport *und* Zuschauergemeinden besitzen beide eine besondere Kraft, aber nicht die, Männer näher zum Reich Gottes zu bringen.

WAS EIN KLEINER JUNGE WILL UND EIN GROSSER MANN BRAUCHT

Spiele und Geschichten gehören zu den wichtigsten Aspekten im Leben eines kleinen Jungen, und beide sind eng mit seiner Identität verbunden. Welches Kind sagt seinem Vater nicht „Komm spiel mit mir", „Lies mir eine Geschichte vor" oder „Erzähl mir, wie es war, als du Kind warst"? Im Leben eines Kindes ist diese Affinität für Spiele und Geschichten instinktiv vorhanden. Sie fördert das, was wir am Menschsein schätzen. Und sie hilft dabei, wie Kinder eine Verbindung zu ihren Vätern aufbauen.

Wenn Väter abwesend sind oder schweigen, ist es schwierig für einen Jungen oder jungen Mann, seine Männlichkeit zu entdecken, sich selbst zu kultivieren oder aufzuklären. Eine gesunde Balance von Spielen und Geschichten, an denen sich der Vater aktiv beteiligt, sollen ihm auf diesem Weg helfen. Denn durch seine wahren Geschichten kann der Vater einen lebenslangen Bezugspunkt schaffen, anhand dessen der junge Mann lernen kann, seine eigene Geschichte zu kreieren und zu erzählen. Das ist so, weil die Geschichte des Vaters für seine Söhne – und vielleicht auf noch eindrucksvollere Weise für seine Töchter – ein lebendiges Portrait seines Charakters, seiner Arbeitsethik, seiner Liebe, seiner Kreativität, seiner Dienstbereitschaft und seines Spielvermögens darstellt. Als Vater ist man der engste Anhaltspunkt, den die eigenen Kinder in ihren prägenden Jahren haben, um zu verstehen, was die Wörter *Papa, Mann, Ehemann* und Vater bedeuteten. Dies zu erfahren, wirkt sich auf den Rest ihres Lebens aus. Doch wahre Geschichten von Vätern sollen keine Perfektion vor Augen malen, sie sollen vielmehr davon erzählen, wie sie ehrlich mit Freude und Leid, Erfolg und Misserfolg umgehen. Ein Sohn braucht auch gar kein Bild eines perfekten Vaters, um zu einem gesunden

Menschen heranzuwachsen. Aber er braucht einen echten Vater, einen Vater, der seine eigene Lebensgeschichte vermittelt. Ohne diesen Bezugspunkt mangelt es dem Sohn an Orientierung. Ohne ihn ist ein Sohn gezwungen, einen Umweg einzuschlagen, ehe er die Kraft und Zärtlichkeit wahrer Männlichkeit entdecken kann. Traurigerweise schaffen es einige nie.

Die Bedürfnisse eines erwachsenen Mannes unterscheiden sich nicht gravierend von denen eines Jungen. Beiden geht's besser, wenn Spiele und Geschichten in einem gesunden Gleichgewicht bleiben. Spiele verkörpern in diesem Sinne die ausgelassenere Seite des Lebens: unseren Humor und unsere Verspieltheit. Auch sind sie Ausdruck unserer Faszination mit Leistung und Hingabe. Sie zeigen unseren Wunsch, hoch hinauszukommen. Sie können eine gesunde Wettbewerbsmentalität, Fairness, individuelle Leistung und Teamgeist vermitteln. Sie können verdeutlichen, dass wir uns an Regeln halten müssen, wenn wir unsere Ziele erreichen wollen. In der amerikanischen Unabhängigkeitserklärung heißt es: *„all men are created equal"*, aber Spiele unterstreichen den hartnäckigen Verdacht, dass alle Menschen (beziehungsweise Männer) eben doch nicht „gleich geschaffen" wurden. Unsere Unterschiede sind wichtig und dienen einem übergeordneten Ziel. Geschichten wiederum zapfen die Wurzeln unserer Identität an. Sie zeigen uns die Wichtigkeit unserer ganz persönlichen Geschichte, die einzigartigen Elemente unserer eigenen Beschaffenheit – wofür Gott uns geschaffen hat. Sie vermitteln uns nicht nur Fakten über uns selbst, sondern das Wesen des Mannseins, und sie erinnern uns an die unbeugsame Wahrheit, dass alle Männer den gleichen *Wert* haben. **Spiele und Geschichten prägen unseren Charakter.** Zusammen geben sie uns ein breiteres Blickfeld und eine tiefere Perspektive. Sie machen unsere Geschichte aus und verkörpern das, was wir am Leben lieben.

Vielleicht bist du inzwischen zu dem Schluss gekommen, dass ich ziemlich abgeschieden aufgewachsen bin. Da ist auch etwas dran. Die Welt meiner Kindheit war eine schlichte, aber hübsche Welt ohne Fernsehen; eine Welt, in der Spiele noch nicht professionalisiert waren. Einen Fernseher konnten wir uns nicht leisten, und in Anbetracht der vielen Arbeit und des zeitintensiven Spielens, die beide nötig waren, um einen kleinen Bauernhof in einen Ort des Friedens und der Fülle zu verwandeln, weiß ich auch nicht, wann wir das Ding überhaupt hätten einschalten können. Zudem herrschte bei uns die Vorstellung, es könnte Sünde sein, einen Fernseher zu besitzen – oder zumindest eine Zeitverschwendung, was auf unserem Bauernhof gleichbedeutend mit Sünde kam. Mein gesamter Verwandtenkreis sah das so. Meine Mutter und mein Vater sagten immer, ihr „Live-Entertainment" – sprich: ihre Kinder – seien besser als jedes Fernsehprogramm. Ein Kommentar, der uns mit Stolz erfüllte und uns Sicherheit schenkte. Als ich dann mit 28 heiratete, musste mich meine Braut erst einmal über all die Popstars aufklären, die ich verpasst hatte, schließlich war der Großteil der amerikanischen Popkultur an mir vorbeigezogen, während ich lernte, dass das Leben kein homogenes, langweiliges, globales Püree sein sollte. Allerdings kaufte mein Vater noch gerade rechtzeitig ein Auto mit einem Radio, um das Ende der Beatlemania mitzuerleben.

Das Dumme heutzutage ist, dass junge Männer so viel Zeit vor einem Bildschirm oder mit einem Controller in der Hand verbringen, dass sie dieses ganze Theater nicht mehr von der Realität unterscheiden können. Und ich komme mir ein bisschen vor wie in dem Roman *Don Quichote*: Die Welt ist zu einer Scheinwelt geworden, in der man mir weismachen will, dass das, was man mir vor Augen malt, nicht bloß Fantasie ist.

Ich kann mich nur an drei Fernsehsendungen erinnern, die ich als Kind gesehen haben: einen Western mit John Wayne, eine Folge von *Gilligans Insel* und die Beerdigung von Sir Winston Churchill. Am Tag von Churchills Beerdigung klopfte ich an die Tür eines mürrischen Einwanderers aus der alten Welt, der sonst nie aufmachte. Doch da ich Herrn Wiggins Fernseher plärren hörte, war ich fest entschlossen, solange zu klopfen, bis er die Tür öffnete. Ich bot mal wieder Mutters hausgemachtes Brot feil und war mir sicher, dass ich die Ware an den Mann bringen könne. Als sich die Tür dann schließlich auftat, wurde mir befohlen, hereinzukommen, mich hinzusetzen und still zu sein, bis der historische Trauermarsch von der Westminster Hall zur St. Paul Cathedral geendet hatte. Und die Glocken aller Kirchen in London läuteten ihre Totenklage, während die ganze Welt trauervoll Sir Winston Churchill, dem „letzten Löwen", ihren Tribut zollte.

Ich war damals 13 Jahre alt, und als ich Herrn Wiggins Haus verließ, fühlte ich mich bereichert – und zwar nicht in erster Linie durch die beiden 25-Cent-Stücke, die in meiner Tasche klimperten.

Wir lebten damals für Geschichten: Geschichten zur Schlafenszeit und Geschichten in unserem kleinen Schulhaus, in dem uns die Lehrer von der ersten bis zur achten Klasse nach dem Mittagessen Bücher wie *Unsere kleine Farm* und andere Klassiker vorlasen. Wir hörten Geschichten von christlichen Märtyrern, die weit entfernte Glaubensverwandte in der Schweiz gewesen waren, Geschichten von Urgroßeltern, die nach dem Amerikanischen Bürgerkrieg eine bäuerliche Siedlung in Nebraska gründeten, lustige Geschichten über Urgroßopa Glick, der darauf bestand, dass man sein Bein auf dem Küchentisch amputierte, weil er nicht für die Krankenhauskosten aufkommen wollte. Wir hörten Geschichten von verrückten Stadtmenschen aus New York, von Sklaven und Farmpächtern, die „unten im Süden" unterdrückt wurden, von Dummejungenstreichen der „drei Onkel", von Scheunenfeuern und Siedlungsbewohnern, die innerhalb weniger Tage die Scheune eines Nachbarn mit frisch gefälltem Holz aus den Bergen wieder aufbauten. So etwas sahen wir auch mit eigenen Augen. Wir hörten nahezu legendäre Leistungen von schlauen Helden wie Abraham Lincoln, Papa und all den anderen alten Hasen, und wir liebten die Sonntagnachmittagsgeschichten, die Besucher von nah und fern uns mitbrachten. Geschichten gaben uns etwas, worüber wir nachdenken konnten, etwas, wonach wir streben und worüber wir träumen konnten. Sie erweiterten unsere Weltsicht und ließen uns fragen, wo die Flugzeuge hinflogen, die wir sahen. Sie weckten eine Menge Fragen und Bewunderung in uns.

Im Gegensatz zu Geschichten verengen Versessenheiten den Fokus eines Mannes, während sie das Gegenteil versprechen. Allein schon die Geschichte von Kriegen, wenn wir denn von ihnen lernen würden, unterrichtet uns darin. Vielleicht möchte jemand ja mal den Gedanken durchspielen, ob es uns am Ende wirklich bereichert, wenn jede Person auf der Welt haargenau die gleichen Gegenstände besäße. Ed, mein sportfanatischer Bankier-Freund, der für mich, wenn es drauf ankommen würde, in Nullkommanichts sein Leben niederlegen würde, besitzt beispielsweise immer noch kein Handy, und bestimmt ist er auf der ganzen Welt der einzige Vizepräsident einer großen Regionalbank, der kein Mobiltelefon besitzt. Für Männer, die ihre Lebensgeschichte verloren, vergraben oder noch nicht entdeckt haben, bietet Sport eine Lebensmetapher, in der der Wettkampf im Stadion ihre eigene beste Eroberung versinnbildlicht. Diese Metapher ist natürlich nicht das Leben selbst, aber sie übt in unserer Gesellschaft eine solche Anziehungskraft aus, weil sie das Leben und vielleicht sogar eine Art verlorene Reinheit verkörpert. Ed könnte das sicher besser erklären.

HINAUS AUS DEM KOLOSSEUM

Kinder haben offensichtlich etwas an sich, was Gott gefällt. Genauso gefallen ihm Männer, die wie Kinder werden. Wir wissen, dass er jedes Kind mit einem Schutzengel versorgt, und Jesus wies seine Freunde zurecht, die den Kindern sagten, sie sollen ihn in Ruhe lassen. In der Bibel steht, dass Erwachsene nur dann ins Himmelreich kommen, wenn sie wie die Kinder werden. Was hat es also damit auf sich, dass uns andauernd gesagt wird, wir müssten erwachsen werden?

Unser Kühlschrank ist mit Fotos von Kindern vollgeklebt. Das war schon immer so. Diese süßen kleinen Gesichter erinnern mich daran, wie mein Gesicht aussehen sollte; wie sich mein Herz in meinem Gesicht widerspiegelt. Wenn ich ihre vertrauensvollen kleinen Grimassen sehe, ihre seelenvollen Augen und ihre Unschuld, werde ich an die Worte Jesu erinnert, dass wir umkehren und wie die Kinder werden sollen, wenn wir ins Reich Gottes kommen wollen. Das ist eine ganze wichtige Information für Erwachsene. Jesus machte keine Witze. Daher müssen wir herausfinden, wenn wir ins Reich Gottes kommen wollen, was er damit meinte – und kindlich zu der Gnade gelangen, die er uns anbietet.

Kürzlich schloss ich eine Freundschaft, die hoffentlich mein Leben lang halten wird – dieses Leben wie das kommende. Und zwar heißt meine neue Freundin Gracie, die zum Zeitpunkt, als wir uns kennenlernten, acht Jahre alt war. Meine Frau und ich waren bei ihren Eltern und unseren guten Freunden Jimmy und Tina zum Essen. Zunächst schien Gracie bloß ein weiteres Kind, das sich nicht groß von anderen Kindern unterschied. Sie beschäftigte sich mit irgendetwas, womit sich Kinder heutzutage eben beschäftigen. Doch gegen Ende des Abends beteiligte sie sich an unserem Erwachsenengespräch und sie entpuppte sich als richtige Schnatterliese. Wir unterhielten uns eine Dreiviertelstunde lang über Gott und die Welt – oder genauer gesagt über das Leben und die Poesie von Shel Silverstein, Wissenschaft, Mathe, Bücher, ihre Lieblingsautoren, ihre Träume und darüber, dass sie in der dritten Klasse zur Klassensprecherin gewählt wurde, aber nicht für sich selbst gestimmt hatte, weil ihr die Ernennung nicht so viel bedeutet hätte, wenn sie durch sich selbst statt nur von ihren Klassenkameraden gewählt worden wäre. Sie stellte mir Fragen über mein Leben, meine Kinder, meine Arbeit, meine Lieblingsbücher und womit ich mir gerne die Zeit vertreibe. Ich bin mir nicht sicher, ob ich je einer wissbegierigeren Person als Gracie begegnet bin. An einer Stelle unserer Unterhaltung jedenfalls gab sie mir einen guten Rat. Mit einer Welle der Begeisterung in ihrer Stimme sagte sie: „Das ist wichtig. Nur du kannst du sein, und du musst lernen, du selbst zu sein – und das machst du ja auch."

Sie sprach von ihrer Kindheit, als wäre sie bereits vergangen und stünde zugleich noch bevor, und sie erzählte mir von ihren Freunden und was sie ihr bedeuten. Mit ihren acht Jahren schaute sie mir direkt in die Augen, las Nuancen, verfolgte den Faden und hielt ein Gespräch mit jemandem aufrecht, der fünfzig Jahre älter war als sie. Als der Abend vorbei vor, beugte sie sich vor und sagte: „Danke, das Gespräch werde ich nicht vergessen." Ich auch nicht.

David, der einfühlsame Psalmist Israels, schrieb: „Herr, rette mich mit deiner Hand vor den Leuten, deren Teil am Leben keine Dauer hat!"* Männer, die sich nur an Dingen orientieren, die keine Dauer haben, können unsere Seele verderben und unseren Geist verkleinern, wenn wir uns in ihre Mentalität verwickeln lassen. Wohl weil das vergängliche Leben das Beste ist, das einige Männer je haben werden. Diese Männer tragen in sich keine zuversichtliche Hoffnung auf den Himmel, keine Hilfe von einem Retter, keine Erwartung auf ein Leben nach dem Tod und keine Zufriedenheit am Ende ihrer Tage, dass das Leben, das sie gelebt haben, viel Wert hatte. **Staub, der wieder zu Staub wird, kann am Ende wenig Vertrauen aus sich schöpfen. Wie schnell ein erwachsener Mann doch wieder zu einer Handvoll Staub und Asche werden kann!** Wenn dieses Leben wirklich das Beste ist, das wir je haben werden, ohne ein ewiges Erbe, das auf uns wartet, warum sollten wir dann unsere Tage nicht nach Belieben verspielen? Ich kann verstehen, warum solche Männer so viel wie möglich in diesem Leben an sich reißen wollen. Wer würde das nicht wollen? Ein Mann, der glaubt, dass dieses Leben das Ende statt der Anfang unserer Existenz ist – der glaubt, dass das Leben nie besser wird, als es jetzt ist –, der bestätigt die sterbende Seele in sich. Das trällernde Lied der Sterbenden, „Lasst uns essen, trinken und fröhlich sein, denn morgen sterben wir", wird von denen gesungen, von deren Gesichtern Licht, Liebe und die Herrlichkeit der Hoffnung verschwunden sind. „Rette meine Seele vor ihnen", rufen die Schreiber der Bibel aus, denn solche Menschen sind bereits tot. Gott sei Dank kann Gottes Leben selbst noch zu den Toten kommen. Das habe ich schon mit eigenen Augen gesehen.

* Psalm 17,13–14

76

Ein Mann, der wiedergeboren wird, kann bezeugen, dass er Geschenke entdeckt und bekommen hat, die er nicht verdient hat. Das weist auf eine geistliche Veränderung hin, die so dynamisch und neu ist, dass sie den toten Geist in seinem Innern tatsächlich zum Leben erweckt. Und die Größenordnung dieser Veränderung ist so gewaltig, dass Jesus sie damit verglich, wie die Kinder zu werden.

Wir alle können uns an kindliches Staunen, an die Wärme von Vertrauen, an die Freude einer frühen Freundschaft erinnern. Wir haben noch den Geschmack eines kalten Glases Milch auf der Zunge. Wir wissen noch, wie viel Liebe aus den frischen Schokokeksen aus Omas Ofen herausquoll. Wir können noch die fließenden Tränen auf der Wange spüren, wenn Verletzungen einer heilenden Berührung bedurften oder Fehler wiedergutgemacht werden mussten. **Das wünscht sich Jesus auch im Geist eines erwachsenen Mannes: die Schlichtheit, das Staunen und die Freude der Kindheit, einschließlich der Freude über frische Kekse und kalte Milch, verbunden mit der Weisheit des Mannseins.**

Unsere Erinnerung an das Phänomen, das wir Kindheit nennen, und unser Verlangen nach mehr von ihrer Reinheit, sind das, was Gott im Moment unserer geistlichen Wiedergeburt benutzt, um uns zu helfen, durch den Glauben eines Kindes das zu empfangen, was wir allein durch unseren Verstand und unsere Erfahrung als Erwachsene nicht empfangen können. Nun lebt Gott in uns in seiner spektakulären Fülle und schenkt uns Leben. Er lädt uns ein, uns an seinem prachtvollen Reich zu beteiligen. All denen, die ihn aufnehmen, gibt er das Recht, Gottes Kinder zu werden, heißt es. Dieses Zeugnis vom Apostel Johannes, der das Evangelium direkt von Jesus empfing, deckt sich mit dem, was ich aus eigener Erfahrung über Jesus weiß. Wir sind keine Gladiatoren mehr im Kolosseum, wo wir uns selbst durchschlagen müssen, sondern dürfen wie erwachsene Kinder durch die Straßen dieser Welt tanzen, auf dem Weg zum herrlichen Königreich.

NEUES FEIERN

*„Deine Sanftheit machte mich groß."** Diese fünf Wörter, versteckt in den Psalmen, bieten Männern einen tiefsinnigen Gedanken zum Nachdenken. Auf den ersten Blick scheint die Aussage widersprüchlich. Sie ist nicht gerade das Paradigma aus der Welt des Sports oder der Unternehmenskultur des 21. Jahrhunderts. Zwei gegensätzliche Konzepte verbinden sich zu einem mehrschichtigen Bild des Mannseins, das bei vielen unserer Annahmen über Gott und die Männer, die ihm folgen, übersehen wird.

Gibt es in dir eine Sanftheit, die als „Größe" gefeiert wurde, die mit einer Beförderung und einer Gehaltserhöhung in deinem Beruf einherging oder die du von anderen Männern gelernt hast, die ihre Größe durch die Sanftheit Gottes entdeckt haben? **Vielleicht hältst du Gott nicht für sanft, dabei gehört Sanftheit durchaus zum engeren Kreis der Charakterzüge, die seine Gegenwart beschreiben.** Aber überleg mal, wie selten wir von dieser großartigen Eigenschaft hören. Christliche Gemeinden huldigen gerne der Kühnheit – was auch nicht falsch ist –, aber Kühnheit wird nicht als Beweis für die *Gegenwart Gottes* aufgeführt. Jesus sagt seinen Jünger nicht, dass sie in die Welt hinausgehen und für ihn kühn sein sollen. Das würde eine unmögliche religiöse Leistung erfordern, außerhalb des Beziehungsrahmens, in dem wir zu ihm stehen. Nachdem er seine Jünger vom religiösen Leistungsdenken befreit hat, setzt er sie nicht erneut unter Druck. Vielmehr

---

* Psalm 18,36; direkt aus dem Englischen

lädt er sie zur Feier mit Brot und Wein ein, um auf die Kraft des Vaters zu warten und gleichzeitig so listig wie Schlangen und so sanft wie Tauben zu leben. Jesus möchte offensichtlich, dass Männer stark, weise und sanft sind.

Uns wird von klein auf beigebracht, im Wettstreit mit anderen zu stehen, unsere Rechte zu verteidigen und einzufordern – sie, wenn nötig, sogar an uns zu reißen. Wir beneiden am meisten diejenigen, die Reichtum oder Erfolg erzielt haben, und wir richten unseren Neid immer schnell auf die neue Nummer eins. Doch die Männer, die wir am meisten *bewundern* und mit denen wir am liebsten zusammen sind, besitzen viele der folgenden Eigenschaften: Liebe, Friede, Freude, Geduld, Freundlichkeit, Güte, Treue, Sanftheit und Selbstbeherrschung. Der Unterschied zwischen den Männern, die wir beneiden, und den Männern, die wir bewundern, ist groß.

Zuschauersport und Zuschauergemeinden haben eins gemeinsam: Beide stellen Erfolg und Leistung unter Männern über andere, „normalere" Lebenseigenschaften. Ist das ein weiteres Beispiel davon, was Jesus meinte, als er sagte, dass dem „*Himmelreich Gewalt angetan*" wird?* Das Reich Gottes unterscheidet sich stark von menschlichen Reichen. Der Eintritt in sein Reich basiert nicht auf hochwertigen Leistungen oder einem „Wir schmeißen uns für Gott in Schale"-Klub. In seinem Reich des Friedens wird Leistung beiseitegelegt und durch die Offenheit ersetzt, von ihm zu empfangen. Da aber das Empfangen gegen unsere gewohnte Lebensphilosophie ist, verpassen viele Männer die Vorzüge, die Gott für sie parat hält. „Ich nehme nichts von niemandem an" bringt einen in der Not nicht weit, und es ist definitiv kein Satz,

---

* Matthäus 11,12

den man von Jesus hört, wenn er das Leben in seinem Reich beschreibt. Die Tür, durch die wir gehen müssen, ist ein Geschenk. Wer sie sich verdienen will, der kommt nicht hindurch. Statt etwas zu geben, müssen wir etwas annehmen. Für den Selfmademan sowie selbstbezogene Gemeinden ist das ein riesiger Stolperstein.

Im Lexikon unseres gemeinsamen Lebens müssen wir Leistungswörter wie *gewinnen*, *verdienen*, *Erfolg* und *Verlust* durch lebensspendende Wörter wie *empfangen*, *annehmen*, *lieben* und *feiern* ersetzen. Das sind die Wörter, durch die uns unsere geistlichen Väter einladen, uns mit Jesus an einen Tisch zu setzen und an seinem Leben teilzuhaben. Sie beschreiben den Lebensstil in seinem Reich: „Denn ich habe vom Herrn empfangen, was ich euch dann überliefert habe ...“* **Ein Mann wird geradezu befreit, wenn er erkennt, dass er nichts geben kann – und auch gar nicht muss –, was er nicht empfangen hat, und dass die Quelle, aus der er empfangen kann, unerschöpflich ist.** Jesus bettet in seine Lehren dieses Konzept eines ununterbrochenen Lebensflusses ein, der von Gott zum Menschen fließt, und er lehrte demgemäß seine Jünger zu beten: „*Unser tägliches Brot gib uns heute.*“** Wir feiern also das Reich Gottes als ein Geschenk seiner *täglichen* Gegenwart.

Unsere Geschichten sind Geschenke, durch die wir andere in unsere Gegenwart, in unser Leben einladen. Jeder Mann hat eine Geschichte, die es wert ist, erzählt zu werden. Leider glauben das viele aber von uns nicht. Wir haben noch nicht verstanden, wie wertvoll es ist, unsere Geschichten unseren Kindern und auch unseren Freunden weiterzugeben. Insofern müssen diejenigen

* 1. Korinther 11,23
** Matthäus 6,11 (LU)

von uns, die selten aus ihrem Leben erzählen, noch die einzigartige Schönheit entdecken, die aus ihrer Lebensgeschichte fließen kann. Die Herzen unserer Söhne und Töchter sind wie tiefe Brunnen, aus denen auch lange, nachdem wir nicht mehr da sind, noch lebensspendendes Wasser hervorquellen kann. Uns selbst und unsere Geschichten in unsere Kinder zu investieren, reinigt und versüßt das Wasser im Brunnen unserer Kinder. Die Indianer wussten, wie man verschmutzte Wasserquellen reinigen und sauber halten konnte. Ähnlich tun es Väter, die Geschichten in ihre Kinder investieren.

In welcher Form genau du deine Geschichte erzählen willst, musst du selbst entscheiden. Es kommt nur darauf an, dass du nahestehenden Menschen Erlebnisse aus deinem Leben erzählst. Dann wirst du bestimmt so etwas Ähnliches wiederentdecken wie die Freude, die du früher in deiner Kindheit hattest. Falls du deine spielerische Ader verloren hast oder von einem Leistungsdenken im Glauben oder bei der Arbeit besessen bist, falls du Sport zu deinem Götzen gemacht hast oder falls du alles in deinem Leben so ernst nimmst wie einen Terroranschlag, dann such etwas mehr Ausgeglichenheit, bevor du den Rest von uns in den Wahnsinn treibst. Die meisten Kinder glauben nicht, dass Erwachsene noch Spaß haben können. Also erzähle ihnen von dem Spaß, den du als Kind hattest, oder schreibe diese Erinnerungen auf. Das wird zu Fragen führen, durch die du deine Geschichte dann weiter ausführen kannst. Mit der Zeit können wir so vielleicht Männer werden, die – wie Gracie – von ihrer Kindheit wie etwas sprechen, das sowohl in der Vergangenheit als auch in der Zukunft liegt.

4

DER RUHM UND DIE SCHAM
VON VÄTERN UND SÖHNEN

Durch unsere Väter bekamen
wir flüchtige Blicke auf dich.
GEBET VON DAVID MOBERG,
„DINNER AND CONVERSATION"-GRUPPE

Herauszufinden, worüber ein Mann nicht spricht, offenbart mitunter das, worüber er sich am meisten sorgt. Meine Grundannahme ist, dass Männer nicht viel über wirklich Wichtiges reden, und diese Stille ist ziemlich beunruhigend. Allerdings müssen wir uns eines über Männer klarmachen: Männer reden gerne, wenn sie Respekt von ihren Zuhörern bekommen, außer wenn das Thema eines ist, was sie absolut nicht interessiert.

Das wurde deutlich, als sich unsere Männergruppe „Dinner and Conversation" eines Abends im Mai traf. Unsere Gruppe fing an, als mein Freund B.J. mich einmal bat, meinen Flug nach Hause zu stornieren, um ihm dabei zu helfen, ein Abendessen für acht Männer vorzubereiten, die zu ihm in seine New Yorker Stadtwohnung kamen. B.J. arbeitet seit mehr als 28 Jahren mit Männern jeden Alters und hat gelernt, Fragen zu stellen, die den Kern der Sache treffen, über die Männer reden können. Fragen bei „Dinner und Conversation" reichen von „Was macht dir Freude?" bis hin zu „Was ist das tiefste Bedürfnis, das du in deiner derzeitigen Lebensphase hast?" Am besagten Abend forderte er jeden der Männer nach dem normalen Essensgeplauder auf, eine simple Frage zu beantworten: „Was ist die größte Überraschung, die du je erlebt hast?"

Junge Männer wollen darüber reden, genauso wie Männer im mittleren und fortgeschrittenen Alter. Die Unterhaltung an dem Abend bewies, dass Männer, von denen einige Sporthelden an der Highschool oder am College waren, über mehr reden können als über Sport. Der Abend endete mit einem Gefühl der Freundschaft unter Männern, die nie auf diese Art aus sich herausgekommen wären, wenn jemand ihnen nicht die richtige Frage gestellt hätte.

„Wie war dein Vater so?" fragte ich die Männer bei einem unserer Abendessen. „Hilf uns, dich besser kennenzulernen, indem du uns von deinem Vater erzählst."

Männer können den ganzen Abend lang reden, wenn es Dinge sind, die ihnen wirklich wichtig sind. An dem Abend sprachen wir mehr als drei Stunden lang über unsere Väter. Das ist etwas, was uns wichtig ist – wer Papa ist und war, was er getan hat, was ihm am wichtigsten war und welche Erinnerungen wir an seine Liebe für uns haben. Wenn man einen Mann auffordert, in der Gesellschaft anderer Männer, die ihm respektvoll zuhören und auch ihre eigenen Geschichten erzählen, über seinen Vater zu sprechen, dann stößt man auf eine tiefe Quelle in dem Männerherzen.

Diese Frage führte uns zum Quellwasser, aus denen die Neben-flüsse Güte, Bewunderung und Freude in der Seele eines Man-nes fließen. Die Bewunderung unserer Väter legte auch ein tiefes Verlangen nach unseren Vätern offen, Gedanken über ihre und unsere eigene Unzulänglichkeit, sowie Trauer. Bis auf den letz-ten Mann brachte jeder von uns zum Ausdruck, dass wir gerne mehr über unseren jeweiligen Vater wissen würden: was ihm wichtig war, was er geliebt hat, wie er es in unserem Alter durch die schweren Zeiten geschafft hat, was er von uns gehalten hat, als wir jung waren (Hat er mich gemocht, als ich Kind war?) und welchen Rat er für uns heute hätte.

Drei unserer Väter hatten im Zweiten Weltkrieg gedient. Zwei dieser alten Soldaten hatten nie über ihre Kriegserfahrungen ge-sprochen. Doch als sie starben, fanden ihre erwachsenen Kinder einen unauffälligen Karton, der zwei Schätze enthielt: einmal Lie-besbriefe, die sie während ihres Werbens mit ihrer Zukünftigen ausgetauscht hatten, sowie die Tapferkeitsmedaillen, die sie für den Krieg bekommen hatten. Beide Männer hatten mindestens zehn Medaillen. Wir fragten die Söhne nach ihrer Meinung, wa-rum ihre Väter nie über den Krieg gesprochen hatten, und einer sagte: „Mein Dad war Pilot, und am D-Day bestand seine Mission darin, Soldaten hinter die feindliche Linie zu bringen. Von den zwanzig oder dreißig Männern, die er bei jedem Flug abwarf, er-reichten teilweise nur wenige lebendig den Boden. Warum wür-de er darüber reden wollen? Aber das Einzige, was er bis zu sei-nem Tod behielt, waren diese Medaillen und die Liebesbriefe von seiner Frau."

So sind wir Männer. Wir meinen, wir müssten uns zwischen die Kugeln und unsere Frau oder unsere Kinder werfen. Wir springen quasi auf die Gleise, um unsere Söhne vor einem heranrasenden

Zug zu retten. Wir witzeln darüber, wie wir mit einer Schrotflinte in der Hand auf den ersten festen Freund unserer Tochter warten, aber der Gedanke hinter diesem Witz ist todernst. Wir arbeiten, um den Gerichtsvollzieher von unserer Straße und unserer Haustür fernzuhalten. Aber wir wollen über diese Dinge nicht in einem Umfeld reden, wo man sich darüber lustig macht, wie tief unsere Gefühle sind. **Ein Stirnrunzeln, eine Unterbrechung durch unwichtige Anrufe, ein scharfes Wort, ein verpasstes Stichwort – und schon wollen wir Männer nicht mehr über unsere tieferen Gefühle reden.**

Bei unserem Männerabend entdeckten wir noch weitere Gemeinsamkeiten: Zwei Männer hatten Urgroßväter, die während der Landordnung in den 1870ern einen Siedlerhof in Nebraska gründeten. Mein amischer Großvater war zwei Jahre alt, als seine Eltern ihr Zuhause, ihre Familie und Freunde verließen und gen Westen zogen, mit der Hoffnung auf kostenloses Land und ein Pionierleben am amerikanischen Grenzland. Die ersten zwei Jahre lebten sie in einem Grassodenhaus in der Prärie und schlugen sich die darauffolgenden zwanzig Jahre mühsam durch, bevor sie zurück nach Hause ins hübsche Kishacoquillas-Tal im Herzen von Pennsylvania kamen.

Unsere Väter, Großväter und Urgroßväter waren strenge Männer. Es gab mehrere Einflüsse, die sie zu solchen Männern gemacht hatten. Zum einen gab es eine Frömmigkeit, die häufig eher auf Gesetzlichkeit als auf Gnade baute. Dann war da die harte Existenz des Pionierlebens, die Große Depression und die Zeit der beiden Weltkriege. Diese Männer fassten einen unausgesprochenen Vorsatz, den sie an uns Söhne weiterreichten, nämlich dass wir nie wieder arm sein wollten. Durch unsere Gespräche über unsere Väter an dem Männerabend konnten wir besser verstehen, warum sie so still gewesen waren und selten über das gesprochen hatten, was uns am nächsten lag. Einige dieser Männer entdeckten später noch die Gnade; andere nicht. Einer dieser Väter kümmerte sich 35 Jahre lang um seine an Parkinson erkrankte Frau. Das ist Gnade, Erbarmen und Liebe.

Teilweise wird unsere Stille sowie die Stille unserer Väter durch Sünde erzeugt, aber nicht immer. Teilweise ist die Stille aber auch Weisheit, die auf eine Einladung wartet, gehört zu werden. Amerikanische Männer meines Alters stehen zwischen zwei Welten, der alten und der neuen – zwischen Pionieren und iPods, zwischen dem alten Mann und dem neuen Mann. Ein Mann in diesem Alter kann verwirrt sein, wo er eigentlich hingehört. Das erleben zwar viele Männer, aber am Anfang des 21. Jahrhunderts scheint das besonders auf Männer zuzutreffen, deren direkte Vorfahren noch Pioniere im letzten großen westlichen Grenzgebiet waren.

Wir alle sind Söhne, aber wir sind auch dazu berufen, Väter zu sein, wie Henri Nouwen sagt, und am Ende unserer Tage sogar Patriarchen. Die Bibel erinnert uns daran, dass es „nicht viele Väter" gibt, was auf den Unterschied zwischen der biologischen und der geistlichen Rolle eines Mannes verweist.[*]

Männer spüren, dass mehr in unseren Vätern steckte, als wir sehen können. Genauso wissen wir, dass mehr in uns steckt, als wir unseren Kindern zeigen können. Indem wir unsere Unfähigkeit verstehen, uns unseren Kindern zu offenbaren, können wir auch besser verstehen, warum unsere Väter nicht offener mit uns umgegangen sind. Zum Teil liegt das auch an der jugendlichen Gedankenlosigkeit von Kindern. Wenn man noch jung ist, hat man teilweise noch nicht so ein starkes Interesse an seinem Vater

---

[*] 1. Korinther 4,15

wie später. Später dann, wenn der Vater bereits alt geworden ist, kann es schwierig sein, das nachzuholen.

Wie hätten wir wissen sollen, dass wir später mehr wissen wollen – besonders nachdem unsere Väter bereits nicht mehr da sind oder ihre Erinnerungen verblasst sind oder sie sich nicht mehr so gut ausdrücken können? Ihre Unterlassung – und vielleicht unsere – bestand darin, uns nicht in Worten (gesprochene oder geschriebene) die Lehren, Geschichten, Erfahrungen, Stolpersteine und Weisheiten weiterzugeben, die uns zu einem besseren Verständnis unseres eigenen Lebens hätten verhelfen können. Unsere Väter haben selten ihre tiefsten persönlichen Gefühle, Zweifel und Gedanken mitgeteilt, und wir haben dieselbe Schwierigkeit.

Trotzdem haben wir alle etwas von ihnen bekommen, was wir zutiefst in Ehren halten. Trotz der Distanz zu unseren Vätern und der mangelnden Kommunikation haben wir von ihnen einen wesentlichen Anteil von dem erhalten, was unser Leben, unsere Männlichkeit, unsere Identität und unser Erbe ausmachen. Die kurzen Einblicke, die wir von unseren Vätern erhascht haben, wenn sie etwas über sich selbst offenbart haben, sind uns lebenslang eine Inspiration. Ähnlich werden wir für die Ewigkeit von den Offenbarungen inspiriert, die wir auf dieser Erde von unserem *himmlischen* Vater erhaschen.

BEWUNDERUNG UND VERLANGEN

Wir sind so geschaffen, das unser Verlangen nach einem Vater ein universeller menschlicher Wunsch ist. Selbst wenn das Verlangen sich nur negativ ausdrückt – wäre Papa nur nicht so, wäre er lieber so, würde er doch nur seine Versprechen halten, wäre er nicht so hart zu Mama (erstelle deine eigene Liste) –, wohnt es uns allen inne. Es erfordert Jahre der Abwesenheit oder des Missbrauchs von Seiten eines Vaters, um dieses Verlangen in völlige Apathie zu verwandeln. Ich kenne viele Männer, die von ihren Vätern nie gehört haben: „Ich liebe dich. Ich bin stolz auf dich. Du bist der beste Sohn, den ein Vater sich wünschen kann." Doch das Verlangen, diese Worte zu hören, stirbt nie.

Das Verlangen nach dem Vater – seine Weisheit zu kennen; zu entdecken, wer er war, was ihm wichtig war, wie er Schwierigkeiten bewältigt hat, was ihn zu dem Mann gemacht hat, der er war – drückt sich in seinen Kindern aus, unabhängig von ihrem Alter. **Der lauteste Ausdruck des Verlangens eines Mannes ist manchmal seine Stille, und es ist diese Stille in Generationen von Männern, die die Welt für viele zu einem Waisenhaus macht.**

Wir sind wie unser Vater Adam, nachdem er in Eden gesündigt hatte. Er hatte zwar immer noch einen Vater, war aber von seiner Gegenwart abgeschnitten. Was er hatte, war eine Erinnerung an einen Vater. Er erhaschte flüchtige Blicke auf ihn, erlebte aber nicht mehr seine direkte Nähe. Er verlor die Gegenwart und Kommunikation seines Vaters, die ihm hätten helfen können, besser mit dem Konflikt zwischen seinen beiden Söhnen Kain und Abel umzugehen.

Der Verlust zwischen Vater und Sohn schuf in Adams Söhnen die Eifersucht und Habsucht, die zum ersten Brudermord der Geschichte führten. Der eine gewann Gottes Gunst; der andere nicht. Beide hätten sie gewinnen können. Der eine brachte ein Opfer, das Gefallen bei Gott fand; der andere nicht. Der eine ermordete seinen Bruder und war für den Rest seines Lebens ein gebrandmarkter Mann. Das, was ein Mann seinem Bruder antut, brandmarkt sein Leben, genauso wie er von dem gebrandmarkt wird, was andere ihm antun. Ein weiser Vater hätte beiden Söhnen jedoch helfen können, Gott ein annehmbares Opfer zu bringen.

Männer fühlen etwas, was die meisten von uns nicht beschreiben können. Es ist ein Verantwortungsgefühl für etwas, über das wir keine Kontrolle haben, für etwas, was wir nicht wissen. Es ist der Zustand des Mannes, der von Peter Bondanella, einem angesehenen Professor für vergleichende Literaturwissenschaft und Italienisch an der Universität von Indiana, als *„homo claudus"* beschrieben wird, dem „hinkenden" Mann, der „durch Adams Ursünde verletzt worden ist"[*]. Wir hegen den Verdacht, dass unsere Väter etwas wussten, was sie uns hätten erzählen können, es aber nicht erzählt haben. Was immer es ist, was sie uns nicht erzählt haben, wir wünschen, sie hätten es. Wir sehen ihr Hinken, und wir spüren unser eigenes.

Das Resultat ist, dass wir nicht wissen, was wir unseren Söhnen und Töchtern sagen sollen. Wir können unseren Lebenssinn nicht verstehen. Wir können nicht erklären, warum das Leben so schwierig und unvorhersehbar ist. Wir wissen nicht recht, wie wir persönliche Konflikte friedlich lösen können. Wir wissen, wie man Kriege anfängt, aber nicht, wie man sie stoppt. Wir wissen nicht, wie wir unsere Frauen lieben sollen. Wir akzeptieren zwar die Verantwortung des Mannseins, wissen aber nicht, was wir damit anstellen sollen. Wir sind wie Adam.

Viele unserer Väter sind so – und wir sind wie sie. Wir imitieren das, was wir kennen; wir bauen das, was wir uns vorstellen können – und nicht mehr. Da Gott das über uns Männer weiß, lädt er uns ein, den Mann Jesus Christus zu imitieren. **Viele Männer, auch wenn sie ihre Väter in mancher Hinsicht respektieren und sogar bewundern, sind fest entschlossen, nicht wie ihr Vater zu sein und einen anderen Gott zu haben als den Gott der Väter.**

[*]   Zitiert in Dante Alighieri, *The Inferno, introduction and notes by Peter Bondanella*, Fine Creative Media, New York 2003, S. 4 (Anmerkung 7, S. 182).

Viele unserer Väter waren nicht für uns da. Sie waren abwesend, selbst wenn sie körperlich anwesend waren, somit konnten sie uns auch nicht zu verstehen geben, wie man lebt. Wir haben doch nur wenig über ihre Kämpfe und ihre Schwierigkeiten erfahren, und darüber, wie sie diese bewältigten. Gewöhnlich wächst unsere Achtung vor unseren Vätern, wenn wir die Schwierigkeit unserer eigenen Lebenskämpfe entdecken. Da wir noch nicht wissen, wie wir selbst da durchkommen sollen, bewundern wir unsere Väter dafür, dass sie durchgekommen sind. Trotzdem, wir wünschen uns, dass er uns mehr verraten hätte – dass er uns Rat erteilt hätte, statt auf unsere Fragen zu warten. Salomo schreibt: *„Wie ein Vater seinen Sohn erzieht [unterrichtet], den er liebt, so erzieht dich auch der Herr."** Ein Sohn aber fragt sich, ob die Stille seines Vaters bedeutet, dass er von ihm nicht geliebt wird – oder wurde.

Ich habe einen Freund namens Don, mit dem ich einmal nach einem Abendessen in Washington D.C. ein Gespräch hatte. Hinterher schickte er mir folgenden Kommentar:

„Es ist keine Übertreibung zu sagen, dass man das Chaos in der Welt dem Zustand von Männern zuschreiben kann. Ich habe nur wenige Hinweise darauf, warum es uns so schwerfällt, eine tiefere Verbindung zu unseren Vätern, Mentoren, Brüdern und Freunden aufzubauen. Ich glaube, es hat in den letzten Jahren keinen einzigen Tag in meinem Leben gegeben, an dem ich mir nicht gewünscht habe, einen weisen, sanften, älteren Mann nahe an meiner Seite zu haben, den ich zu Rate ziehen kann. Ich weiß, mein Leben ist zwar besonders komplex, aber ich glaube, so jemanden brauchen wir alle."

---

* Sprüche 3,12 (Hfa ergänzt durchs Englische)

Hier ist etwas, was wir wissen und was wir von unseren Vätern nicht gehört haben: Wir haben sie nicht über ihre Schwächen reden hören, bis diese irgendwann unabsichtlich an die Oberfläche kamen. Söhne ziehen daraus den Schluss, dass Schwäche mit Schande gleichzusetzen sei. Unsere Väter wollten uns nur ihre Stärke zeigen, und deswegen haben wir in ihnen nur einen halben Mann gesehen. Doch kein Mann, der sich nur von der starken Seite zeigt, offenbart seine ganze Männlichkeit. Er zeigt nur das, was er gerne für wahr halten würde, das, was er sich erhofft. Doch das ist eine Karikatur, bloß ein Bild, nicht die Wahrheit. Aufgrund dieses Versteckspiels werden wir lohnender Gespräche und viel Weisheit beraubt, und wir müssen mühsam lernen, was man uns in der Jugend hätte beibringen können. Es heißt, echte Männer weinen nicht. Aber wenn jegliche Tränen bei unseren Vätern fehlen, entwickelt sich in uns ein verstümmelter Realitätssinn. Dann weiß ein Junge nicht, worüber man gerne weinen darf. Er geht davon aus, dass für Männer nicht viel unter diese Kategorie fällt. Die Vorstellung hat sich festgesetzt, dass der Wert eines Mannes mit seiner Stärke (oder der Illusion seiner Stärke) verbunden ist. Diese Illusion aufrechtzuerhalten, erfordert einen Großteil unserer Aufmerksamkeit. Salomo schreibt: *„Der Ruhm der Jungen ist ihre Kraft, die Zier der Alten ihr graues Haar"* – das heißt, ihre Weisheit.* Doch dieser Spruch sagt nichts von dem Prozess, der zwischen Jugend und Alter steht.

Ich war ein kräftiger Bauernbursche vom Land. Niemand konnte mich unterkriegen – so jedenfalls habe ich mich selbst gesehen. Ich war tatsächlich kräftig und widerstandsfähig. Ich arbeitete sechs volle Tage die Woche und auch am Sonntag noch dazu.

---

* Sprüche 20,29

Ich fing vor Sonnenaufgang an und hörte erst spät abends auf. Ich säte und erntete, ich betrieb unsere Molkerei, ich säuberte Ställe und Scheunen, ich reparierte Zäune und Werkzeuge, ich kümmerte mich um unser Familiengeschäft. Ich genoss meine Kraft, den Ruhm ein junger Mann zu sein. Als ich dann älter wurde, veränderte sich zwar mein Körper, aber meine Illusionen blieben. Dann, einmal im Jahr 2002 und noch einmal genau ein Jahr später, in der letzten Oktoberwoche, erlitt ich zwei schwere Stürze: einmal während ich unser Dach von Laub befreite und das andere Mal während ich mit dem Fahrrad eine 30-Kilometer-Strecke fuhr. In beiden Fällen landete ich mit meinem gesamten Gewicht auf meiner rechten Schulter. Ich hatte zwar keine gebrochenen Knochen, aber die inneren Verletzungen plagen mich noch heute. Zum ersten Mal in meinem Leben musste ich mich einer körperlichen Schwäche stellen.

Es gibt ein biblisches Paradox, das dem männlichen Denken schwerfällt, aber wahr ist: Die Kraft Jesu wird erst in unserer Schwäche vollkommen.* **Der Ruhm eines jungen Mannes mag seine Kraft sein, aber das Bekenntnis eines älteren Mannes lautet: „Ich bin ein Mann beträchtlicher Schwäche."** Gott sei Dank kann dieses Bekenntnis mit einem Lachen aus tiefster Seele begleitet werden, es sei denn, man ist innerlich verbittert und hat noch nicht entdeckt, dass Lachen zur Sprache wahrer Männlichkeit gehört. Wenn man der Wahrheit ins Gesicht sieht, muss man die Illusion des Selbst aufgeben. Jesus ersetzt sie mit einer dynamischen Realität, denn versteckt in den Schwächen eines Mannes liegen einige seiner größten Schätze.

Ein Mann hat die schwierigen Übergangsjahre, die ihn von

---

* 2. Korinther 12,9

der Kraft seiner Jugend zur Weisheit seines Alters führen, durch schmerzhafte und manchmal bittere Erfahrungen zu durchleben. Bei mir hat es zwei buchstäbliche Stürze und andere sinnbildliche Stürze im Leben erfordert, ehe ich mein Bekenntnis von „Ich bin stark" in „Ich bin schwach, aber Gott ist stark" geändert habe. Und um weise zu werden, muss ein Mann erst Zerbrochenheit erfahren, denn die Kraft der Weisheit ist stärker als körperliche Kraft. Nur wenige junge Männer wissen das, und dann trifft sie der Bruch unvorbereitet. Das ist der Kernpunkt dieses Buches. Wenige Männer schaffen einen guten Übergang zwischen verschiedenen Lebensphasen, und wenige ältere Männer, die ich kenne, finden die Worte dafür, um das zu erklären, was mit ihnen passiert ist oder gerade passiert. Junge Männer gestehen mir deswegen immer wieder: „Keiner aus deiner Generation redet mit uns, außer wenn sie etwas von uns wollen."

Je besser ein Mann sich jedoch selbst kennt, umso besser kennt er auch andere Männer. Je früher ein Sohn sich der Ähnlichkeit zwischen seinen Kämpfen und den Kämpfen seines Vaters bewusst wird – ob sie nun ausgesprochen sind oder nicht –, umso schneller kann er sich mit seiner Vergangenheit, seiner Gegenwart, seiner Zukunft und seinem Vater versöhnen, unabhängig davon, ob dieser Vater noch lebt oder nicht. Es gibt vieles, was wir über unsere Väter und von unseren Vätern lernen können. Häufig gibt es auch vieles, was vergeben werden muss. Je tiefer unsere Männlichkeit wird und zunimmt, umso mehr erkennen wir, dass unsere Väter nicht nur unsere Vergebung brauchen, sondern wir genauso viel (oder sogar noch mehr) ihre Vergebung brauchen. Durch Vergebung können wir das empfangen, was wir wirklich brauchen, nämlich Heilung, Trost, Liebe und dynamische Beziehungen zu unseren Vätern und anderen Männern, vorausgesetzt, sie sind bereit, ihre eigenen Schwächen zuzugeben und dadurch eine ganz neue Freude zu entdecken.

HINTER ALLEM STECKT EINE GEISTLICHE REALITÄT

Söhne wie Väter werden von denselben Sünden heimgesucht, auch wenn sie unterschiedlich Ausdruck finden. Genauer gesagt: Alle Männer haben mit den gleichen Sünden zu tun. Das zu wissen, ist der Männerweisheit Anfang. Die Liste dieser Sünden kann in der gesamten Bibel gefunden werden. Wer sich gegen Gottes Weisheit sträubt und alles auf die harte Tour lernen will, kann auch den Las Vegas Strip, die Hamburger Reeperbahn, die New Yorker Wall Street oder jede beliebige Straße der Welt besuchen und dort das Verhalten von Männern beobachten. Dann muss man nur noch auf die Gedanken schauen, die hinter dem Verhalten stehen, und man findet seine Antwort. Noch einfacher geht es, indem man einmal alle Gedanken aufschreibt, die einem selbst im Laufe eines Tages unterkommen, dann entdeckt man, wie wenig man sich von allen anderen Männern unterscheidet. Die Hallen der Macht, die Gewölbe des Gewerbes und die Zimmer des Bordells sind alle Teile des gleichen Gebäudes. Der Psalmist sagt, dass Gott vom Himmel auf die Menschen herabblickt, um zu sehen, ob ein Verständiger da ist, einer, der Gott sucht – aber er hat keinen gefunden.* Und Gott sagte Mose, dass er die Schuld der Väter an den Kindern heimsuchen würde, bis in die dritte und vierte Generation, es sei denn, ein Mann und seine Nachkommen tun Buße für ihre Sünden und suchen bei ihm Vergebung und Heilung.** Das ist zwar keine gute Nachricht, aber wir können dagegen nichts einwenden.

* Psalm 53,3
** 5. Mose 5,9

Einige Söhne verwickeln sich in bestimmte Sünden und Lebensstile, an denen sich ihre Väter nie schuldig gemacht haben. Die Schwerkraft lässt heiße Lava nun mal den Berg hinabfließen, und das, was in einer Generation mit einer bloßen Faszination des Bösen beginnt, kann in der nächsten Generation zur Lava einer Sucht werden. Die moderne Vorstellung, alles sei die Schuld eines anderen, ist zwar Blödsinn, aber es stimmt schon, dass viele Sünden generationsübergreifend sind. Sie werden weitergereicht und teilweise von den Eltern gelernt. Ein Mann kann seine eigenen Entscheidungen treffen; er kann ganz allein in die Finsternis spazieren und sich dort verlieren, oder er kann es zusammen mit anderen tun. Was immer er tut, er ist von Natur aus dazu veranlagt.

So verhält sich nun mal die geistliche Schwerkraft unserer gefallenen Natur, und die Verlockung von Selbsterfüllung, Selbstbelohnung und Selbsterhöhung ist stark. **Jeder Mann ist vor Gott für seine eigenen Sünden verantwortlich.** Indem er sich auf sie einlässt, geht er eine unausgesprochene Abmachung mit Gott ein, dass er ihren Lohn akzeptiert. Die Sünde hat nämlich einen Lohn, zahlt sie aber nur in einer einzigen Währung aus: dem Tod. Alles, was einem vorher noch bleibt, sind kurzlebige Vergnügen. Irgendwann stellt man fest, dass man nur noch Staub in der Hand hält – Stroh, Asche, Dinge, die einem kein Leben geben und nicht taugen, um Gebrochenes wieder aufzubauen. Diejenigen, die Gott verachten, *„bestraft er mit dem Tod. Er zögert nicht, sondern gibt ihnen gleich, was sie verdienen".** *

Jesus gab dieser Wahrheit noch eine andere Wendung, als er sagte, dass sein Vater ihn nicht gesandt habe, um die Welt zu

* 5. Mose 7,10 (Hfa)

richten, sondern dass sie „*schon gerichtet*" sei, weil sie „*nicht an den Namen des einzigen Sohnes Gottes geglaubt hat*".* Unsere Schamlosigkeit und Sünde sind Urteil genug. Doch vor dieser trostlosen Nachricht kommt das prachtvolle Versprechen Gottes: „*Daran sollst du erkennen: Der Herr, dein Gott, ist der Gott; er ist der treue Gott; noch nach tausend Generationen bewahrt er den Bund und erweist denen seine Huld, die ihn lieben und seine Gebote bewahren.*"**

Das Tückische an der Sünde – an jeder Sünde – ist, dass sie nicht statisch ist, nicht gutartig, nicht unbeweglich. **Solange ein Mann nicht das dynamische Wesen des Biestes Sünde versteht, gegen das er kämpft, wird er den Kampf, den Krieg und sein Leben verlieren.** Kein Mann, der dies liest, wird damit nicht übereinstimmen – ausgenommen, er ist so naiv zu denken, er könne Drachen bezwingen, bevor er ihnen überhaupt begegnet ist. Die Bibel gibt uns einen hilfreichen Steckbrief von der Sünde: „*Sünde verführt.*" „*Sünde lauert an der Tür.*" „*Ihr habt die Folgen der Sünde zu tragen*" – und vieles mehr.***

Heute genieße ich eine wunderbare Beziehung zu meinem Vater, aber sie hat uns Demut und Ehrlichkeit gekostet. Etwas, das die meisten Söhne ihren Vätern nicht geben und die meisten Väter ihren Söhnen vorenthalten. Mit der Erlaubnis meines Vaters, einen Teil unserer gemeinsamen Geschichte und der uns bedrängenden Sünden zu erzählen, kann das Folgende dir vielleicht einen Schlüssel geben, um Heilung in deine Familienbeziehungen und deine Beziehungen zu anderen Männern zu bringen.

* Johannes 3,16–18
** 5. Mose 7,9
*** 1. Mose 3,12; 11 1. Mose 4,7; Römer 7; 4. Mose 32,23

Mitte meiner Zwanziger hatte ich mehrere Jahre, in denen ich mich geistlich gesehen verirrt hatte. Ich war völlig isoliert vom Kreis meiner Familie und Freunde, die mich gut kannten, was bedeutete, dass mich auch niemand mehr in meinem Glauben ermutigte. Niemand in meinem Umfeld war an der Heiligkeit Gottes interessiert. Im Gegenteil. Meine „Freunde" und ich wollten alle nicht nur *in* der Welt, sondern auch *von* der Welt sein, während wir aber den äußeren Schein des christlichen Glaubens wahrten. Unsere Einstellung war, dass wir so gut wie alles tun konnten, was wir wollten, da wir ja den richtigen Glauben an Jesus, das Kreuz und traditionelle christliche Lehren bejahten. Dämonen glauben an die Existenz Gottes, und das taten wir auch. Die unausgesprochene Frage, die hinter unserem Verhalten stand, war dieselbe teuflische Frage, die Adam und Eva im Garten Eden demoliert hat, nämlich: „Hat Gott wirklich gesagt ...?" Wir waren wilde, junge verlorene Söhne, eingebildete Kerle, die wussten, was sie wollten und wie sie es sich besorgen konnten.

Nach mehreren Jahren, in denen ich mit einem Fuß in den grellen Lichtern der Stadt und mit dem anderen im Schatten der Gemeinde lebte, gewann Gott wieder meine Aufmerksamkeit. Ich, ein ehemaliger Bauernjunge, ohne richtige Freunde und hoch verschuldet, fand mich mit 25 Jahren auf meinem Angesicht in einer Scheune wieder. Doch selbst nach diesem lebensverändernden Bußgebet rief meine Sünde viel Scham in mir hervor, und ich wollte mit niemandem über mein Leben sprechen. Mir mangelte es nicht nur an Bereitwilligkeit; ich wusste gar nicht, wie ich das anstellen sollte. Ich kannte niemanden, dem ich genug vertraute, um mich ihm zu öffnen.

Meine Ehrlichkeit war noch in der Anfangsphase, aber zumindest hatte sie begonnen. Ich hatte Angst, dass meine

Eltern – besonders mein Vater – herausfinden würden, was ich getan hatte, und ich wusste, dass es meiner lieben Mutter das Herz zerreißen würde. Was würde mein Vater bloß denken? Wie würde er mit der Enttäuschung umgehen? Würde ich je über den Schmerz hinwegkommen, wenn er darüber Bescheid wüsste? Also tat ich, was Männer eben tun. Ich blieb still, fast zwanzig Jahre lang.

Während dieser beiden Jahrzehnte wusste ich nichts vom persönlichen Albtraum meines Vaters. Ich sah ihn nahezu als Perfektion in Person an. Dabei hatte er einen eigenen langjährigen Kampf, der in seinen Teenagerjahren angefangen und ihn bis Mitte vierzig geplagt hatte. Er hatte sich sehnlichst gewünscht, dass Gott ihm helfen würde. Heute erzählt er mir, dass seine Gebete damals Hilferufe waren, er aber niemandem von seinen Kämpfen erzählte – keinem Pastor, keinem Freund, keinem seiner acht Brüder und auch nicht seiner Frau. Er war allein, und er wusste es. Obwohl er ein begabter Mann war, glaubte er, er sei für alles außer dem allerniedrigsten Dienst in der Gemeinde ungeeignet.

Mit 46 Jahren hatte er dann einen Herzanfall und musste einen Monat im Krankenhaus verbringen. Ein Jahr später, nachdem ihm die Ärzte grünes Licht gegeben hatten, kehrte er zur Landwirtschaft zurück. Er kletterte wieder auf seinen Traktor und pflanzte im Frühling Mais, als er einen zweiten Herzanfall bekam und weitere acht Tage im Krankenhaus liegen musste. Das war das Ende seines Lebens als Farmer, doch Gott verschonte sein Leben und gab es ihm zurück. Mein Vater und ich glauben beide, dass diese Herzanfälle, für die die Ärzte keine körperliche Ursache außer Stress finden konnten, sich am Ende als Segen erwiesen. Gott erhörte sein Gebet um Befreiung von der Sünde, die ihm zu schaffen machte. Ich will Ihnen die Details ersparen; den Teil muss mein Vater selbst erzählen.

Weitere Jahrzehnte vergingen, und obwohl mein Vater durch die Gnade Gottes in der Lage war, den äußerlichen Ausdruck seiner Sünde zu besiegen, hatte er doch vor Jahren jemanden verletzt, und das musste ans Tageslicht kommen. Die Sünde holte ihn ein, denn die Person, die er verletzt hatte, forderte ihn in einem erstaunlichen Akt von Weisheit und Gnade auf, seine Sünde zu bekennen. Das tat er dann auch, in einem der denkwürdigsten Erlebnisse unseres Familienlebens. Meine Eltern besuchten ihre sieben Kinder in vier Bundesstaaten, damit Dad uns von seiner Geschichte, seinen Kämpfen, seiner Sünde erzählen konnte. Er tat das in seinen Siebzigern und Gott befreite ihn.

Gott befreite nicht nur meinen Vater. Sein Bekenntnis setzte auch einen Prozess in mir in Gang, der meinen Lebensstil veränderte. Wäre er still geblieben, weiß ich nicht, ob ich den Mut gehabt hätte, einen Anfang zu machen. Ein Jahr später fuhr ich mit ihm in seinem Pick-up, und als wir anhielten, fragte ich, ob wir reden könnten. Als ich ihn auf sein Schuldbekenntnis ansprach, das er vor einem Jahr gemacht hatte, sackten seine Schultern zusammen und sein Kinn fiel auf seine Brust. Sein Gesicht war voller Kummer und Trauer. Ich sagte: „Papa, vor einem Jahr hast du den Mut gehabt, deiner Familie gegenüber deine Sünden zu bekennen. Jetzt würde ich dir gerne die Sünden meiner Jugend bekennen." Ich glaube, er hätte nicht schockierter sein können. Wir saßen gemeinsam in dem alten Wagen und weinten wie Männer – echte Tränen, die Ausdruck echter Liebe und echten Schmerzes waren. Schmerz und Liebe strömten gleichermaßen aus unseren Herzen, über unsere Wangen, hinein in das Meer von Gottes Erbarmen. Unsere Beziehung erfuhr einen Wandel.

Es gibt einfache Schritte, die ein Mann in Richtung Freiheit gehen kann:

Falls du ein Vater bist, der seinen Söhnen oder Töchtern noch nie gesagt hat, dass du sie liebst, dann hol es heute nach. Tu es jeden Tag, ganz gleich, wie alt sie sind. Verbinde deine Worte mit Taten, die zusammen eine einheitliche Botschaft vermitteln, Tag um Tag, einen Schritt nach dem anderen. Falls du dich bei ihnen dafür entschuldigen musst, wie du sie verletzt hast, tu das heute. Sei konkret. Sag ihnen, dass es dir leidtut. Lass es nicht so klingen, als sei es ihre Schuld statt deine, und sag nicht: „Es tut mir leid, dass du so empfindest."

Eines der am wenigsten erforschten Muster in der Beziehung zwischen Vätern und Söhnen ist die einer gemeinsamen Last, die keiner von beiden alleine tragen kann oder sollte. Gute Väter sind bereit, große Lasten für ihre Söhne zu schultern, und Söhne, wenn sie sich geliebt wissen, erwidern diese Bereitschaft. George MacDonald schrieb von dieser Art der Freundschaft: *„Dann siehst du, mein Junge, wie freundlich Gott ist, dass er uns auf diese Weise miteinander verbindet. Es ist eine prachtvolle und schöne Sache, dass Väter für die Kinder leiden, und Kinder für die Väter."*[*]

Falls du der Sohn eines Vaters bist, der eine solche Beziehung nicht einleiten kann, dann tu selbst den ersten Schritt. Überlege dir, wo du deinen Vater verletzt hast, wo du ihn respektlos behandelt und entehrt hast. Das kann ein guter Anfang sein. Falls dein Vater bereits verstorben oder unerreichbar ist und nichts von dem möglich ist, dann sprich darüber mit einem engen Freund oder einem anderen Mann. Ich versichere dir, dass der andere ganz ähnliche Erlebnisse gemacht hat. Und falls dein Vater dich

---

[*] George MacDonald, *Ranald Bannerman's Boyhood*, Lippincott, Philadelphia 1871, S. 138.

verletzt hat, musst du ihm von Herzen vergeben, wenn du willst, dass dein Vater im Himmel dir vergibt. Das ist ein unumstößliches Gesetz Gottes, an dem es nichts zu feilen gibt. **Vergebung ist eines der größten Dinge, die wir je erreichen können.** Ohne sie können wir unmöglich die Zeit genießen, die uns noch auf der Erde verblieben ist. Schuldbekenntnis und Vergebung sind die Schlüssel zum Leben, zur Fülle der Männlichkeit und zu dem Abenteuer, das Gott für uns vorgesehen hat. Wie ein alter Junge es ausdrückte, unter Tränen, die sein lächelndes Gesicht hinabströmten: „Ich bin so froh, dass Gott mich lange genug leben lassen hat, um noch Buße zu tun."

5

UNSERE HILFSBEDÜRFTIGKEIT

Je niedriger man auf einer Stufe
in der Schöpfung steht,
umso unabhängiger ist das Individuum.

GEORGE MACDONALD

IN „PAUL FABER, SURGEON"

Es ist bemerkenswert, dass ein Mann mit unversehrtem Stolz in der Gosse liegen kann, nicht bereit, um Hilfe zu bitten – besonders nicht um die Art von Hilfe, die er wirklich braucht. Eigentlich würde man Selbstgenügsamkeit bei einem Mann, der alles verloren hat, am wenigsten erwarten, aber Stolz ist eben das Laster, das als letztes stirbt. Ob unsere eigene Gosse nun sinnbildlich oder buchstäblich ist, sie ist der beste Ort, um mal einen kleinen Hilferuf von sich zu geben.

Es ist eine traurige Tatsache des Lebens, dass wir mit höherer Wahrscheinlichkeit von einem nahestehenden Menschen verletzt werden als von einem Fremden. Eltern verderben am ehesten das Leben ihres Kindes. In einem Geschäftsabkommen verraten einen Mann am ehesten die engsten Freunde und Kollegen. Im Kern dieser faulen Deals und kaputten Beziehungen steht die Arroganz und Ignoranz darüber, wie man zwischenmenschliche Grundprobleme löst. Um Hilfe zu *bitten* und Vergebung zu erlangen, erscheint vielen als eine Vorstellung einer verlorenen und vergessenen Kultur. Ein Vater will vor seinem Sohn nicht zugeben, dass er Unrecht hatte, und sein Sohn lernt davon, dass er seine Fehler nie eingestehen sollte. Ein Mann verletzt seinen Freund, kann aber nicht offen und ehrlich mit ihm über den Patzer reden, weil er keine Garantie hat, dass sein Freund auch ihm gegenüber offen und ehrlich sein wird.

Männer müssen lernen, anderen Männern mit einer starken und sanften Gnade zu begegnen. Das können ihnen Väter beibringen – oder, falls die Väter abwesend sind, ältere Männer. Wer sich nicht der Ehrlichkeit verpflichtet und lernt, zwischenmenschliche Grundprobleme zu lösen, kann weder eine Freundschaft noch ein Geschäftsabkommen aufrechterhalten. Das führt dazu, dass zwei weitere Männer getrennte Wege gehen, hinein in die Isolation oder Verbitterung, fest entschlossen, sich nie wieder übers Ohr hauen zu lassen. Und wenn man diese charmanten Schwächen in eine Ehe importiert, wird schon bald die ehemals Angebetete den Tag verfluchen, an dem sie vor dem Traualtar ihr Jawort gegeben hat.

Wie viele andere begabte Männer vor und nach ihm fand der große amerikanische Schriftsteller Ernest Hemingway in sich selbst eine kraftvolle Naturgewalt, die ihn antrieb, von sich ein Selbstbild als „echten Kerl" aufrechtzuerhalten. Seine Biografen haben viel über seine prägenden Jahre als Schriftsteller und seine

Entwicklung vom Kind zum Mann zu sagen, aber ich glaube, dass sein Leben als Erwachsener eine Suche nach einem geistlichen Sinn war. Hemingways Suche mag nicht die eines Christen oder nicht mal die eines Philosophen gewesen sein, doch wer könnte sein Leben einfach so abtun, ohne darin eine berechtigte Sinnsuche zu sehen? Sein Leben, im besten wie schlechtesten Sinn, ist ein fast vollkommenes Spiegelbild vom Leben so vieler Männer.

Hemingways Leben und Werk zeichnen das Bild eines kämpfenden Mannes. Er war ein Schreiber, ein Jäger, ein Frauenheld, ein Lebenskenner – ein berauschter Beobachter innerhalb eines existentiellen Augenblicks. Sein dominierendes Thema war der Mann: der Mann, der die Natur zähmt; der Mann, der auf Konfrontation zu Gott geht; der Mann, der über andere Männer triumphiert; der Mann, der gegen den Tod ankämpft; der Mann, der sein eigenes Schicksal besiegt und an sich reißt. Doch Hemingway war eine geschundene Seele, die von seiner Depression geplagt war.

In Hemingway erblicken wir etwas Schönes, das aus dem Bauch heraus kommt; eine rohe Ehrlichkeit, in die Verzweiflung eingeätzt war; ein Genie, das von Blindheit verdeckt wurde; ein Mann, der sowohl Herr seines Schicksals als auch Gefangener seiner Begrenzungen war. Er lässt den Leser hungrig und hoffnungslos zurück als eine Folge seiner eigenen Lüste und Verzweiflung. Somit trugen Hemingway und andere männliche Schriftsteller des 20. Jahrhunderts zum Konzept eines Mannes bei, der die Kunst der Langeweile verfeinert, der persönliche Eroberung ohne höheren Sinn verherrlicht und der nach den Weltkriegen eine Renaissance des Individualismus erlebt. Hemingway feierte ein Ideal des Mannes, das den Mann selbst als alleinstehende Insel sieht. Vielleicht unabsichtlich vernichtete er aber auch gleichzeitig dieses Ideal unter seiner gewandten Schreiberhand.

Hemingway zeigt das Beste, das ein Mann in seinem Leben auf eigene Faust erreichen kann. Er gewann Kämpfe, doch nie einen Krieg. Seinen Beziehungsfreuden folgten Zersplitterung und Flucht. Rücksichtslose sexuelle Eskapaden hinterließen eine bleibende Leere. Hinsichtlich seiner körperlichen Eroberungen brachte ihm aber das, was er als Kämpfer und Jäger erlegte, keine währende Erfüllung. John Steinbeck schrieb in einem Brief an Pascal Covici im Juli 1961 über Hemingways Tod: *„Ich finde es schockierend. Er hatte nur ein einziges Thema – nur eins. Ein Mann kämpft mit den Gewalten der Welt, die sich Schicksal nennen, und begegnet ihnen mit Mut. … Ein wenig wie Capa [der berühmte Fotograph vom Life-Magazin] schuf er ein Idealbild von sich selbst, das er dann auszuleben versuchte."*

Am Ende bleibt von Hemmingway nichts als ein paar Werke der Literatur, die Nachfahren einiger hundert Katzen auf Kuba und Key West, ein Skelett, einige alte Fotos und die Lehre, die wir aus Hemingways Leben ziehen können. Durch seinen Selbstmord vernichtete er den „echten Kerl", der er so gern sein wollte.

IST DAS ALLES?

Hemingway wurde von Gott nicht geschaffen, um zum Prügelknaben von Moralisten zu werden. Sein Leben und seine Schriften sind vielmehr eine wertvolle Chronik, die gewissermaßen eine Dokumentation der Seele eines jeden Mannes ist, der frei und selbstständig leben will. Vielleicht hat er dadurch auch dein Leben dokumentiert und verdeutlicht, dass geistlicher und emotionaler Selbstmord genauso verheerend für die Mitmenschen sein kann wie buchstäblicher Selbstmord.

* Zitiert in „The Paris Review Interviews: The Art of Fiction No. 45: John Steinbeck", Herbst 1975.

Im Westen leben wir in einer Welt, in der wir für uns selbst einen unveräußerlichen Rechtsanspruch stellen. Uns wird von klein auf eingetrichtert, dass wir uns nur genug anstrengen müssen, dann können wir unsere Rechte einfordern: „Streng dich in der Schule an, damit du gute Noten bekommst, damit du eine gute Ausbildung machen kannst, damit du einen guten Job bekommen kannst." Wir machen eine Ausbildung, wir besorgen uns unseren ersten Job, wir kaufen ein Auto, mieten eine Wohnung und machen uns an die Arbeit. Wir zahlen unsere Miete und zahlen unser Auto ab, und wir machen Party am Wochenende und an allen anderen Abenden, die wir uns freinehmen können. Das geht zwei oder drei Monate oder vielleicht auch ein Jahr so, bis sich die schreckliche Frage meldet, die wir nicht stellen wollen: „Ist das alles?" Das ist dieselbe quälende Frage, die sich Millionen von Männern am Ende ihres Lebens stellen, genauso wie zig Athleten nach dem Zenit ihrer Leistung oder in der Stille, die dem tosenden Applaus der Zuschauer nach dem letzten Spiel folgt.

Stellt sich ein junger Mann diese Frage, kann das der Anfang vom Ende sein. Dann arbeitet man nur noch hart, wegen der Studienschulden oder der Schulden eines leichtfertigen Lebensstils – oder beides –, oder man arbeitet hart, um seine hübsche junge Frau zu versorgen, oder man arbeitet einfach deshalb hart, weil Männer das eben tun, weil es ein Urbedürfnis des Mannes ist, für seine Familie zu sorgen. Das ist die Lebensphase, in der die meisten Männer aufhören, mit anderen Männern über das zu reden, was an ihnen nagt (wenn sie nicht schon früher damit aufgehört haben). Wer hat schon Zeit oder Kraft nach einem langen Arbeitstag über Tieferes zu reden oder überhaupt zu reden? Am Wochenende bleibt gerade noch genug Zeit, um vielleicht zu einem Fußballspiel zu gehen, den Rasen zu mähen, ein

Abendessen mit Familie oder Freunden zu haben, eventuell auch zum Gottesdienst zu gehen oder auszuschlafen oder den Computer oder Fernseher anzuschalten, um abschalten zu können. Flugs wie ein Traum ist dann das Wochenende wieder vorbei und es heißt wieder: an die Arbeit! So verstreichen Jahre.

Für viele Männer dreht sich das Leben um Leistung. Sie versuchen einen Weg zu finden, um bei der Arbeit und bei Frau(en) nicht durchzufallen. Sie versuchen sich selbst gut zuzureden, reden aber nicht mit anderen darüber.

Kürzlich sprach ich mit einem jungen Freund, der eine richtige Stimmungskanone ist. Er gab seiner Verwunderung Ausdruck, wie wenig tiefergehenden Kontakt er mit anderen Männern nach sechs Monaten in seinem ersten richtigen Job hatte. Man multipliziere diese sechs Monate mal 80 oder 100 und man hat das ganze Arbeitsleben eines Mannes vor sich.

Fragt man ältere Männer, wie sie es geschafft haben, Jahr um Jahr einfach weiterzuarbeiten, sagen die meisten: „Ich weiß auch nicht. Ich tat eben, was getan werden musste. Ich versuchte einfach nicht viel darüber nachzudenken."

Aber was passiert, wenn man doch darüber nachdenkt? Was passiert, wenn man aufwacht? **Was passiert, wenn man sich nicht an dem emotionalen und geistlichen Massenmarsch des Todes für Männer beteiligen will?** Oder sich in die Bewusstlosigkeit trinkt? Oder die Frau seiner Jugend verstößt? Oder sich Süchten hingibt, die mehr Kraft haben als man selbst? Oder so tut, als wäre man der einzige Mann auf dem Planeten, der gescheit genug ist, den Schmerz des Lebens zu vermeiden? Oder ohne die Gesellschaft anderer Männer lebt?

Was ist mit dir? Und was ist, wenn du all dieses Schlechte bereits erlebt hast oder gerade anfängst zu erleben? Wie sollst du diesen führerlosen Zug noch stoppen? Gerade als du dachtest, du wärest klug genug, um dir ein Urteil über andere bilden zu können, entdeckst du – wie Francis Schaeffer sagte –, dass dich deine eigenen Worte und Taten verurteilen.*

Komm also rein in die stille Welt der Männer, eine Welt unersättlicher Lüste, versunkener Träume, enttäuschender Beziehungen, Misserfolge und anderer Dinge, über die du ältere Männer in deinem Leben vermutlich selten, wenn überhaupt, reden hörst. In dieser Stille verspürt ein Mann seinen seelischen Hunger schon lange, bevor äußere Hungersignale spürbar werden. Doch wenn ein Mann sein Leben durch seine Leistung definiert, wird sein Erfolgskriterium letztlich zu seinem persönlichen Unglückszug.

Die meisten Männer sind nicht auf den Kopf gefallen, und ihre Standardeinstellung lautet: „Wenn niemand darüber redet, muss ich wohl der einzige Mann auf der Welt sein, der dieses Problem hat. Ich muss der einzige Mann in der Gemeinde sein, der so verkorkst ist, der einzige Mann in meiner Familie, der so dumm ist, der einzige Mann bei der Arbeit, der so viel vergeigt." Ist das Herz eines Mannes tot, so ist die Standardeinstellung seiner Denkweise oft nicht von den Lügen des Teufels zu unterscheiden.

Männer reden liebend gerne über Philosophie, Theorien, Wahrscheinlichkeiten und Spekulationen. Wie ein Schriftsteller es einmal ausdrückte, wollen Männer über das *Problem* der Scheidung reden, während Frauen wissen wollen, wie Ehefrau und Kinder klarkommen. Solange Männer keinen ehrlichen Umgang miteinander lernen, werden sich unsere Gespräche über Probleme

---

* Francis A. Schaeffer, *The Finished Work of Christ*, Crossway, Wheaton 1998), S. 45–47.

höchstwahrscheinlich zu 99 Prozent um Theorie drehen, eine Art Wort-Tanz um die traurigen Fakten herum.

Männer mögen über das *Problem* von Pornografie reden, während bis zu 50 Prozent der am Gespräch teilnehmenden Männer mit dem Thema zu kämpfen haben oder eiskalte Sexsüchtige sind. Das wird aber natürlich mit keinem Wort erwähnt. Es gibt kein Geständnis persönlicher Bedürftigkeit und inhaltsreich bleibt die Diskussion kaum länger als 60 Sekunden – dann schnell ferner über Sport sprechen. Im Abstrakten werden Probleme für vogelfrei gehalten, genauso wie persönliche Probleme aus der fernen Vergangenheit. Doch nur selten sprechen Männer tiefer über ihre momentanen Kämpfe und Unsicherheiten oder geben ihre eigene geistliche Kälte und Gottesferne zu, die sie jetzt gerade erleben. **Ein Mann hat eine titanische Angst vor Entblößung.**

Lieber schiebt er die Schuld auf andere.

Er beschuldigt den Prediger.

Er beschuldigt die Frau oder die lausigen Kinder, die Gott ihm gegeben hat.

Er beschuldigt seine Geschäftspartner.

Er beschuldigt die Regierung.

Er beschuldigt sein blödes Pech oder die Wand, gegen die er seinen Kopf schlägt.

Männer, die sich zurückgezogen haben oder in einem auf Scham basierenden Umfeld leben, übernehmen selten die Verantwortung für ihre eigenen Entscheidungen. Allerdings ist Selbstbeschuldigung nicht mit Verantwortung gleichzusetzen; auch ist sie nicht das Mittel zur Gnade, durch die man Heilung finden kann. Die guten Fische sind nicht in den Untiefen zu finden; der Beweis liegt nicht in Theorien.

DIE MACHT VON GEHEIMNISSEN ZERSCHLAGEN

Hör dir mal hier andere Arten von Gesprächen zwischen Männern an:

- Der Pastor sagt: „Liebe Männer, ich habe mit Sex zu kämpfen. Ich will mehr Sex, als meine Frau meint, dass ein Mann braucht – und viel mehr, als ich von ihr erwarten kann. Ich kann dem Drang nicht widerstehen, mir sexuelle Dinge anzusehen, solange ich meine Kämpfe nicht ehrlich zugebe. Könnt ihr das nachvollziehen oder bin ich der einzige im Genesungsprozess befindliche Sex-Freak hier im Raum?"

- Ein Freund, der Künstler ist und viel reist, sagt: „Ich will absolut nicht allein reisen, weil unterwegs mein Verlangen nach Sex und die Einsamkeit zu stark sind. Dann bin ich ständig auf der Suche nach sexuellen Inhalten. Deswegen kommt mein Begleiter häufiger in mein Zimmer und klebt ein Schild auf den Fernseher, auf dem steht: ‚Ich stelle mir nicht vor Augen, was Verderben bringt.' Das hilft."

- Ein anderer Mann, ein angesehener und politisch aktiver Ortsvorsteher, sagt: „Ich bin Rassist und will keiner mehr sein. Mir fällt nicht nur der Umgang mit Menschen anderer ethnischer Herkunft schwer, sondern auch aus anderer politischer Richtung sowie mit den Armen, mit Aids-Kranken und mit Frauen, die von mir erwarten, dass ich sie als Gleichberechtigte behandle. Ich habe zwar schon ein paar Fortschritte gemacht, aber meine Glaubensbrüder sollen wissen, dass ich noch eine lange Strecke vor mir habe. Bitte betet für mich."

- Ein weiterer Mann sagt: „Ich habe ein erfolgreiches Geschäft und verdiene mehr Geld, als ich brauche, aber ich bin kein großzügiger Mensch. Ich bin geizig anderen gegenüber und ausschweifend mit mir selbst, ich bin hier, um zu sagen, dass die nette Gottesdienstfassade, die ihr an mir seht, eine Lüge ist. Ich nutze andere Menschen aus, und ich brauche Hilfe."

Für eine kurze Zeit wird alles ganz still. Alle Männer in der Gruppe wissen, dass es wenig Grund gibt, sich noch weiter zu verstecken. Also meldet sich schließlich der Mann zu Wort, der sich in der Gemeinde oft als Tyrann aufspielt, und er bekennt:

- „Ich habe diese schreckliche Fähigkeit, anderen Menschen auf die Füße zu treten. Ich analysiere alles, was sich bewegt, und ich kann meinen Mund nicht halten. Wenn ich etwas sehe, woran ich etwas auszusetzen habe, muss ich einfach darauf hinweisen. Ich kann heute Morgen nur sagen, dass ich der arroganteste Mensch bin, den ich kenne. Ich bin so leer, so einsam, und es tut mir leid. Es kann lange dauern, bis ich lerne, was ich lernen muss. Ich hoffe, ihr gebt mich nicht auf."

- Und dann sagt der letzte Mann im Raum: „Ich behandle meine Frau schlimmer, als ich einen Feind behandeln würde. Eigentlich möchte ich sie schon lieben, aber ich weiß nicht mehr, wie ich meine Gefühle ausdrücken soll oder die Tatsache, dass ich eigentlich kaum noch etwas fühle. Manchmal weiß ich nicht, ob ich noch weitermachen kann. Ich bin als Ehemann ein Albtraum und unsere Familie ist eine Katastrophe."

Versuch mal, so eine Männerrunde unter Freunden zu veranstalten. Hört sich wie reine Erfindung an, oder? Ist es aber nicht. So etwas ist möglich. Vorausgesetzt, du wirst nach so einem Versuch nicht in Einzelhaft gesperrt, könntest du damit eine Erweckung ins Leben rufen.

Leider kommen die meisten Männergruppen nicht mal im Entferntesten an diese Art von Ehrlichkeit heran. Gebetsanliegen werden häufig für andere vorgebracht, zum Beispiel für die Verwandten der Ehefrau. Oder wir sagen: „Ich weiß, wir sollten eigentlich nicht dafür beten, dass ein bestimmtes Fußballteam gewinnt, aber können wir zumindest für Bewahrung und ein gutes Spiel beten?" Genauso gut könnten wir für die Heilung der Ehen von Charakteren in Fernsehserien beten.

Ein Schreiber der Bibel aber ermahnt uns: *„Darum bekennt einander eure Sünden und betet füreinander, damit ihr geheilt werdet!"** Komisch. Sündenbekenntnis, Gebet und dann Heilung? Die meisten von uns denken, wir bräuchten nur Vergebung und eine weitere Chance, dann bauen wir irgendwann keinen Mist mehr. Aber in Wirklichkeit brauchen wir nicht nur Vergebung, sondern auch Heilung. Wenn ich diesen Vers richtig verstehe, haben wir in Jesus bereits Vergebung erfahren. Die Sache ist geritzt! Aber ohne Sündenbekenntnis sind wir noch nicht geheilt, zutiefst geheilt.

GESETZLICHKEIT HILFT AUCH NICHT WEITER

Hier und da befindet sich die Idee im Umlauf, dass Männer Teil einer Kleingruppe sein sollten, deren Teilnehmer sich gegenseitig zur Verantwortung ziehen können. Wir haben sogar einen lausigen Namen für diese Gesetzlichkeit: *Accountability Groups* („Verantwortungskreise"). Es kann tatsächlich gut sein, Teil einer Männerkleingruppe zu sein, aber es ist albern, diese Gruppe für etwas verantwortlich zu machen, wozu sie nicht in der Lage ist. Ich gehörte einmal so einer Gruppe an, und wir mussten auf die harte

* Jakobus 5,16

112

Tour lernen, dass niemand von uns auch nur in der Lage war, die anderen um Hilfe zu bitten. Wir waren nur durch oberflächliche Freundschaften verbunden, während wir tief in unseren eigenen Gossen sitzen blieben.

Nach weniger als zwei Jahren, in denen wir eigentlich „stärker verantwortlich werden" sollten, ging das Ganze in die Brüche. Da wir uns nicht bewusst waren, was tief in unseren Brüdern vor sich ging, erlitt unsere Gruppe die ungelösten inneren Konflikte, die man eben von bloß teilweise ehrlichen Männern erwarten kann. Da Männersünden sich nicht groß unterscheiden, müssen wir die Sünden in unserer Gruppe jetzt nicht ausposaunen (du musst dir nur vorstellen, was du tust, wenn du zu lange auf dich allein gestellt bist). Es genügt zu sagen, dass es dunkle und oft sexuelle Sünden waren, die in jahrelanger Scham, Verfremdung und Schuld verwurzelt waren. Unsere Gruppe versagte, weil wir keine Ahnung hatten, wie man Freundschaften entwickelt, die unsere Herzen in Realität und Wahrheit hätten verankern können. Wir erreichten das mittlere Alter, ohne die nötigen Navigationsinstrumente zu haben, und unsere Schiffe bekamen Lecks und sanken, bevor wir überhaupt wussten, wohin wir fuhren.

Nachdem ein Mann in unserer Gruppe sehr sichtbar „in Sünde fiel", schickte ihm die Gemeinde eine Truppe hinterher, um ihn herauszuholen. Es muss ihm hoch angerechnet werden, dass er daraufhin nicht davonlief, sondern sich seiner Familie und seinen Freunden stellte und den sehr langen Weg zur Heilung und Wiederherstellung begann. Ich frage mich, ob ich in derselben Situation davongelaufen wäre und mich versteckt hätte, besonders vor dem Schreckgespenst meines eigenen Verhaltens.

Da saß ich also nun in unserer geschrumpften Männergruppe und fragte mich, was uns überrollt hatte. In meiner Verzweiflung rief ich wie der Psalmist: *„Alle Männer sind Lügner."** Ich kam wirklich zur Überzeugung, dass alle Männer Lügner sind. Selbst wenn es übertrieben ist zu sagen, dass ich meine Glaubensbrüder zu hassen begann, so misstraute ich ihnen doch definitiv. Unser Experiment, unser Leben miteinander zu teilen, blieb oberflächlich und endete in einem bitteren Versagen – bitter deshalb, weil wir im Entblößen verborgener Sünden nicht das Werk des Heiligen Geistes sahen. Mit Ausnahme des besagten Mannes, der sich bereit erklärte, Hilfe von außerhalb anzunehmen, bot unsere Gruppe nicht viel Verantwortlichkeit und schuf kaum Ehrlichkeit. Vielmehr, als dass sie klein war, konnte man über unsere Kleingruppe nicht sagen.

Ich glaube, von außen betrachtet lief das Ganze so ab: Bei jedem von uns freute sich die jeweilige Ehefrau anfangs riesig, dass wir uns einmal die Woche in einem Männerkreis treffen wollten, um zu beten, Gemeinschaft zu haben und die Bibel zu lesen. Reicht das nicht? Offensichtlich nicht – es sei denn, man verbucht es als großen Erfolg, dass drei von vier Männern zumindest keinen großen Skandal verursacht haben.

Unsere Ehefrauen freuten sich aus noch einem weiteren Grund: Wir wollten zusammen Verantwortlichkeit und Rechenschaft voreinander üben. Was sie nicht wussten, war, dass beides nur eine Posse war, zwar eine unbeabsichtigte, aber trotzdem eine Posse. Wir bekamen zwar unsere wöchentlichen religiösen Botox-Spritzen und sahen danach besser aus, wobei wir eigentlich eine Herzoperation nötig gehabt hätten.

Eigentlich wollte Gott durch unsere Gruppe wohl unsere Krankheit und mangelnde Authentizität offenbaren, doch die

* Psalm 116,11

Vorstellung, dass wir ein „Verantwortungskreis" darstellten, der Rechenschaft voreinander ablegen wollte, war eine Farce, und zwar in vierfacher Hinsicht:

- Erstens erweckte unsere Gruppe nur den *Anschein* eines Verantwortungskreises. Jede Ehefrau weiß, dass ihr Ehemann Probleme hat und nicht genug mit anderen Männern darüber spricht. Die oft falsche Annahme im Hinblick auf Männergruppen ist aber, dass wir in solchen Gruppen tatsächlich über unseren „Scheiß" reden. Dabei bleibt das meist aus. Doch die Ehefrau atmet erleichtert auf, weil es so aussieht, als hätte ihr Mann endlich Freunde, mit denen er reden kann. Eine Täuschung.
- Zweitens weiß bei einem solchen Kreis kein Mitglied, ob die anderen Männer in der Gruppe wirklich ehrlich sind oder nicht. Und selbst wenn die anderen total ehrlich sind, was zu bezweifeln ist, lässt sich ihr Verhalten doch nicht auf Dauer kontrollieren. Verhaltenskontrolle verändert nie das Herz. Ihr lieben Kontrollfreaks, nehmt das zur Kenntnis!
- Drittens ist ein Mann gar nicht in der Lage, einen anderen Mann zur Rechenschaft oder Verantwortung zu ziehen, selbst wenn beide Männer das aufrichtig wollen. Beides ist das Werk des Heiligen Geistes, nicht von Menschen. Ich frage mich, ob das Wort *Verantwortlichkeit* oder *Rechenschaft* überhaupt in der Bibel auftaucht.
- Der vierte und schädlichste Aspekt der Farce ist, dass das, worüber wir eigentlich lernen sollten zu reden, durch die Gruppe sogar noch weiter in einen Winkel des Herzens geschoben wird. Und das gibt Lügen einen Nährboden. Auch kommt es vor, dass das, worüber wir eigentlich mit unserer Ehefrau reden sollten, einen flüchtigen Anstrich in der

Männergruppe verpasst bekommt und dann nie wieder gegenüber der Frau erwähnt wird.

Was ist die Verbindung zwischen Hemingway, unserem Männerkreis und dir? Folgende: Es kommt selten vor, dass man einen Mann findet, der so ehrlich ist wie Hemingway. Es ist ein Kampf, sich nicht Entmutigung und Depression zu ergeben. Kein Mann möchte, dass seine Träume sterben, seine Leidenschaft sich auflöst, seine Ziele verlorengehen, seine Illusionen über sich selbst zerschlagen werden. Der Auslöser, der Hemingway über die Klippe stieß – nämlich nach der Invasion in der Schweinebucht nicht in sein geliebtes Kuba zurückkehren zu können –, scheint nur wie ein leichter Schlag mit einer Feder. **Im Staub verlorener Träume braucht es am Ende nicht viel, um einen Mann zu zerstören.** Dann fühlt sich Apathie beinahe wie wirklicher Friede an.

NICHT STIMMEN - NUR EINE STIMME

Ein Mann mag still sein, aber in seinem Inneren hallen viele Stimmen. Da sind Stimmen aus der Vergangenheit, die regelmäßige Gewinn-und-Verlusterklärungen zum Selbstwert des Mannes äußern; Stimmen von Eltern, Lehrern oder einem gefallenen Helden; die kindischen Schulhofstimmen kleiner Tyrannen und Spötter. Jeder Mann kann sich lebhaft an die glühende Scham erinnern, als diese Stimmen sich zum ersten Mal in sein zartes Jungenherz brannten. Des Weiteren hört der Mann die mahnenden Stimmen steifer Religion, die wettbewerbsbetonten Stimmen von Leistung und Macht, die sirenenhaften Stimmen des Materialismus und Stimmen der verlorenen Argumente in der schreienden Stille seiner Seele. Manchmal sind da auch die Stimmen einer Ehefrau oder Mutter, die nicht versteht, wie wichtig ihre Worte sind und welchen Schaden sie anrichten können. Was dabei zerschmettert wird, ist sein Selbstwert; was gebrochen wird, ist sein Herz.

Andere Stimmen können die von Freunden, Kollegen oder Geschäftspartnern sein, die ihrem eigenen Profit oder Ruhmes wegen die Freundschaft mit dem Satz verraten: „Wir können gerne weiter Freunde bleiben, wir sollten nur unsere Geschäftsbeziehung beenden." Oder noch schlimmer: „Unsere Freundschaft wird bestimmt stärker, wenn wir nicht mehr zusammenarbeiten" – die letzten Worte, die man höchstwahrscheinlich von der Person hört. Vielleicht hast du selbst schon mal eine Beziehung auf diese Art beendet, und bestimmt bist du nicht gerade stolz auf dich, wenn du daran denkst. Deine gedankenlosen oder ärgerlichen Worte können wie eine Tonaufnahme sein, die sich immer und immer wieder im Kopf deines ehemaligen Freundes abspielt.

Bei einem Freundschaftsverrat sind beide Seiten des Stocks schmutzig. Die meisten Stimmen, die wir in uns hören, haben entweder mit Dingen zu tun, vor denen wir uns fürchten oder auf die wir wütend sind. Letztere sind wie die Stäbe eines Käfigs, in den wir uns selbst gesperrt haben, weil wir anderen für ihr Verhalten uns gegenüber nicht vergeben wollen. Diese Stimmenlegion ertönt in einem Mann das ganze Leben lang, bis er lernt, auf die eine Stimme zu hören, auf die es ankommt.

Neulich spielten meine Frau und ich zusammen mit unserer Tochter, ihrem Mann und mehreren Freunden ein Spiel. Als meine Tochter mit dem Würfeln dran war, brach die Gruppe in Rufe und Ratschläge aus, welche Spielzüge sie machen sollte. Der Lärm war ohrenbetäubend. Unser Eifer ließ nicht nach, bis sie uns ansah und uns still befahl: „Keine Zwischenrufe mehr." Der Raum wurde still, und sie konzentrierte sich auf ihre eigene Entscheidung, was schließlich dazu führte, dass sie das Spiel gewann.

Ich weiß nicht, wie es dir ergeht, aber Stimmen in meinem Kopf können mir ein sonst wunderschönes Wochenende verderben. Dazu braucht es gar nicht viel. Ein Konkurrent gewinnt die Oberhand und in meinem Kopf spielt sich immer wieder der Moment ab, in dem ich meine Chance verpasst habe. Meine Frau und ich haben eine Auseinandersetzung oder jemand macht eine Bemerkung, die ich nicht aus den Ohren bekomme, oder ich habe etwas gesagt oder getan und bin nun besorgt, was jemand anders davon hält. Also tauche ich in das Stimmenbecken ein, bis ich nahezu darin ertrinke: in Mitleid, in Sorgen, in Ängsten, in Anschuldigungen, in Einbildung. **Die Stimmen können verursachen, dass ein Mann gar nicht wahrnimmt, wie die Sonne scheint, ihn jemand anlächelt oder die Hand des Sohnes in der eigenen einen zum Spielen anregt.** Das Stimmengewirr zeigt, dass wir immer wieder die Worte beherzigen müssen: *„Seid still und erkennt, dass ich Gott bin"* und: *„Euer Herz lasse sich nicht verwirren."**

Um eine gesunde Beziehung zu Gott und anderen Menschen zu haben, müssen wir lernen, die guten Stimmen von den schlechten zu unterscheiden, damit wir die ausmerzen können, die nur abgetragene Lügen vom Feind unserer Seele nachplappern. Wir müssen damit aufhören, auf die Lügen aus der Vergangenheit und Gegenwart zu hören, einschließlich der Lügen, die wir uns selbst erzählen. Wir müssen uns entschließen, nur die Wahrheit zu akzeptieren. Wir müssen uns ihr verpflichten, sie lieben und ihr überall hin folgen, wohin sie uns führt. Ich höre die gute und vertraute Stimme meines Sohnes, der mich erinnert: „Die Wahrheit reicht." Ein Mann zu sein, den man selbst respektieren kann, fängt damit an, die Wahrheit über sich zu akzeptieren und darauf aufzubauen.

---

* Psalm 46,11 (angepasst ans Englische); Johannes 14,1

Falls du eine Lüge gelebt oder dich in ihr versteckt hast, kann es dir wie Selbstverrat vorkommen, die Wahrheit über dich selbst zu suchen, besonders wenn du dich mithilfe von Süchten von der Realität entfremdet hast. Falls das der Fall ist, dann brauchst du einen besseren Freund! **Die Wahrheit über dich selbst zu finden ist ein Akt der Anbetung, weil es ein Akt des Gehorsams ist.** Du musst bereit sein, deinen Stolz über Bord zu werfen, bevor dich die Wahrheit befreien kann. Der Weg des Kreuzes konfrontiert dich zunächst mit der Realität, damit du die Schönheit Gottes entdecken kannst, die er in dir und für dich vorgesehen hat. Nur so kannst du den Mann Gottes entdecken, der du eines Tages sein wirst. Das ist die Reihenfolge von allem, was wahr ist: erst das Kreuz, dann die Realität, dann die Freiheit und dann die erstaunliche Sicht auf das, was noch kommt.

Jede Stimme, die nicht im Einklang mit der Stimme ist, „die über Eden wehte", wie John Keble in einem Kirchenlied schrieb, muss für immer verbannt werden. Wer je seine eigene Stimme finden will, muss unbedingt die vielen Stimmen abschalten, die ihm weismachen wollen, wer er ist und wer er nicht ist, was er wird und was er nicht wird, was er wert ist oder was er nicht wert ist. Das heißt nicht, dass wir überhaupt nicht auf unsere Frau, unsere Freunde, unsere Kinder oder den Rat anderer Männer hören sollen. Aber wir müssen das, was sie sagen, schon mithilfe des Heiligen Geistes und der Bibel prüfen. Unsere eigene Stimme zu finden, hilft uns sogar, bessere Zuhörer zu werden. Man stelle sich nur mal vor! Die eigene Stimme zu finden und diese Stimme in Einklang mit Gott zu bringen, lässt einen Mann die Freude seines ganzen Mannseins entdecken, wie Gott es sich vorgestellt hat.

In der Bibel steht geschrieben, dass die Gerechten aus Glauben leben werden, und am Ende kann ein Mann ohne Glauben überhaupt nicht leben, wie Hemingway bewies.* Ohne Glauben bleibt uns nur noch das Sterben übrig, um die Wahrheit der Lüge zu erfüllen, nach der glaubenslose Männer ihr Leben ordnen.

Falls du dem zwar im Grunde schon zustimmst, aber schwach im Glauben bist, lehrt uns die Bibel, dass Glaube wächst, indem wir auf das hören, was Jesus sagt.** Höre auf die einzig wahre Stimme, die dir helfen kann! Höre auf das, was Gott dir in der Bibel sagt! Lies jeden Tag die Bibel, am besten laut. Man kann unmöglich schwach im Glauben bleiben, wenn Herz, Seele und Verstand das Wort Gottes hören und man jeden Tag um seine Kraft bittet, die einem seine Wahrheit offenbart. Wenn nötig, dann bitte ihn alle fünf Minuten um Hilfe, damit du verstehen kannst, wie gnädig und gut er ist. Mit anderen Worten: Mach es zu deiner Priorität, Wahrheit durch Glauben zu akzeptieren.

Ich möchte dieses Kapitel mit einigen Bemerkungen über unser Leistungsdenken schließen, das übrigens häufig direkt auf das Stimmengewirr (oder die Abwesenheit der richtigen Stimmen) in unserem Kopf zurückzuführen ist. Dieses Stimmengewirr schürt in uns bestimmte Erwartungen, sodass wir unsere Identität nicht von unserer Leistung trennen können. Einige der größten Entertainer der letzten Jahrzehnte haben ihre Person mit ihrer Leistung verwechselt. Viele von ihnen hatten Eltern, die ihnen keine bedingungslose Liebe vermittelten, sondern nur Komplimente machten, wenn ihre Leistung welche verdient hatten.

Ich vertrat einmal einen genialen Komiker, der sagte, er habe von seinem Vater nie die Worte gehört: „Ich hab dich lieb." Also wandte er sich dem Applaus des Publikums als Liebesersatz zu. Sein Publikum wurde zu seinem Therapeuten, bevor er sich

* Römer 1,17
** Römer 10,17

destruktiveren Lastern zuwandte. **Männern, die das, was sie tun, nur schwer von dem unterscheiden können, was sie sind, fällt es häufig am schwersten, um Hilfe zu bitten.** Ein Mann kann eine Firma zu großen Höhen führen, aber wenn seine Leistung seine Priorität Nummer eins ist, dann kommt der Drang, seine Schwächen verstecken zu wollen, gleich an zweiter Stelle.

WENN DEINE LEISTUNG DEINE IDENTITÄT IST ...

Hier ist das, was ich durch meine persönlichen Schwächen in meiner Berufslaufbahn der letzten zwanzig, dreißig Jahre gelernt habe, sowie durch das Beispiel anderer Männer, die dem Erfolg zuliebe ihre Herzensangelegenheiten missachten.

Wenn deine Leistung deine Identität ist, dann ...

- erwarte eine große Lebenskrise in der Lebensmitte oder schon früher. Wenn du ein ganz harter Kerl bist – und das bist du vermutlich –, dann gibt es eine hundertprozentige Wahrscheinlichkeit, dass du diesem Schmerz nicht entgehen kannst.
- erwarte, dass nie genug ist, was du tust, ganz gleich wie viel du tust. Das ist der Fluch des Maßstabs, den du dir selbst auferlegt hast.
- erwarte oberflächliche Beziehungen.
- erwarte – wenn du es am wenigsten erwartest – ein überwältigendes Gefühl der Leere direkt nach deiner größten Leistung.
- erwarte, dass du die wirklichen Ursachen dieses Gefühls leugnen wirst.
- erwarte, dass du dich noch mehr anstrengen wirst.
- erwarte, dass du den Reichtum von Gottes großzügiger Gnade verpassen wirst, bis du einem Burn-out erliegst.

- erwarte, dass Leistung der grausamste Zuchtmeister deines Lebens sein wird.
- erwarte, dass dir das wirklich Wichtige, für das Gott dich geschaffen hat, entgehen wird.
- erwarte, Gottes Liebe für dich nicht spüren zu können.
- erwarte ein sich verringerndes Selbstwertgefühl.
- erwarte, dass du dich fragst, warum du nicht mehr siehst, dass Gott noch irgendwo irgendetwas tut.
- erwarte Einsamkeit und Entfremdung von den Menschen, die du am meisten liebst.
- erwarte, Dinge zu lieben und Menschen zu benutzen, statt Dinge zu benutzen und Menschen zu lieben.
- erwarte, dass du es vorziehst, verbittert zu bleiben, statt dich zu öffnen und deinen Schmerz ehrlich zuzugeben.
- erwarte ein schweres und trübes Lebensende.

Wenn du dich aber entschließt, ein neuer Mann zu werden, der seinen Selbstwert ganz bewusst nicht an seiner Leistung festmacht, dann bete. Bitte Jesus, dass er alles tut, was nötig ist, um dein Herz zu erweichen und dein erstarrtes Leben durch ein Leben zu ersetzen, das wirklich lebendig ist. *Dann* darfst du erwarten, dein Mannsein auf eine solch neue und dynamische Art zu entdecken, dass du zum ersten Mal in deinem Leben das Gefühl hast, richtig Mann zu sein. Vertraue der Wahrheit und glaube, dass der Preis des zerschlagenen Selbstbetrugs sich lohnt – dass Gott dich zu dem Mann machen kann, den er sich vorgestellt hat. Es ist sein Wille, dir deinen Platz unter Männern zu geben.

Das ist etwas, worüber man gerne spricht.

Du hast die Wahl.

6

DIE KRAFT DER GEGENSÄTZE

Falls du zu den Ehemännern gehörst, die sagen: „Meine Frau ist mein bester Freund", dann muss ich dir sagen, dass ich ein wenig besorgt bin. Und indem ich das infrage stelle, will ich nicht im Geringsten negativ sein. Es ist schließlich so: Männer und Frauen sind einfach anders verdrahtet. Wenn du mir weismachen willst, dass du deiner Frau wirklich alles erzählen kannst, was du auf dem Herzen hast, dann höre bitte damit auf, sie derart zu malträtieren und suche dir lieber einen Freund, der damit umgehen kann. Deine Frau kann das nämlich nicht, das garantiere ich dir. Ein Freund, der ein Mann ist, kann das.

Nicht weit von unserem Haus gibt eine alte städtische Mülldeponie, die als „Bordeaux" bekannt ist. Wie ein solch schöner Name mit einer Mülldeponie in Verbindung gebracht werden kann, ist eine Schande, aber der Punkt ist, dass Männer ihre Ehefrauen nicht so behandeln sollten wie unsere Stadt Bordeaux behandelt hat. Unsere Ehefrauen wurden von Gott nicht dafür geschaffen, die Müllkippe für unseren ganzen Dreck zu sein. Versuch deiner süßen Frischvermählten zum Beispiel zu beichten, dass du dich von deiner hübschen Arbeitskollegin angezogen fühlst. Versuch ihr das zu beichten, während sie schwanger ist, dann wirst du schnell feststellen, was du diesem angeblich „besten Freund" nicht sagen kannst. Du magst deine Beichte wieder vergessen, aber deine Frau wird sie bis zu deiner Beerdigung in Erinnerung behalten. Ich empfehle dir daher, deine Frau so zu behandeln, wie die Franzosen es mit *ihrem* Bordeaux tun – und nicht wie deine persönliche Mülldeponie.

Männer und Frauen sind, gelinde gesagt, einfach anders. Wenn dieses Thema kein gutes Gespräch anzettelt, dann weiß ich auch nicht weiter. Fordert man einen Mann auf, die wesentlichen Unterschiede zwischen Mann und Frau zu beschreiben, dann kann man sich auf amüsiertes Lachen gefasst machen. Frauen rollen dabei nur mit den Augen. Die Unterschiede sind tiefgründig und können entweder etwas Schönes oder etwas Hässliches sein, je nachdem, was wir aus ihnen machen.

Einige meiner Freunde sagen, viel beschäftigte Frauen seien auch nicht besser als Männer, wenn es darum geht, sich Hilfe zu suchen, aber ich bin mir da nicht so sicher. Frauen scheint es mehr im Blut zu liegen, sich Hilfe zu suchen. Wir Männer hingegen wissen nicht, wie man darum bittet. Uns ist peinlich, dass wir Hilfe brauchen, oder wir haben keinen Freund, der uns nahe genug steht, um ihm unser tiefes und manchmal dunkles Inneres anzuvertrauen. Hilfe für andere zu suchen, ist kein Problem, aber für sich selbst um Hilfe zu bitten, ist fast undenkbar.

Als Gott den Menschen schuf, war die Rollenverteilung ziemlich klar: Eva, die Mutter aller Frauen, sollte Adam als Helferin zur Seite stehen. Aber ich bezweifle, dass Adam überhaupt wusste, wobei er Hilfe brauchte. Oft weiß ich das auch nicht. Doch Eva muss es gewusst haben und meine Frau weiß es auch. Obwohl dazu auch praktische Hilfe gehören kann, brauchen wir von Frauen in erster Linie emotionale und geistliche Hilfe. **Frauen haben ein verblüffendes Gespür für das, was wir Männer brauchen, unabhängig davon, ob wir unser Bedürfnis in Worte fassen können oder nicht.** Außerdem haben Frauen soziale Netzwerke und Versorgungssysteme, die ganz natürlich unter ihnen entstehen. Unter Männern ist das eher selten der Fall.

Während Männer allgemein besser für schwere körperliche Arbeit geeignet sind – eine Begabung, die einen etwas abstumpfen kann –, neigen Frauen von Natur aus eher zum Weichen, Pflegenden und Intuitiven. Frauen haben angeborene Gaben und Fähigkeiten, von denen Männer nur träumen können, und wenn sie in einem freundlichen, liebenden Umfeld leben, sind sie zu fast allem bereit, um uns zu helfen.

Zu ihren gottgegebenen Gaben gehört auch ein hoch sensibles „Bockmist-Messgerät". Bevor wir es überhaupt merken, wissen sie schon, wenn wir Bockmist angestellt haben. Dass Frauen bereit sind, dann so viel Zeit und Energie in unsere Verbesserung zu stecken, ist erstaunlich. Übrigens: Die Vorstellung, Frauen seien bloß für unterwürfige Rollen in Beziehungen, Ehen und der Gesellschaft geschaffen, ist die Art von Wahnsinn, die sich nur selbstsüchtige Männer ausdenken können – und Beweis genug, dass Evolution nicht so ganz funktioniert.

MÄNNER BRAUCHEN MEHR ALS NUR SICH SELBST
Frauen mögen wirklich die begabtere und gesündere Hälfte der Menschheit sein. Gott hat klargemacht, dass der Mann schon eine Frau braucht, nur um normal zu sein. Sie gehört zu ihm.

Das Erste, was Gott an seiner Schöpfung als „nicht gut" bezeichnete, war das Alleinsein des Mannes. Über die Frau sagte er nichts dergleichen. Werden Männer zu lange allein gelassen oder von ihren Hirngespinsten versklavt, verwandeln sie sich in das psychologische Gegenstück von Skorpionen – in stille und tödliche Raubtiere. Und wenn nicht in Skorpione, dann verwandeln sich einsame Männer in Jammerlappen, Manipulatoren und Lügner. Selten werden sie zu ausgeglichenen Männern.

Eines verregneten Septemberabends in New York sagten die Gäste, mit denen ich mich zum Essen verabredet hatte, in letzter Minute ab. So kam es, dass ich allein in einem kleinen italienischen Restaurant an der East 34th Street saß, dem Geschwätz der anderen Gäste lauschte und einen Teller Ravioli verschlang. Zwei alte Knaben, der eine weit über sein bestes Alter hinaus und der andere nur wenige Schritte von der Laderampe der Leichenhalle entfernt, führten ein lebhaftes Gespräch über Frauen. (Einige Gesprächsthemen verlieren für Männer zum Glück nie ihre Anziehungskraft.) Ich sperrte die Ohren auf, als der Jüngere der beiden seinem Freund von einer Frau erzählte, mit der er eine Affäre hatte.

„Ohne Witz?" sagte der Ältere. Billigung wie Neid ließen sein müdes Gesicht aufleuchten.

„Ohne Witz! Ich lüge nie", antwortete sein Freund, „außer gegenüber meiner Frau."

Was für ein Kommentar über sich selbst, seine Frau, seine Geliebte und seinen Freund – und eine jener charakteristischen Szenen, die mehr über unser Menschsein widerspiegeln, als wir gerne zugeben.

Frauen haben eine von Gott geschaffene Fähigkeit, Männern zur Wahrheit zu verhelfen. Aufgrund einer gefährlichen

Begegnung mit einer gewissen Schlange im Garten haben sie außerdem eine eindrucksvolle und verschlagene Kapazität, diese Fähigkeit gegen uns einzusetzen. **Das heißt, wenn du gerne zu dem Mann werden willst, den Gott sich vorgestellt hat, dann ist es in deinem eigenen Interesse, so zu leben, dass du nichts zu verstecken hast.** Und die Frau, mit der du verheiratet bist, muss wissen, dass keiner von euch der Boss ist. Genauer gesagt müsst ihr euch in dieser Hinsicht beide reinen Wein einschenken. Harte Ehetage – und die kommen – kannst du nur überstehen, indem du lernst, nicht nur vor deinem Ehepartner die Knie zu beugen, sondern auch in der Gegenwart Gottes. Aber genauso brauchst du auch deine Freunde – Männer, die dir genau ins Gesicht sehen und dich da lieben können, wo du gerade steckst. Beste Freunde lassen ihre Glaubensbrüder nicht den destruktiven Weg entlanggehen, auf dem sie zwar wissen, was gut und richtig ist, aber bewusst das Gegenteil tun. Genauso wenig lassen das fürsorgliche Ehefrauen zu.

Junge Männer, die sich noch für die Herren ihres eigenen Schicksals halten, stürzen sich oft kopfüber in eine Ehe, ohne eine Ahnung davon zu haben, was sie erwartet. Sind die Flitterwochen einmal vorbei und das echte Leben beginnt, stellen Mann und Frau schnell fest, wie unterschiedlich sie sind – und wie egoistisch. Man füge dieser Mischung noch ein paar lebhafte Kinder hinzu, dann werden aus dem Ehepaar schnell abgekämpfte Eltern, die sich kaum wiedererkennen. Eine Karikatur, auf die wir kurz nach der Geburt unseres zweiten Kindes stießen, fasste es so zusammen: „Eins ist hart, zwei sind Beton." Gott sei Dank gibt es dabei auch schöne Momente. Trotzdem, die ersten Ehejahre sind eine Zeit, sich selbst zu entdecken, die nicht immer leicht zu schlucken ist. Da heißt es, unser Herz und unsere Liebe am Leben zu halten.

Dann können wir eine Veränderung erfahren, die nicht weniger bemerkenswert ist, als die ersten Schritte und ersten Worte eines Kleinkindes. Die Worte und die Schritte, die wir zusammen mit unserer Ehefrau gehen, sind wie ein großes Erwachen, der Beginn einer Reise, eine neue Sprache der Seele.

WAS STÄRKT DIE EHE UND WAS SCHWÄCHT SIE?

Die Männer unserer „Dinner and Conversation"-Gruppe kamen an einem heißen Sommerabend zusammen, um über das Thema Ehe zu sprechen.

„Was stärkt eure Ehen?", fragte ich. „Und was schwächt sie?"

Die erste Antwort: „Lachen. Wenn wir zusammen lachen", sagte einer der Männer, „dann vergesse ich mein Bedürfnis nach Anerkennung und sie vergisst ihr Bedürfnis nach Aufmerksamkeit".

Der Abend war genial, während wir wie die Ältesten am Stadttor saßen, über das Leben plauderten und die Abendbrise genossen. Zu dem, was unsere Ehen schwächt, sagten wir, gehören:

- Teilnahmslosigkeit;
- der Versuch, eine perfekte statt eine wachsende Beziehung zu haben;
- Perversion jeder Art;
- ein Vertrauensbruch;
- sich nicht auf einen Dialog einlassen;
- zu hören, ohne richtig zuzuhören;
- in Routinen zu verfallen, die der Lebendigkeit entgegenwirken;
- nicht regelmäßig zu beten;
- unsere Arbeit an erste Stelle zu setzen;
- unsere Frauen nicht ausreden zu lassen;

- von den Angewohnheiten und Mentalitäten behindert zu werden, die geformt wurden, bevor man den Ehepartner kennenlernte;
- und unsere Frauen in Ebenbilder von uns selbst umformen zu wollen.

Einer der Männer in der Gruppe sagte: „Wir haben nicht nur einander geheiratet, sondern auch unsere jeweilige Vergangenheit, und daran haben wir uns beinahe verschluckt. Gott sei Dank haben wir es doch noch runterbekommen."

Über das zu sprechen, was unsere Ehen stärkt, war genauso faszinierend, nicht nur aufgrund dessen, was gesagt wurde, sondern auch weil keiner der sechzehn Männer am Tisch sich entsinnen konnte, je ein solches Gespräch mit anderen Männern geführt zu haben.

„Meine Frau und ich haben mal eine Zeitachse der gesamten einunddreißig Jahre unserer Ehe erstellt," erzählte ein Mann, „und es hat uns förmlich umgehauen, als wir uns auf diese Weise vor Augen führten, was wir alles gemeinsam durchgemacht haben. Das half uns, uns weniger als Opfer und mehr als Partner zu sehen."

Andere sagten, dass ihre Ehen durch jahrelange Vertrautheit und gegenseitige Unterstützung gestärkt wurden; dadurch, dass sie durch sanfte gegenseitige Erinnerungen für Ehrlichkeit sorgten; durch ähnliche soziale und theologische Ansichten; durch Demut und die Bereitschaft, Gott zu vertrauen, auch wenn man etwas nicht ganz versteht; sowie „meiner Frau nachzujagen, als wäre ich immer noch ein Teenager".

„Gemeinsam schwierige Zeiten zu bewältigen", sagte einer, „hat uns zusammen reifen lassen." An einander zu glauben; sich im positiven Sinne „am Hals haben"; gemeinsame Interessen entwickeln, die über die Kinder hinausgehen; lernen, wo Grenzen sind; wissen, wo der andere geistlich gesehen gerade steht; den „Funken" am Leben halten; die Gegenwart des Heiligen Geistes einladen; und unsere Unterschiede feiern können – das alles trägt dazu bei, unsere Ehe in die richtige Richtung zu steuern. Die Tatsache, dass Gott den Menschen als Mann und Frau geschaffen hat, sollte ein Hinweis darauf sein, dass er sich nicht vor Konflikten scheut.

UNTERSCHIEDE

Die Unterschiede zwischen meiner Frau und mir sind so offensichtlich, dass sie kaum verschiedener sein könnten. Sie ist hübsch und ich bin ziemlich durchschnittlich. Sie ist gesprächig, eine fantasievolle Geschichtenerzählerin, und ich bin von Natur aus eher still. Sie kann gut einen Witz erzählen, während ich eine Pointe beim besten Willen nicht im Gedächtnis behalten kann. Von ihrer Herkunft ist sie irisch und schwedisch und noch so einiges andere, während ich ein störrischer Deutsch-Schweizer bin. Wir forschen immer noch in der Geschichte, um zu sehen, ob die Deutschen je gegen die Iren gekämpft haben oder die Schweizer gegen die Schweden. Das könnte uns einen Hinweis darauf geben, wer gewinnt. Ich wuchs in einer Familie auf, in der es keine lautstarken Auseinandersetzungen gab. Weder mein Vater noch meine Mutter haben je aus Wut die Stimme erhoben. Meine Frau hingegen wuchs in einer Familie auf, in der die Person, die als erstes die Suppe an die Wand schmiss, den Streit gewann. Ich komme aus einem konservativen amischen und mennonitischen Umfeld; sie kommt aus einem Umfeld betrunkener Heiden – nette Menschen, aber betrunken. (Ihre Familientreffen fanden immer in unmittelbarer Nähe von Brauereien statt.) Ich komme von der

Ostküste der USA und sie kommt aus dem Westen. Ich bin Landjunge, sie ist ein Stadtmädchen. Richard, ein Hillbilly-Predigerfreund aus West Virginia nennt sie eine „kalifornische Whirlpool-Christin". Gegensätze ziehen sich an. Wir verliebten uns. Und da ging der Spaß los.

Linda war fest entschlossen, mir das Streiten beizubringen, um herauszufinden, was ich wirklich denke – und mich dazu zu bringen, meine Gedanken zu äußern. Als drittes Kind in einer Reihe Jungs weiß ich, wie man Kompromisse schließt. Wenn ich meinen Willen durchsetzen möchte, dann lautet meine Strategie, einen Mittelweg auszuhandeln. Mir fällt es leicht, die andere Seite eines Problems zu sehen. Streit hingegen war ein ganz neues Spiel für mich. Nach wenigen Ehetagen, kurz nach unserem ersten Geplänkel (das viel zu peinlich und anstößig ist, um es in der Öffentlichkeit breitzutreten), fiel mir eine simple Geste ein, wie ich ihr zeigen konnte, dass ich sie immer noch liebte. Und zwar brachte ich ihr ihren Morgenkaffee ans Bett. Seit dem Tag habe ich das nun jeden Morgen gemacht, inzwischen mehr als dreißig Jahre lang, durch Dick und Dünn, ganz gleich, ob wir gerade den größten Streit unseres Lebens hatten oder auf Reisen sind und das nächstgelegene Café fünf Blocks entfernt liegt – bei Regen. Solange ich nicht allein verreist bin oder sie früher als gewöhnlich aufsteht, heißt es: Kaffee im Bett. Super nett von mir, nicht wahr? Klar ist es das. Aber ich muss zugeben, dass hinter dieser Nettigkeit auch eine darwinsche „Überleben des Angepasstesten"-Strategie steht. Gut möglich also, dass der Kaffee im Bett eine Scheidung vermieden hat. Es garantiert mehr oder weniger, dass sie zu einer Stunde aufsteht, in der es andere Menschen gewöhnlich tun, und dass sie deshalb auch abends müde genug ist, das Licht ungefähr dann auszuschalten, wenn ich schlafen will. Ich liebe das weiche

Licht des Morgenanbruchs. Linda hingegen gibt sich die wenigen Male im Jahr, an denen sie den Sonnenaufgang sieht, immer überrascht. Für sie ist das jedes Mal wie die erste Dämmerung einer neuen Erde. Sie ist solch eine Nachteule, dass ich vermutlich nie ein Auge zutun könnte, wenn sie keinen Kaffee zu einer zivilisierten Stunde bekäme. Ich bin ein schrecklicher Murrkopf, wenn ich müde bin. Und Richter und Anwälte können bezeugen, dass es fast immer die Murrköpfe sind, die sich eine Scheidung einfangen. Kannst du erkennen, wie Kaffee im Bett unsere Ehe gerettet hat? Meine Frau ist so überzeugt davon, dass auch Gott morgens noch nicht wach ist, dass sie es als Zeitverschwendung ansieht, vor ihm aufzustehen.

Eine Ehe ist nie weit von der Schnittstelle zwischen Liebe und Krieg entfernt. Was tut man, wenn sich alte Wunden wieder öffnen, wenn man sich selbst nach dreißig Ehejahren noch in den Haaren liegt? Bei Linda und mir passiert das leicht. Wir lassen uns leicht von unserer eigenen Dummheit hinreißen. Wir wissen genau, wo die Narben sind, an denen man zupfen kann. In solchen Momenten hilft es, sich daran zu erinnern, dass sich unsere Lebensanschauung inzwischen weiterentwickelt hat. Die Heilung, die wir erlebt haben, ist echt, auch wenn sie nur bruchstückhaft ist. Wir müssen nicht aufgrund eines neuen Streits den Boden aufgeben, den wir bereits gemeinsam gewonnen haben.

LOCKERER WERDEN!

Das Problem vieler Ehepaare ist, dass sie sich selbst zu ernst nehmen, viel zu ernst. Wir heiraten das perfekteste Geschöpf, das wir finden können, und investieren unsere Zeit und Energie in den Versuch, es noch perfekter zu machen, um es dem Bild gleich zu machen, das wir uns wünschen oder von dem wir meinen, es verdient zu haben. Wir vergeuden unsere Zeit damit, Unvollkommenheiten zu kritisieren, die nicht in dieses Bild passen, das wir für den anderen angefertigt haben. Oder wir schaffen zusammen ein Bild von einer perfekten Ehe, die wir uns wünschen, und dann sind wir überrascht, wenn das Leben nicht mitspielt und wir unseren eigenen Idealen nicht gerecht werden können. Vermutlich geht der riesige Prozentsatz gescheiterter Ehen im Westen auf solch von uns selbst geschaffene Zerrbilder zurück.

Was bringt Menschen dazu, sich so lieblos denen gegenüber zu verhalten, die sie einst am meisten geliebt haben? Gibt uns die Heiratserlaubnis auch die Erlaubnis, diejenigen zu misshandeln, die uns am nächsten stehen? Unseren Ehepartner und unsere Kinder schlimmer zu behandeln, als sonst irgendeine Person in unserem Bekanntenkreis? Teilweise drücken wir ihnen solch detaillierte Vorgaben auf, dass wir uns quasi als Gott aufspielen. **Eine Ehe, die nicht nur überlebt, sondern auch zufrieden macht, muss von Verspieltheit und Nachsicht geprägt sein, sonst ist sie unmöglich gesund.** Und wenn sie nicht gesund ist, kann sie auch nicht heilig sein, und wenn sie nicht spielerisch bleibt, wird sie definitiv nicht voll des Lebens sein, das wir wollen und brauchen. Die unbeschwerte Seite des Lebens, die Seite, die uns Ausgeglichenheit und Glück beschert, die kindliche Seite, die wir uns unbedingt erhalten müssen, kann unsere Haltungen, unsere Emotionen und unsere tiefsten Lebenskämpfe beflügeln. Das bewahrt uns davor, die Menschen, die wir lieben, zu zerstören, auch wenn das in unserer Macht steht. Mit anderen Worten: Tu nicht mehr so, als wäre alles, was du sagst, eine Offenbarung Gottes.

Wir können die positive Kraft von Gegensätzen schätzen lernen, denn Gegensätze können Schönheit schaffen. Diese Kraft ist in erster Linie die Liebe. Durch sie können wir ein Leben schaffen, das man feiern kann. Das ruft Freude in unserem Herzen hervor, durch die auch andere Menschen einen Blick darauf erhaschen können, wie der Himmel sein muss.

Die Ehe ist auch ein Geheimnis, das Teil eines größeren Geheimnisses ist. **Die emotionale, geistliche, körperliche und geistige Einheit mit einer Seele, die das genaue Gegenteil von einem selbst ist, spiegelt das Mysterium unseres Gegensatzes zu Gott und unserer Einheit mit ihm wider.** Durch unser Versagen können unsere Unterschiede zwar einen breiten Graben zwischen Ehepartner reißen, doch durch Liebe können dieselben Unterschiede eine Quelle von Freude und Erfüllung im Leben werden. Wer diese Quelle nicht fließen lässt, der lässt einen Teil von sich austrocknen.

Was verleiht einer Ehe ihre Farbe, ihre Würze, ihren Schwung? Die Antwort lautet natürlich, einander wertzuschätzen, die Welt mit Neugier zu entdecken und unsere Augen für die Unterschiede, die uns bereichern, offen zu halten. Mehr noch, es erfordert, das Leben so zu akzeptieren, wie es kommt, und einander mit derselben Würde zu behandeln, mit der wir selbst behandelt werden möchten. Es ist eine weitverbreitete Meinung, dass Männer mehr Respekt als Liebe wollen und dass Frauen mehr Liebe als Respekt wollen. Vielleicht stimmt das tatsächlich, aber das eine ohne das andere scheint mir wie ein Tomaten-Sandwich ohne Tomaten oder ohne Brot. Ich bin überzeugt, dass wir alle sowohl geliebt als auch respektiert werden wollen, und das sollten wir auch. Wir und die Menschen, die wir lieben, sind die Hauptcharaktere in unserer Lebensgeschichte. Ob unsere Geschichte erzählenswert ist oder nicht, hängt davon ab, wie wir sie leben und wie sehr wir die Menschen darin lieben.

WIE MAN GEGEN FRAUENLOGIK ANKÄMPFT

Meine Frau ist eine begabte Köchin. Sie behauptet allerdings, dass sie ohne einen Fernseher in der Küche nicht kochen kann. Eine These, die ich nicht auf die Probe stellen will. Als alle Sender auf digitales Fernsehen umgestellt wurden, war unsere alte Glotze in der Küche von einem Tag auf den anderen überholt. Ich hätte nichts dagegen gehabt, wenn in der Küche von nun an nur noch ein leises Rauschen vom Fernseher zu hören gewesen wäre, wurde aber von der Köchin aufgefordert, entweder einen neuen Fernseher zu beschaffen oder ab sofort für mich selbst zu kochen.

Also kaufte ich einen neuen Fernseher. Doch schon am darauffolgenden Morgen funktionierte er nicht mehr richtig. Meine Frau bat mich, ihn wieder in den Karton zu packen, damit sie ihn umtauschen konnte. Allerdings passte der Fernseher nicht wieder ganz in den Karton, weil Chinesen ihn verpackt hatten und weil sie geschickter sind als unsereins. Linda sagte, sie würde den Fernseher nicht zurückbringen, solange der Karton oben nicht richtig zu war. Ich warf ihr einen meiner bösen Blicke zu und sagte so etwas Nachdrückliches und Männliches wie: „Doch, machst du. Es ist doch völlig egal, ob der Karton zu ist oder nicht." Schließlich gab sie nach.

„Kannst du auch gleich das Ladegerät für die Kamera mitnehmen und fragen, ob die Garantie noch gültig ist?" fragte ich.

„Nein", sagte sie. „Ich bringe nicht zwei Sachen auf einmal zurück. Das wäre zu peinlich."

„Du erwartest, dass ich zwanzig Meilen zum Elektronikmarkt fahre, nur um ein Ladegerät zurückzubringen, obwohl du nachher sowieso schon hinfährst und nur eine kleine Frage stellen müsstest?" Ich lachte vor Fassungslosigkeit. Sie saß immer noch im Bett und nippte an dem Latte, den ich ihr gemacht hatte.

„Ach, jetzt lass mich in Ruhe", knurrte sie.

Ich verbeugte mich höflich, ging rückwärts aus dem Schlafzimmer und machte mich auf meinen Weg zur Arbeit. Wie gesagt, meine Frau ist nicht gerade ein Morgenmensch.

Später rief sie mich an, um mir zu sagen, dass sie einen Fernseher gefunden hatte, der ihr besser gefiel.

„Hast du auch das Ladegerät zurückgebracht?", fragte ich.

„Nein", entgegnete sie, „ich arbeite daran, konsequenter zu sein, und ich kann nicht einen Fernseher und ein Ladegerät zurückbringen und gleichzeitig konsequent sein."

„Konsequent in welcher Hinsicht?", fragte ich.

„Konsequent mir selbst gegenüber", sagte sie, „und mit meinem neuen Ziel, konsequent zu sein."

Ich dachte einen Moment lang nach und fragte sie dann, ob ihr Computer immer noch nach Rauch oder etwas Verbranntem roch und schlug vor, dass sie Tintenpatronen für den Drucker kaufen könne, um die letzten sechs Monate unserer Buchführung auszudrucken, nur für den Fall, dass der Computer den Geist aufgab.

„Mist!", sagte sie. „Dann muss ich zurück zum Elektronikmarkt."

„Kannst du dieses Mal das Ladegerät mitnehmen?", fragte ich. Sie legte auf.

Eine Stunde später rief sie wieder an, kochend vor Wut. „Genau deshalb will ich keine Artikel zum Tausch bringen!"

„Und der Grund wäre?", fragte ich.

„Weil jemand aus der Gemeinde der Idiot hinter dem Ladentisch sein könnte, und ich ihn wüst beschimpfen könnte!", sagte sie.

Ich schüttelte mich vor Lachen. (Wer hat schon eine Ehefrau, die solche Sätze sagt?)

„Mir wurde gesagt, dass die Garantie zwar noch gültig sei, aber die wollten das Gerät partout nicht eintauschen, weil ich die Kamera nicht mit dabei hatte." Sie war richtig in Fahrt. „Und dann, als ich auf Hundertachtzig war wegen dieser ganzen Garantiebedingungen, von denen noch nie jemand etwas gehört hat, musste ich beim Ausgang auch noch der Frau unseres Pastors über den Weg laufen und sie anlächeln und so tun, als wäre ich nett!"

Eine Geschichte aus dem grauen Alltag unseres gemeinsamen Lebens, aber eine, über die wir noch lange lachen werden. Vermutlich werden wir längere Zeit nicht darüber reden, bis eines Tages wieder irgendeine dumme Situation aufkommt oder jemand eine Frage stellt, die uns an diese kleine Episode erinnert. Dann werden wir am Esstisch sitzen und wieder über unsere eigene Blödsinnigkeit lachen. Darüber, was für komische Vögel wir doch sind, und wir werden gleichzeitig dankbar für die Liebe sein, die der Leitgedanke in all unseren Geschichten ist, selbst in solchen, die wir durch unser Temperament fast ruiniert hätten.

Die verrücktesten und besonders frustrierenden Episoden des Lebens schaffen oft die besten Geschichten. Soll heißen: später! Wie das billige Hotel in Knoxville. (Frag lieber nicht!) Oder die Kopfverletzung meines Sohnes, bei der er zwei sorgenvolle Stunden benommen vor sich hinplapperte. Oder die verrückte Tante, deren Unterwäsche mitten im Flughafen von Nashville herunterfiel. *Bitte* frag lieber nicht! Oder die Leute, die um zwei Uhr morgens bei uns angebettelt kamen und Unterschlupf suchten, weil die Mormonen hinter ihnen her waren. Bis zu dem Moment hatten wir nicht gewusst, dass es möglich ist, vom tiefen Schlaf sofort in schallendes Lachen überzugehen. Oder der Verwandte, der bei der Hochzeit unserer Tochter den Wein und die Essiggurken stahl. Oder das erste Mal, als Linda in einem Restaurant versuchte, einen Hummerschwanz aufzubrechen und er ihr aus der Hand flog und auf dem Teller einer vornehmen Dame landete. Uns kamen die Tränen vor Lachen.

Einige Geschichten fanden viele Jahre später auch ihre segensreiche Fortsetzung. Das war der Fall, als eines Tages eine Frau mit einem Blumenstrauß bei uns auftauchte, um uns dafür zu danken, dass wir ihre Familie zwanzig Jahre zuvor zum Abendessen eingeladen hatten, nachdem ihr Mann an unserer Tür geklopft hatte, um uns eine Versicherung zu verkaufen. Nach dem Abendessen hatte ich dem Mann eine Bibel geschenkt und angemerkt, dass es sich vielleicht positiv auf sein Leben auswirken könne, wenn er sie lese. Diese einfache Geste, so erzählte uns seine Frau, veränderte sein und ihr Leben.

Unsere Geschichten sind zumindest zum Teil heilige Geschichten, selbst die verrückten, die witzigen, die traurigen. *Besonders die traurigen!* Und ich gebe dir einen Rat: Lösch deine Lebensgeschichten nicht aus, nur weil darin Zorn oder Verlegenheit oder Uneinigkeit oder Untreue eine Rolle spielen. Sammle die Geschichten lieber, ja, feiere sie. Erzähl sie immer wieder deinen Kindern und füge neue Geschichten, die sich ereignen, hinzu. Lass Geschichten deiner eigenen Zerbrochenheit nicht aus, denn mit fortschreitender Zeit werden diese Geschichten immer wertvoller.

Meine Mutter hat früher öfters über das geschmunzelt, was Feministen in Bewegung versetzt hat, und über das Selbstbild der Frau, das durch die feministische Bewegung widergespiegelt wurde. Sie betete ständig dafür, dass Frauen eine noch höhere Bestimmung entdecken mögen. Sie glaubte daran, dass Frauen eine faire Bezahlung erhalten sollten, respektiert werden und frei sein sollten, ihre Träume zu verwirklichen. Sie war nicht besorgt, dass Feministinnen zu viel erwarteten, sondern eher zu wenig. Warum sollte eine Frau wie ein Mann sein wollen, fragte sie sich, wenn sie doch eine Frau sein kann? Warum sich mit Männern gleichschalten wollen? Sie sagte das nicht aus Überheblichkeit. Wer sie kannte, wusste, dass es ihr überhaupt nicht darum ging, sich über Männer zu erheben.

Worum ging es ihr dann, wollte ich wissen? Sie erzählte mir, dass ihr großes Vorbild Maria war, die Mutter Jesu, die mehr als alle anderen Frauen gesegnet war und von einem Engel besucht wurde, der sie mit größter Achtung ansprach. Das Gebet meiner Mutter für Feministinnen war, dass Frauen entdecken würden, wie reich sie gesegnet und wie sehr sie von Gott dafür respektiert seien, dass sie Frauen sind. Meine Mutter war überzeugt: Wissen Frauen darum, dann kann ihnen kein Mann, keine Gesellschaft, keine Religion, keine Traditionen oder Bräuche, keine Vorschriften oder Beschränkungen, keine Ungerechtigkeiten – *nichts* – der Herrlichkeit des Frauseins berauben. Diese Einstellung gab ihr eine unerschütterliche Sicherheit in Bezug auf das Leben, auf Beziehungen und auf sich selbst. Ihre Identität war zwar mit ihrem Mann verbunden, leitete sich aber nicht von ihm ab. Die sanfte Würde und Stärke des Frauseins, das wusste sie, war davon nicht abhängig.

VON DER MACHT, LEBEN ZU SCHAFFEN ODER ZU ZERSTÖREN

Was hat das mit Männern und der Kraft der Gegensätze zu tun? Eine Menge. Der vielleicht größte Schaden, den Männer in ihren Familien anrichten, kommt von ihrer Neigung zur Herrschsucht, genau das, was Feministinnen und charakterfeste Männer als einen unakzeptablen Standard ablehnen. Doch nicht nur Männer haben diese Neigung. Es gibt auch viele Frauen, die ihre Söhne zu den Ehemännern und Vätern formen wollen, von denen sie wünschten, *sie* hätten sie gehabt oder die übertriebene Kontrolle ausüben, um ihre Söhne davor zu bewahren, wie die Männer zu werden, von denen sie selbst verletzt worden sind. Auch diese Art von Herrschsucht erfordert ein Umdenken. Wenn ein Junge zum Jugendlichen und schließlich zum Mann wird, muss eine Mutter verstehen, was für einen Schaden sie mit übermäßiger Kontrolle anrichten kann. Ein guter Vater könnte ihr zu diesem Verständnis verhelfen, aber nur wenige Männer wissen, wie sie diese heiklen Angelegenheiten mit Sanftheit, Stärke und Weisheit kommunizieren können. Die Jugend, in der ein Sohn radikale Veränderungen durchmacht, erfordert den Ausgleich weiser Eltern, die kooperativ genug sind, ihn zu leiten und ihm zunehmend mehr Freiheit zu gewähren, die Folgen seiner eigenen Entscheidungen zu spüren, damit er die Wurzeln und Grenzen seines zunehmenden Mannseins entdecken kann. Eine gesunde Balance zwischen den Eltern ist in dieser Lebensphase eines Sohnes ganz schwierig zu erreichen. Geschiedene Eltern, die ihre Kinder zum Schlachtfeld ihrer gescheiterten Beziehung machen, sind da sogar noch gefährdeter.

Männer, so denke ich, haben eine innenwohnende Furcht vor ihrer selbstzerstörerischen Macht. Vielleicht haben Frauen das auch. Wir wissen, wie man einen Krieg anzettelt, sind aber eher ratlos, wenn es darum geht, den Krieg zu beenden und die Wunden zu heilen. **Doch Männer und Frauen brauchen einander, nicht nur um zu überleben, sondern um zu leben.** Die Genialität dieses Gegensatzes scheint mehr zu sein als nur ein merkwürdiger Patzer der Evolution. Zusammen erschaffen wir Leben, zum einen ganz buchstäblich, aber auch in den 24-Stunden-Segmenten, die von Feierlichkeiten, Lustlos-Banalem, höllenstarkem Leiden und himmelhohen Freuden gefüllt sind. Was immer wir gestern an Schönheit geschaffen oder zerstört haben, mit der aufgehenden Sonne haben wir wieder einen frischen Start (vorausgesetzt – in meiner Ehe –, es lässt sich irgendwo Kaffee auftreiben). Die Art, wie wir jeden Tag gemeinsam neu angehen, bestimmt unterm Strich alles.

Das, was einen Mann und eine Frau anfangs anzieht, sind sowohl Gemeinsamkeiten als auch das Geheimnis, den anderen zu entdecken. Wir nennen das, unseren „Seelengefährten" zu finden. Ich habe noch niemanden sagen hören, dass er jemanden geheiratet hat, weil er so gut wie nichts mit seinem Partner gemeinsam hatte. Doch je länger man miteinander lebt, umso mehr wird man sich der Unterschiede zwischen Mann und Frau bewusst, die das Leben lebenswert machen. Sie sind der Funke, der eine gute Ehe am Leben hält.

Wir hatten einmal drei junge Frauen bei uns zum Abendessen, die wissen wollten, wie wir es geschafft hatten, so lange verheiratet zu bleiben. Dann erkundigten sie sich, wie unsere Auseinandersetzungen aussahen. Wir lachten und nannten ihnen einige Beispiele unserer vorübergehenden Anfälle, unserer hausgemachten Sünde. Das meiste, was uns in einem Moment Sorgen bereitet, spielt auf lange Sicht überhaupt keine Rolle, sagten wir, aber wir lassen uns oft von Kleinigkeiten in einen Hinterhalt locken. Wir betonten, dass jedes Ehepaar einen Scheidungsgrund finden könnte, ohne lange suchen zu müssen. Zwar nicht unbedingt einen wirklich ausreichenden Grund, aber doch genug, um die Flinte ins Korn zu werfen, einfach weil das Leben schwer ist. Linda und ich versprachen einander nach unserer Hochzeit, nie das „S"-Wort aufs Tapet zu bringen. Wir beschlossen, Schwierigkeiten immer irgendwie gemeinsam zu bewältigen. Linda hat mir sogar versprochen, sich auch dann nicht von mir scheiden zu lassen, falls ich ihr untreu würde. Sicher, sie würde mich dann umbringen. Aber Scheidung? Nein.

Also, lieber Bruder, fass den Vorsatz, bei dir zu Hause Integrität walten zu lassen, denn dein Zuhause ist der Ort, an dem du am schnellsten deine Integrität verlieren kannst. Schaff eine gesunde Beziehung zu deiner Frau. Sei ihr nicht weniger als ein bester Freund, sondern mehr. Bleib spielerisch. Du solltest deine Frau nicht als bloßes Sexobjekt ansehen, aber du darfst die gemeinsame Sexualität mit ihr in vollen Zügen genießen. Gib ihr die Liebe, den Respekt und die Würde, die du dir für dich selbst wünschst. Erkenne an, dass ihr Gleichgestellte bei einem Vorhaben seid, das Gott ehren und segnen möchte. Genieße ihre Stärke und die großen Unterschiede, die sie zur Frau und dich zum Mann machen. Verunstalte ihre Schönheit nicht. Geh sanft mit ihren Schwächen um und bete um die Sicherheit, der Mann zu sein, den sie braucht. Hilf ihr, ihre einzigartige Stimme zu finden – eine Stimme, die für dich wie der Balsam von Gilead sein kann statt wie die traurige Stimme Evas an jenem Tag, als der Engel unsere ersten Eltern aus dem Garten verbannte, wo sie mit Gott gelebt und geredet hatten, wo sie zwei Individuen gewesen waren, die trotz ihrer Einzigartigkeit und Unterschiedlichkeit in vollkommener Nähe miteinander vereint gewesen waren.

7

WO SCHÖNHEIT ANFÄNGT

Wir Männer haben einen gottgegebenen Appetit auf Schönheit. Ebenso ist uns ein tiefes Verlangen angeboren, denselben Status wie die Männer zu erreichen, die wir am meisten respektieren. Diese beiden Neigungen – *Schönheit und Ehre* – sind die stärksten Antriebskräfte eines Mannes. Sie sind noch stärker als Sex, stärker als unser Wettbewerbsdrang, stärker als unsere Ängste und vielleicht sogar stärker als unser Überlebensinstinkt. Durch Schönheit und Ehre springen und blühen ganze Zivilisationen auf. Sie machen unser Leben aus.

Männer fühlen sich von Schönheit angezogen. Nebst der offensichtlichsten Attraktion für den Mann (man achte darauf, wo seine Augen hinschielen) ist er auch von großer Architektur beeindruckt sowie von der natürlichen Schönheit eines Canyons, einer Bergwildnis oder eines Sonnenuntergangs, der Symmetrie eines Vogel- oder Fischschwarms oder von der Unermesslichkeit des Universums. Wir lieben die schnittigen Linien eines Porsches, den klassischen Stil eines rostigen Ford Pick-ups, die Schönheit eines alten Schrägdaches und die unschuldigen Augen eines Kindes. Wir können von Kunst ergriffen oder vom Muster einer Schneeflocke und den exquisiten Farben und Formen in der Natur fasziniert sein. Wir haben Ehrfurcht vor allen Grenzen der Mikro- und Makrowelt, an die der Mensch bis jetzt gestoßen ist. Wir bewundern alte wie neue Schönheit und – haben wir sie erst einmal entdeckt – die unergründliche Schönheit der Liebe Gottes.

Unsere stärkste Anziehungskraft übt Liebe aus. Jede andere sowie jeglicher anderer Appetit sind bloß Ausdruck unseres Liebesverlangens. **Selbst wenn diese Eigenschaft in einem Mann durch Leid oder jahrelangen Missbrauch verunstaltet oder völlig verdeckt ist, selbst wenn er es nicht laut sagt oder sich selbst nicht eingestehen kann, bleibt die Suche nach Liebe doch der Kern seines Mannseins. Süchte und Perversionen sind bloß ein Beweis seines in die Irre gegangenen Verlangens.**

Ähnlich wie er von Schönheit angezogen wird, so strebt der Mann zeit seines Lebens auch nach Ruhm und Ehre. Vielleicht ist das die Folge von Eden. Vielleicht liegt es aber auch daran, dass wir nach dem Bilde Gottes geschaffen wurden. Oder beides.

Männer opfern ihr Leben für ihre Kinder, ihre Frauen, ihren Glauben, ihre Freunde und ihr Land. Im Dienst der Ehre führen Männer Kriege und bezahlen einen unermesslichen Preis dafür, dass andere weiter den Segen der Freiheit genießen können. Sie werfen ihren Körper auf Granaten an der Front, um ihren Kameraden das Leben zu retten; sie setzen sich großer Gefahr aus, um einem Kind das Leben zu retten; und wie die ganze Welt am 11. September 2001 sehen konnte, steigen sie in ein türmendes Flammenmeer, um das Leben fremder Menschen zu retten.

Der Wahrheit zuliebe haben sich Männer auf Scheiterhaufen binden lassen, statt ihren Glauben an Jesus Christus zu verleugnen. Zu den Geschichten christlicher Märtyrer gehört auch die des Niederländers Dirk Willems, der seinen Verfolger aus dem eisigen Wasser zog, in das er gefallen war, nur um daraufhin von demselben Mann gefangen genommen und schließlich für seinen Glauben getötet zu werden. Ein solcher Märtyrer zeigt, dass ein Männerherz ein Herz aus Gold sein kann, sofern es von Jesus Christus verwandelt worden ist. Tief in Dirk Willems lag ein Ehrgefühl, das sein Meister in ihn hineingelegt hatte und ihn zu einem Mann machte, dessen Geschichte noch Generationen später erzählt wird.

Schönheit und Ehre sind zwei der grundlegendsten und dynamischsten Elemente in der Architektur der Seele eines Mannes. Ein Junge ist schnell von Schönheit angezogen; Ehre hingegen muss er erst lernen. In einer gesunden Familie, in der sein Vater liebevoll mit seiner Frau umgeht, lernt ein Junge Schönheit zunächst durch die Mutter kennen. Der Respekt, den seine Mutter für ihren Mann hat, vermittelt ihm den ersten Eindruck von Ehre. Wenn er älter wird und lernt, dass das Leben ohne Ehre nicht lebenswert ist, braucht er sowohl Schönheit als auch Ehre. Beide müssen im Gleichgewicht sein, einander offenbarend, einander ihre Anmut gebend, wie ein Tanz von zwei Liebenden, die von den Armen des jeweils anderen umfangen sind.

Einige Männer sind ihr ganzes Leben auf der Jagd nach irgendetwas – nach Geld, nach schönen Frauen, nach Überlegenheit über andere Männer, nach den noch zu erklimmenden Bergen oder nach dem, was hätte sein können. Andere, die früh genug entdecken, dass sie ein größeres Ziel brauchen als nur ihr eigenes Ego, widmen ihr Leben Gott oder anderen Menschen, oder in

Demut Gott *und* anderen Menschen. Das ist gut. Doch hinter beidem, sowohl den selbstversonnenem als auch dem selbstlosen Streben, steckt die Suche nach Schönheit und Ehre. Sie sind wie innere Brennstoffzellen. Die Frage ist nur, ob diese Suche die richtige oder die falsche Richtung einschlägt.

Schönheit und Ehre müssen koexistieren, sonst sterben beide. Die Suche nach Schönheit nur um der Schönheit willen muss einen Mann zwar nicht gleich zur Pornografie verleiten, kann es aber. Die Suche nach Ehre nur um der Ehre willen muss einen Mann zwar nicht zu Missbrauch oder Gesetzlichkeit oder unnötiger Strenge führen, kann es aber. Wenn Gerechtigkeit und Frieden einander küssen, bilden sie ein lebensspendendes Paar, und in unserer Gleichung sind es die Sanftheit der Schönheit und die Kraft der Ehre, die zusammengenommen die gewünschte Summe ergeben. **Die Faszination für Schönheit bringt einen Mann dazu, den Körper einer Frau anzuschauen. Die Ehre eines Mannes bringt ihn dazu, ihr in die Augen zu schauen, wo er die Schönheit ihrer Seele findet.**

Warum hat Gott den Mann mit einem solch intensiven Verlangen nach Schönheit und mit einem gleich starken Verlangen nach Respekt und Ehre geschaffen?

Es liegt an der Güte Gottes. Wir wurden nämlich für eine andere Welt als die heutige geschaffen. Eine Welt, in der wir reine Schönheit erblicken können, in der vollkommene Leidenschaft – die denen vorbehalten ist, die reines Herzens sind – die Schönheit Gottes sehen kann. Wir werden eine Schönheit der absoluten, strahlenden Herrlichkeit Gottes beschauen können. Eine solche Schönheit, eine solche Herrlichkeit würde uns verzehren, könnten wir sie jetzt sehen, weshalb unser Sehvermögen jetzt noch beeinträchtigt ist. Wir schauen wie *„in einen Spiegel und sehen nur* *rätselhafte Umrisse".* Doch in Jesus haben wir seine Herrlichkeit geschaut, die Herrlichkeit des einzigen Sohnes vom Vater.** Jesus hat uns auf der Erde einen flüchtigen Blick auf etwas gewährt, was wir jetzt noch gar nicht richtig beschreiben können, was wir jedoch schon bald mit eigenen Augen sehen werden. Das, liebe Brüder, gibt Grund zur Hoffnung.

Zusammen mit David, dem großen König und Liederdichter Israels, beten wir: *„Eines habe ich vom Herrn erfragt, dieses erbitte ich: im Haus des Herrn zu wohnen alle Tage meines Lebens; die Schönheit des Herrn zu schauen und nachzusinnen in seinem Tempel."*** Wenn du nur eines von Gott erbitten könntest, wie wäre es dann, seine Schönheit zu schauen? Welche Schönheit haben wir noch nicht in Gott gesehen? Welche Schönheit lassen wir uns entgehen? Was ist diese Schönheit, nach der David sich so sehr sehnte? Was ist unser Erbe, von dem wir noch so wenig wissen? In unserer Zukunft erwartet uns eine Schönheit, die wir uns heute noch nicht einmal vorstellen können. Als wäre das noch nicht genug, werden uns auch noch ewige Würde und Respekt verliehen, die den Mitgliedern des Königshauses Gottes vorbehalten sind. Das ist der Grund, warum wir uns als Männer so sehr nach Ehre und Respekt sehnen. Gott hat vorgesehen, uns diesen Wunsch zu erfüllen, der so tief in unserem Herzen eingeprägt ist. Wir kennen diesen Wunsch nur zu gut, auch wenn wir selten darüber sprechen.

* 1. Korinther 13,12
** Johannes 1,14
*** Psalm 27,4 (angepasst ans Englische)

HOFFNUNG FÜR VISUELL LERNENDE

Ich kannte früher einen Mann namens Bob Benson, der so etwas wie ein Heiliger war. Er war jemand, der immer um Ehrlichkeit bemüht war. Sah er beispielsweise eine schöne Frau vorbeigehen, was öfters vorkam, tat er nicht so, als hätte er sie nicht gesehen oder als existiere sie nicht, sondern er pflegte zu sagen: „Ist Gott nicht gut?" Und das ist er.

Wir witzeln teilweise, dass Männer eben visuell Lernende sind und daher gar nicht anders können, als sich Frauen anzuschauen. Bis zu einem gewissen Grad stimmt das auch. Hinschauen ist normal, aber lustvolle Gedanken dabei zu haben, ist eine Sünde. Meine Frau ist da hilfreich. Statt das Offensichtliche zu ignorieren, merkt sie häufig selbst die Schönheit einer anderen Frau an. „Ist sie nicht hübsch?", sagt sie und hilft mir damit, das zuzugeben, was wir beide bereits wissen. Dann ist die Frau keine große Sache mehr – weder für mich noch für uns. Natürlich schätzt meine Frau es nicht, wenn meine Augen daraufhin noch lange bei der besagten Schönheit verweilen, daher bemühe ich mich auch, nicht zu lange hinzusehen.

Wenn es um Schönheit geht, sind Männer tatsächlich visuell Lernende. Doch wir sind noch viel mehr. Wir sehnen uns auch nach dem Geheimnisvollen, nach der Ehre einer würdigen Eroberung, nach Romantik, Freundschaft, tieferen Gesprächen, einem Lebenssinn und sinnvoller Arbeit und schließlich nach dem Himmel. Es ist traurig zu sehen, dass so viele Männer ihre Träume aufgeben. Noch trauriger aber ist, wie sie ihr Leben auf Träume richten, die genauso wenig Wert haben wie der Staub des Grabes.

Gott ruft Männer dazu auf, vom Staub und Tod ihrer Laster aufzustehen und *„Eichen der Gerechtigkeit"* zu werden, Männer, deren Asche ihres ausgebrannten Lebens durch eine neue

Schönheit ersetzt werden kann.* Er beruft junge Männer in ihrer Kraft, sich der erhabenen Vision hinzugeben, den Fußstapfen von Jesus Christus zu folgen. Er beruft ältere Männer, das Leben voll auszuschöpfen und wie ein Baum, dessen Blätter selbst im Alter nicht verwelken, Frucht zu bringen. Als Väter sollen sie die jüngeren Männer in einer Weisheit leiten, die sie durch viele Jahre der Nachfolge Jesu gelernt haben. **Gott wünscht sich eine tiefe Glaubensgemeinschaft, die vom Austausch brüderlicher Liebe geprägt ist, auf ein gemeinsames Ziel ausgerichtet, vereint im Geist.** Er möchte, dass wir unsere Familie, unsere Arbeit und unser Umfeld zu dem anleiten, was gut und richtig ist. Er möchte die schlafenden Männer wachrütteln, wie der Apostel Paulus in seinem Brief an die Christen in Ephesus schreibt, und sie von den Toten erwecken, damit Jesus in ihnen aufleuchten kann.**

SCHÖNHEIT BEGINNT ZU HAUSE

Bei Männern denkt man für gewöhnlich nicht in erster Linie an Hausmänner. In den meisten Kreisen stößt ein Hausmann nicht gerade auf positive Resonanz. Doch die Vorstellung, im wörtlichen Sinn ein Hausmann zu sein – jemand, der das Haus zu einem Ort macht, in dem sich Ehre und Schönheit vereinen und somit Leben schaffen –, ist mehr als nur einen flüchtigen Blick wert. Es mag ungewöhnlich klingen, doch ein Mann kann genauso viel wie seine Frau dazu beitragen, ein behagliches Zuhause zu schaffen. Das kann er, ohne dadurch seine Würde zu verlieren. Im Gegenteil, das Zuhause kann für ihn zu einer Quelle der Würde werden. Er kann darin seinen Platz finden und seine Stärke dadurch zeigen, dass er sich dienend beugt, ob andere es nun tun oder nicht.

* Jesaja 61,3
** Epheser 5,14

Männer, die denken, „Hausmänner" in diesem Sinne wären dazu verdonnert, sich um die Farben der Suppenschüsseln im Schrank zu kümmern, müssen umdenken. Vielmehr ist mit einem solchen „Hausmann" gemeint, dass er genauso viel zur Atmosphäre zu Hause beiträgt wie seine Frau. Die Quelle für ein erfülltes Leben zu Hause beginnt mit einer liebenden Familie, in der beide Eltern dazu beitragen, dass die eigenen vier Wände zu einem richtigen Zuhause werden. Dadurch werden sie zu neuen Menschen verwandelt, die eine neue Einheit bilden, was ein Bild dafür ist, das sie eines Tages im vollkommenen Reich Gottes sein werden.

Männer fallen leicht in zwei Extreme. Entweder schalten sie ganz ab, sagen nichts, tun nichts, sind nichts, oder sie greifen so plump ein, dass sie sich zu Hause als Diktator aufspielen. Beide Extreme entspringen Unsicherheiten oder Teilnahmslosigkeit. Doch nichts beschmutzt das eigene Nest so sehr wie Teilnahmslosigkeit. Nichts macht eine Familie unglücklicher als Männer, die sich als Kontrollfreaks aufspielen. Keins der beiden Extreme zapft den lebensspendenden Brunnen des Vaterseins an oder ehrt das Herz und die Leidenschaft der Mutter für das Wohlbefinden ihrer Familie. Wer diese Wahrheit verfehlt, der behält nicht viel übrig.

In Häusern, in denen sich Schönheit und Ehre die Hand reichen, herrscht eine Atomsphäre der Sorglosigkeit, Unbeschwertheit und Freundlichkeit. Das heißt nicht, dass es in solchen Familien keine Kämpfe gibt oder dass jeder Moment eines jeden Tages perfekt und wunderbar ist. Aber sie bieten sowohl Erwachsenen als auch Kindern ein sicheres Umfeld. Sie haben eine positive Ausstrahlung. Die Güte darin ist großzügig, attraktiv und zuvorkommend, und sie ist eine Einladung, Geschöpfe der Liebe zu

werden, die wir nie werden können, solange wir uns selbst überlassen sind.

Im Widerspruch zu gewissen Evolutionstheorien lieben Männer die Schönheit, die aus einem gesunden Zuhause strömt. Sie
wünschen sich diese Schönheit genauso wie Frauen, teilweise sogar noch mehr. Zwei Tage, nachdem Eliot Spitzer als Gouverneur
von New York zurücktrat, theoretisierte ein Psychologe in einer
TV-Morgensendung, dass das Herumtollen mit mehreren Sex-
partnern „wie im polygamen Tierreich" in unserer evolutionären
Entwicklung normal sei. Wir sollten uns nicht, so dieser Psychologe, dem Tierverhalten überlegen fühlen. Dass Spitzer auch
einen menschlichen Verstand besaß, war für diesen Psychologen
kein Beweis, dass die menschliche Ethik oder der menschliche In-
tellekt höher gestellt ist. Dabei war das, was der Gouverneur im
Laufe der Nachrichten eines einzigen Tages und angesichts des
ganzen Prostitutionsskandals verlor, die Realität, die er im Leben
am meisten wollte. Der Umstand, dass er aber über mehrere Jahre
hinweg an den falschen Stellen gesucht hat, zerstört nicht meine
These, dass das, was er sich am meisten wünschte, zu Hause auf
ihn wartete. Leider legte er Ehre und Schönheit beiseite für bloße
Spielereien, für Glitzer und Goldstaub, der sich im Licht auflöst.

Wenn ein Mann das verliert, was er als die Wärme und das
Willkommen des Zuhauses erlebt hat, die liebende Umarmung
seiner Frau, die fröhlichen Stimmen seiner Kinder, die Begrüßung
„Papa", das Lachen und die Klänge der Feier und Freude in Gegenwart seiner Freunde, dann weiß er, dass die wichtigste Schönheit, die Männer anzieht, die Schönheit des Zuhauses ist. Wenn
er es vorher noch nicht gewusst hat, dann weiß er es in dem Moment, indem er diese Schönheit verliert. Es ist diese Schönheit, in
der ein Mann die größte Befriedigung und Freude für sich findet.

Die Schönheit in den normalen Alltagsroutinen ist die Quelle alles Guten, das aus dem Leben eines Mannes fließt. Etwas Gegenteiliges zu denken, ist ein vorübergehendes – wenn auch mächtiges – Trugbild.

Sünde schafft Einsamkeit. Ich will damit nicht sagen, dass Einsamkeit Sünde ist oder dass alle Einsamkeit die Folge von Sünde ist. Aber damit das klar ist: Sünde führt zu Isolation, Trennung und Selbstbetrug, der an Blindheit grenzt. Es ist völlig vorhersagbar, was passiert, wenn ein Mann sich verläuft, aber die meisten Männer, die nach ihren eigenen Maßstäben leben wollen, denken, dass sie es entgegen aller Wahrscheinlichkeit schaffen werden. Dabei stehen die Erfolgschancen bei so gut wie Null.

Bei einer unserer „Dinner and Conversation"-Runden fragte ich die anwesenden Männer, wie sie sich ihr Zuhause in den nächsten zwanzig Jahren vorstellen. Das ist ein Gedanke, über den man selten etwas von Männern hört. Wir unterhielten uns mehrere Stunden darüber. Die denkwürdigste Antwort kam für mich von meinem Freund Gary. Er sagte, er wolle, dass sein Zuhause ein Ort sei, wo seine Enkel immer gerne zu Besuch kämen, wo sie sich darauf freuten, Opa zu sehen. Dann aber kam sein Hauptpunkt: „Ich möchte auch, dass mein Zuhause mehr wie eine Kirche ist, oder mehr wie die Kirche eigentlich sein sollte." Damit meinte er, dass unser Zuhause ein heiliger Ort sein sollte, ein Ort, an dem Tränen frei fließen dürfen, ein Ort des Vertrauens, der Feier und Freude, ein Ort, an dem ganz gewöhnliches Brot und gewöhnlicher Wein heilig sind.

Das Zuhause sollte ein Ort sein, an dem Kinder sicher sind, wo Gott sich zu uns an den Tisch setzt, weil er gerne mit uns zusammen ist und wir gerne mit ihm zusammen sind. Das ist nicht weit hergeholt, wenn wir den Worten Jesu glauben: *„Siehe, ich stehe* *vor der Tür und klopfe an. Wenn einer meine Stimme hört und die Tür öffnet, bei dem werde ich eintreten und Mahl mit ihm halten und er mit mir."**

Ich kann dir sagen, Gott ist zu uns nach Hause gekommen. Er kam durch unsere Haustür hereinspaziert, hat sich zu uns an den Tisch gesetzt und mit uns gegessen. Haben wir ihn gesehen? Nein. Aber mit der Zeit haben wir seine Gegenwart erkannt. Wir haben die königliche Schönheit und prächtige Ehre gesehen, die er unserem Haus gebracht hat. Er hat uns Lachen und Geschenke der Freude gebracht, die wir von uns aus nicht hatten. Auch hat er uns einige seiner Tränen gebracht, damit wir sie mit ihm teilen können. Bevor er kam, wussten wir nicht, dass er weint oder warum. Jetzt wissen wir es. Viele Freunde haben uns erzählt, dass sie diese Eigenschaften in unserem Zuhause vorfinden, und wir wissen, dass sie nicht da waren, bevor *er* sich zu uns gesellte. Es muss also stimmen, denn unsere Freunde sind keine Lügner, und wir haben sie nicht aufgefordert, so etwas über unser Zuhause zu sagen.

Das nächste Mal, wenn er an deine Tür klopft, bitte ihn herein. Er ist keine Person mit selektivem Essverhalten. Sag ihm, dass du von uns gehört hast. Wenn du Schönheit und Ehre aus nächster Nähe erleben willst, gib ihm eine Chance. Er hat es in sich. Ich hoffe, dass er schon bald bei dir vorbeischaut.

---

* Offenbarung 3,20

8

LEID.
DIE HAND, DIE UNS FORMT

In den Tagen, in denen umherziehende Gelegenheitsarbeiter – sogenannte *Hobos* – über die Landwege strichen, auf der Suche nach einem freundlichen Farmhaus und einer Veranda hinter der Küche, wo sie sich hinsetzen konnten, um eine warme Mahlzeit und ein freundliches Wort zu erhalten, schickte meine Mutter sie nie weg. Meine erste Erinnerung daran ist, wie ich mich unter dem Küchentisch versteckte und dem fremden Mann beim Essen zusah, bis er sich wieder auf den Weg machte. Mama sagte mir, ich solle keine Angst haben. Er sei ein netter Mann, sehr freundlich, nur eben hungrig. Mit meinen drei Jahren wusste ich noch nicht, was richtiger Hunger überhaupt war. **Genauso wenig verstand ich, dass Liebe ein „Verb" ist, durch das sich der christliche Glaube praktisch ausdrückt.** Mama sagte mir, dass diese Fremden Engel Gottes sein könnten, die Gott uns schickt, um uns zu segnen. Wer weiß? Vielleicht waren sie das ja wirklich.

In unserem Haus tummelten sich ständig hungrige Menschen. Meine Mutter und mein Vater gaben ihnen nicht nur stets etwas zu essen, sondern schenkten ihnen auch Aufmerksamkeit. Das war einer ihrer Ausdrücke christlicher Nächstenliebe. Im Laufe der Jahre saßen buchstäblich Tausende von Menschen aus der ganzen Welt am Tisch meiner Eltern: Botschafter aus Pakistan und Afrika; Farmhelfer aus Washington; Obdachlose; von Sorgen geplagte Nachbarn; witzige Touristen aus New York und Boston; Missionare aus Costa Rica; ein palästinensischer Student aus Bethlehem, der vermutlich ein entfernter Verwandter von Josef dem Zimmermann war; Kinder, die eigentlich in der gleichen Straße wohnten, aber beschlossen hatten, mal hier und dort hereinzuschneien; eine von Problemen geschüttelte Tante, die bei uns unterkam; etliche amische und mennonitische Verwandte und Pflegekinder, die aufwuchsen, ohne ihre Eltern zu kennen. Ich kann mich an kein Abendessen erinnern, an dessen Anschluss es kein Lied oder einige Verse gab, die die versammelte Familiengemeinschaft gemeinsam zum Besten gab.

Die Gästebücher meiner Eltern erstrecken sich über fünf Jahrzehnte und geben einen kleinen Einblick in die Geschichten all derer, die ein Stück ihres Lebens mit uns geteilt haben. Der erste Eintrag stammt von einem Besucher aus Äthiopien; der dritte von jemandem aus den Niederlanden. Wie diese Menschen alle an unseren Tisch gelangten, weiß ich auch nicht, aber früh verstand ich, dass die Welt eine globale Nachbarschaft mit einem gemeinsamen Bedürfnis nach Liebe, Gemeinschaft, Verständnis, Freundlichkeit und Feier ist. Mein Vater – trotz seiner nur acht Schuljahre ein brillanter Mann – hieß Menschen jeder Art und Hautfarbe in unserem Zuhause willkommen, und er war beflissen, von jedem etwas Neues zu lernen.

Das war die Lektion, die ich am Tisch meiner Eltern lernte: dass jeder Mensch in sich einen Wert hat, weil Gott ihn liebt. Weder hohe Positionen noch zerbrochene Lebensumstände änderten etwas an der Liebe, die meine Eltern jedem dieser Menschen erwiesen. Die einspurigen, unbefestigten Straßen, die sich an unserer Farm kreuzten und für Kutschen und Farmgeräte verwendet wurden, wiesen auf Dörfer und Städte in der ganzen Welt hin. Unser Esstisch war in einem kleinen Umfang der Mittelpunkt der Welt, das Herz unserer Existenz.

SÖHNE DES LEIDS

Vielleicht war ich verrückt und litt an einer Art selbst zugefügtem Rinderwahn (schließlich waren wir ja Milchbauern), aber einmal bat ich Gott, er möge mir erlauben, das Leid meiner Glaubensbrüder am eigenen Leib zu spüren, damit ich sie besser verstehen und ihnen besser in ihrem Schmerz zur Seite stehen könnte. Ich weiß nicht, ob dieser Impuls von meiner Begegnung mit einem der Wüstenfarmer in einer Mondscheinnacht herrührte oder von dem Gedanken, dass Jesus uns durch unerträglichen Schmerz etwas über Liebe zeigen will, oder von meinem Sträuben gegen ein oberflächliches Leben – oder von all diesem. Vielleicht wollte ich damit auch das nachahmen, was ich mein Leben lang bei meinen Eltern beobachtet hatte, oder es war die Antwort auf eins der vielen Gebete, die meine Mutter für ihren jungen und arroganten Sohn flüsterte. Was auch immer die Ursache war, ich wollte den Männern in meinem Umfeld mehr bieten als nur Worte. Ich wollte echte Weisheit und Einsicht gewinnen und mehr sagen können als bloß „Es tut mir leid", wenn die Welt anderer Männer zerbrach. Mein Gebet muss im Einklang mit Gottes Willen gewesen sein. Es war jedenfalls ein Gebet, das er erhörte, denn schon bald darauf brach die Hölle aus – so sehr, dass ich mich fragte, ob alle Gebete die Kraft haben, die Hölle aufzutun.

Ob es klug ist, so etwas zu beten, bleibt zu bezweifeln, besonders wenn man sowieso schon Angst vor Gott hat. Was ich jedoch dadurch erfuhr, war ein Leben auf einer tieferen Ebene, als ich es bis dahin gekannt hatte. In den Augen und Gesichtern von Freunden das unaussprechbare Leid ihrer Seele zu sehen, die Geschichten ihres Verlusts auf neue Weise zu hören, heißt, menschlicher zu werden. In diesen Söhnen des Leids habe ich Glaubensbrüder gefunden, die vorher noch nie ein Wort über ihre Unsicherheiten, Misshandlungen, Misserfolge oder ihren Groll geäußert hatten, die in der Gegenwart eines Freundes jedoch bereit waren, zum ersten Mal darüber zu sprechen. Ich habe entdeckt, wie schwer es Männern fällt, tiefe Freude auszudrücken oder es zu schaffen, dass sich ihre Seele mit Schönheit und Wahrheit verbindet. Durch diese Gespräche kam ich auch meinen eigenen Leiden näher und wurde mir meiner Unzulänglichkeit stärker bewusst, Liebe zu geben und Liebe zu empfangen, oder zu glauben, dass ich unabhängig von meinem Verhalten immer von unserem Vater geliebt bin. **Mein perfektes Selbstbild, das ich so sehr liebte, bekam Risse, bis ich ganz nackt in der Gegenwart Gottes stand.**

So etwas kann passieren, wenn man sich auf die Wahrheit einlässt. Nackt in der Gegenwart Gottes zu stehen, ist eine Sache, die ich erst lernte, als ich meine Angst überwand und zuließ, dass auch meine eigenen Unvollkommenheiten bloßgelegt wurden. Ich hatte von nackter Ehrlichkeit zum ersten Mal in einer Atmosphäre der Schuld und Scham gehört. Es war eine bizarre Vorstellung, die mir Angst einjagte. Ich fühlte mich so ähnlich, wie Adam sich wohl im Garten Eden gefühlt haben muss, als er sich ohne

Hose zu seiner ersten geistlichen Obduktion nach dem Sündenfall vor Gott hinstellen musste. Wie soll ein überaus toter Mann einem überaus lebendigen Gott entgegentreten? Die meisten von uns stolzieren hinter ihren Party-Masken einher oder arbeiten noch fleißiger, in der Hoffnung, dass Gott den Mann neben ihren herauspickt und sie noch einmal unbemerkt davonkommen. Wir hoffen, dass wir die Kurve kriegen, ehe wir an der Reihe sind. Doch wenn ein Mann zum ersten Mal unbekleidet vor Gott steht, wenn er nichts mehr verbirgt und erkennt, dass er trotzdem sicher in Gottes Gegenwart ist, dann schafft das zum ersten Mal in seinem Leben das Gefühl, dass er in der Gegenwart eines anderen ganz gekleidet ist: dass er so, wie er ist, angenommen wird.

Es gibt Leiden und Verluste, für die die Worte fehlen. Ein tiefes Stöhnen, das keine Sprache findet. Ich habe noch nie von einem Mann gehört, der an sein Lebensende gekommen ist, ohne dieses Stöhnen kennengelernt zu haben. Wenige Männer verstehen das, während sie noch jung sind, und ich kannte in meiner Jugend niemanden, der sich bewusst auf diese Lebensphase vorbereitete. Ich verstand noch nicht die Verbindung zwischen Leid und Realität.

Oft entstehen unsere unaussprechbaren Leiden durch einen Todesfall oder durch schwierige oder zerrüttete Beziehungen zu Kindern, Eltern, dem Ehepartner oder Freunden. Sie entstehen gerade durch jene „Beziehungs-Nebenflüsse", die Gott eigentlich dafür gedacht hat, uns Leben zu spenden. Doch da, wo erfrischende Ströme lebendigen Wasser fließen sollten, gibt es stattdessen den überwältigenden Gestank stehenden Sumpfwassers, in dem wir zu ertrinken drohen. Wenn Leid und Schwierigkeiten so traurig, so schmerzhaft, so endlos werden, wollen wir wissen:

Wie um alles in der Welt will Gott diesen stinkigen Sumpf noch so wenden, dass „*alles zum Guten dient*"?*

Vielleicht wird dir das Folgende helfen, so wie es mir geholfen hat, nicht nur zu glauben, sondern zu verstehen und zu sehen. Nicht nur zu sehen, sondern zu vertrauen. Nicht nur zu vertrauen, sondern dich an die Hoffnung zu klammern und durch sie getröstet zu werden, denn mit dieser Hoffnung wirst du nicht enttäuscht werden.

DER WERT VON NOT

Der Blues gehört zur schönsten Musik der Welt. Schwermütige, verlorene, ehrliche, schmerzhafte und hart erkämpfte Licks und Riffs feiern die Trauer und kleinen Freuden des Lebens. Einen Kuss von meiner Lieben. Eine heiße Tasse Kaffee. Die Schlussglocke am Ende eines langen, schwülen Tages. Teilnehmer heutiger Castingshows sind meist noch viel zu jung, um den Blues richtig singen zu können. Ich bevorzuge eher jemanden wie Mississippi John, einen amerikanischen Musiker, der Zeit seines Lebens in Armut lebte. Seine Musik gewann erst nach seinem Tod an Popularität, und nur durch einen Glücksfall wurde seine Musik überhaupt aufgenommen. Er war ein alter Mann, der in seinem Schaukelstuhl auf einer heruntergekommenen Veranda saß und die Lieder seiner Seele sang, während ihm die Bude über dem Kopf zusammenfiel.

Ohne den Blues, der am Ende eines weiteren harten Tages vom sanften Abendwind die Straße entlanggetragen wird, hätten sich bestimmt viel mehr Männer den Strick genommen. **Die Seele weiß, dass sie singen muss, wenn sie leben will.** Hör dir den Blues

* Römer 8,28

mal aufmerksam an. Er fängt sowohl Trauer als auch Freude ein. Der Blues hat Lieder, die das Leben feiern. Er stimmt Klagelieder an, ruft aber gleichzeitig auch zum Tanzen auf. Er vermischt die Musik unseres Schöpfers mit unserem eigenen Lied, geschrieben in unserem Herzen – eine Melodie tief in unserem Innern, die nur wir singen können. Einige Männer singen nie ihr Lied. Einige singen nur die Lieder anderer und einige singen überhaupt nicht.

Frag andere mal nach den schwierigsten Situationen, die sie durchlebt haben, dann wirst du Geschichten hören, die dir den Atem verschlagen. Geschichten, die in Schwäche, Versagen, Leid und Trauer gewoben sind. Die angeschlagenen Überlebenden wissen oft selbst nicht, wie sie es geschafft haben, diese zerstörerischen Stürme zu überstehen. Sie wissen oft selbst nicht, wie sie wieder Leben finden konnten, nachdem sie so vom Leid in Mitleidenschaft gezogen worden waren. Vielleicht gab ihnen ein Wort oder die Berührung eines Freundes Kraft. Es gab irgendetwas, was einen Funken Hoffnung in ihnen erzeugte, so klein, dass er fast unsichtbar war. Dieser Funke blieb in irgendeinem Winkel ihres gebrochenen Herzens und konnte selbst durch die Finsternis, durch die Verzweiflung oder den Teufel der schwarzen Nacht nicht ausgelöscht werden.

Was haben Männer aus ihren Nöten gelernt? Die Frage interessiert mich. Übertrifft der Wert von dem, was sie gelernt haben, die Kosten des Leids? Einige wissen das nicht, aber keiner sagt, dass er diese Erlebnisse noch einmal erleben möchte. Gleichzeitig sagen die allermeisten Männer, denen ich diese Frage gestellt habe, allerdings auch, dass sie nicht verlieren wollen, was sie durch schwierige Erlebnisse gewonnen haben.

In dieser Hinsicht kann wahre Geistlichkeit kontraintuitiv sein. Eines Sommerabends hielt eine liebe Familie in unserer

Nachbarschaft eine Totenwache für ihren 21-jährigen Sohn, dessen tragischer Tod keinen Sinn ergab, während zwei Türen weiter ausgelassene Frauen eine Feier für eine junge Braut schmissen. Salomo schrieb: *„Geh lieber in ein Haus, wo man trauert, als dorthin, wo gefeiert wird."** Wenn so ein Haus wirklich vorzuziehen ist, was können wir dann von Trauer lernen? Was sagt uns die Trauer, während sie unser bis dahin vielleicht relativ geordnetes Leben in kleine Stücke zerbricht? Was will uns die Trauer lehren, die entsteht, wenn man mit Scheidung, Selbstmord, Krebs, finanziellem Ruin, Tod oder gebrochenen Beziehungen konfrontiert wird? Bildet Trauer eine Art Schutz vor etwas Schlimmerem? Kann Traurigkeit ein Frühwarnsystem sein? Kann Trauer ein Tor zu einem sonst unerreichbaren Frieden sein, ein versteckter Eingang zu etwas Besserem? Auf diese Fragen gibt es keine leichten Antworten.

Damit uns unser Schmerz nicht ganz die Kräfte raubt, tun wir fast alles, um das volle Gewicht unseres Leidens zu vermeiden. Wir nehmen Medikamente, wir ziehen uns zurück, wir schaffen ausgeklügelte Lügen, begehen emotionalen Missbrauch oder denken uns plausible Gegenerklärungen aus, um irgendwie mit der schwierigen Lage zurechtzukommen. Schon bald entwickeln solche Manipulationen ein Eigenleben. Da bin ich mir ganz sicher.

Starken seelischen Schmerz in anderen zu sehen, bereitet steifen Menschen, die noch keinen ehrlichen Umgang mit ihrem eigenen Schmerz gelernt haben, Unbehagen. Es gibt sogar eine pietistische Strömung, in der es als Sünde gilt, aufgrund seelischer Schmerzen Gefühle der Verletzung zu haben. Die Bibel ist da ganz anders. Sie verurteilt Schmerzensschreie nicht. Ich habe

---

* Prediger 7,2

in meinem Leben immer wieder mit Menschen zu tun gehabt, die diesen Aspekt des Menschseins leugnen wollen. Du bestimmt auch. Diese Menschen spezialisieren sich gewöhnlich auf religiöse Überlegenheit und verhüllten Missbrauch. Ihr Gesellschaftsspiel heißt „Stolz" und sie sprechen von Demut, ohne sie gelernt zu haben. Sie tun so, als stünden sie über dem, was normale Menschen betrifft. Sie können sich nicht dazu herablassen, Mitgefühl mit dem Schmerz anderer zu haben. Das sind Menschen, die behaupten, alles sei in Ordnung bei ihnen, obwohl in Wirklichkeit fast nichts in Ordnung ist. Nimm dich vor Leuten in Acht, die sich als Problemlöser und religiöse „Polizei" ausgeben. Sie tragen Kreuze als Wahrzeichen und die Bibel als Waffe gegen ihre Glaubensgeschwister, ohne zu wissen, dass sie ihr eigenes Kreuz auf sich nehmen müssen. Pass auf, dass du selbst nicht so jemand bist. Denn es gibt kein Entrinnen aus dem letztendlichen Paradox des Lebens.

Reaktionen auf Schmerz und Trauer können unfreiwillig sein, wie ein Niesen oder ein Schreien. Kinder reagieren schnell auf Schmerz. Erwachsene – wenn es überhaupt wirkliche Erwachsene gibt – reagieren oft nicht ganz so schnell. Unsere Reaktionen sind kalkulierter. Wir befürchten, dass die Trauer in unserem Herzen, wenn wie sie nicht bändigen, zu einem riesigen Ungeheuer heranwachsen kann, das all unsere Lieder zum Verstummen bringt und nur noch ein Heulen in der Nacht hinterlässt. Vor diesem „Lied" haben wir Angst: vor unserem eigenen Weinen und vor dem traurigen Stöhnen und Schreien anderer. Lieber zerschlagen wir den dynamischen Tonumfang der Melodie, die in unserem Leben geschrieben wird, damit wir unser angeschlagenes Spiegelbild nicht sehen und unsere gebrochenen Melodien nicht hören müssen – unsere Wehklagen, die wir singen müssen, bevor sich unsere Stimmen mit dem herrlichen Lied des großen Tanzes verbinden können.

Der „Mann voller Schmerzen" will in uns im gesamten dynamischen Tonumfang unseres Leids leben. Es ist Mensch geworden und hat unter uns gelebt, um uns freizusetzen, ja, aber nicht, damit wir verleugnen, wer wir sind. Die breite Dynamik der Ehrlichkeit und Wahrheit ist der einzige Ort, der genug Raum für den voll geformten Christus hat. Sonst muss er zur Seite treten, außerhalb unseres Schmerzes. In dem Fall kann er uns zwar vielleicht immer noch einen gewissen Trost spenden, indem er uns eine freundliche Hand auf die Schulter legt, aber dann kann er nicht im Zentrum unserer schmerzhaften Existenz leben. Letzteres geht nur, indem wir das Leben in seiner ganzen Bandbreite bejahen.

Wir sind schwächer, als wir denken. Uns selbst überlassen werden wir von unseren Sorgen und Nöten heruntergezogen. Die Stille von uns Männern beschränkt uns; unsere Müdigkeit bringt uns zum Stillstand. Überwältigt von unserer Not werden wir leichte Beute. Freude, die Kraft und Schutz gibt, geht vor die Hunde. Deshalb müssen wir lernen, Jesus in unseren Schmerz, in unser Leid, in unsere Sorgen und Nöte einzuladen, so wie er uns in seinen Schmerz einlädt. Er ist mit unserem Schmerz verbunden und unser Schmerz ist mit ihm verbunden. In unserem Heulen und Schreien wird er gegenwärtig, leibhaftig, Immanuel, *„Gott mit uns"*; und wir werden gegenwärtig in seinen Schreien, seinen Gebeten, seinen Tränen und seiner Einsamkeit in Gethsemane, dem Ort auf der Erde, der am ehesten die Qual eines jeden gebrochenen Herzens verkörpert. Er möchte, dass wir uns nach der Gemeinschaft seines Leidens sehnen, weil wir bereits *in* seinem Leiden gegenwärtig sind. In seinem Leiden finden wir unsere eigene Individualität, unsere Menschlichkeit, uns selbst. Dort stoßen wir auf den „Gott allen Trostes." Dort finden wir unsere unsterbliche Identität. Dort wird sie erhalten und erfüllt. Leid zieht uns zu Gott, selbst dann noch, wenn uns nichts anderes zieht. Im Leid erleben wir ihn als Freund.

Der Autor Robert Benson macht dazu eine brillante Feststellung: „Jedes Mal, wenn ich Gott suche, finde ich mich selbst."* Gott ist der Einzige, der uns unser wahres Ich geben kann. **Durch Trauer und Schmerz werden wir Jesus in seinem Tod gleich, und dadurch bekommen wir auch das Auferstehungsleben, das wir auf keinem anderen Weg empfangen können.** Wir sollten Trost darin finden, dass er *„ein Mann voller Schmerzen, mit Krankheit vertraut"* ist, denn das sind wir auch.** Solange wir es nicht besser wissen, verstecken wir unser wahres Gesicht vor ihm. Doch wenn wir beten: *„Dein Wille geschehe",**** dann geben wir dem heiligen Gott die Gelegenheit, das Unheilige in uns wieder in sein Bild zu verwandeln. Wir sollten Gott nicht wie ein Kind oder einen Diener behandeln, sondern ihn bitten, sein Werk zu vollenden. Wir respektieren die Entscheidungen, die er für seine Schöpfung trifft. Wir sagen, dass der Vater es am besten weiß. Das Gebet *„Dein Wille geschehe"* bildet einen kurzen Moment, indem wir bei Verstand sind und Gott bitten, sich über die vielen Momente in unserem Leben hinwegzusetzen, in denen wir nicht bei Verstand sind. Es gibt Momente, in denen wir das nicht beten können, vielleicht auch Momente, in denen wir überhaupt nicht beten können. Deswegen bitten wir Gott, unser Gebet zu erhören, dass sein Wille geschehe, und all die anderen Gebete zu ignorieren,

---

* Aus einem persönlichen Gespräch mit Robert Benson, Autor von *The Echo Within*.
** Jesaja 53,4
*** Matthäus 6,10

die wir möglicherweise in unserem Schmerz, Leid oder unserem mangelnden Verstand beten und die seinem heiligen Willen widersprechen, jetzt oder in Zukunft. Das Gebet des Vaterunsers zeichnet uns als Männer aus, die nicht auf ihren eigenen Vorteil bedacht sind, sondern in der Gewissheit ruhen, dass Gott nur das mit ihnen tut, was wirklich gut ist. Das ist keine Theorie. Das ist kein Mythos. Das ist die gelebte Realität, in der wir erfahren können, dass Gott seine Familie liebt, sich um sie kümmert und darauf achtet, dass wir an dem Bestimmungsort ankommen, für den er uns geschaffen hat. Auf uns allein gestellt kommen wir an diesem Ort nie an.

In der Nachfolge des Leidens Jesu finden wir wahre Freundschaft, eine authentische Trauer und einen zuverlässigen Trost. Auch wenn unsere eigentliche Heimat nicht auf dieser Erde ist, kommt eine solche geistliche Freundschaft unserer wahren Heimat doch am nächsten. Sie ist die Tür zur Freude und zum Frieden. Auch das ist kontraintuitiv, ein weiteres Paradox des Reiches Gottes. Doch wenn wir das zusammen mit unseren Glaubensbrüdern erst einmal persönlich erlebt haben und wiederhergestellt werden, wird Jesus nie wieder eine Abstraktion für uns sein.

Eines Abends beim Essen mit zwei Freunden dämmerte es mir, dass ich meine Glaubensbrüder genauso einfach einladen kann, an meinem Leid teilzuhaben, wie ich Jesus durch ein Gebet dazu einlade. Also erzählte ich meinen beiden Freunden ehrlich von den Schwierigkeiten, die mir damals ein anderer Mann bereitete. Ich „beichtete", und diese beiden „Priester", die ich seit über dreißig Jahren kannte, antworteten mir wie weise, alte Propheten, die von Gott gesandt waren.

„Versuch nicht, das rein intellektuell zu handhaben", sagten sie. „Du musst diesen Mann, der dich verletzt, einfach nur lieben.

An seine Vernunft kannst du nicht unbedingt appellieren, aber der Liebe wird er nicht widerstehen können."

In meinen Ohren klangen ihre Stimmen wie die Stimme von Jesus. Die Einsicht, die sie mir gaben, der Friede, den sie in meinen Konflikt brachten, die Unterweisung, die sie für mein Leben boten, der Zufluchtsort, den ihre Freundlichkeit mir gewährte, das Brot, das wir brachen und der Wein, den wir teilten – diese Geschenke wurden zum Tisch der Gegenwart Gottes. Jesus, der durch diese lieben Glaubensbrüder gegenwärtig war, gab meiner erschöpften Seele neue Kraft und unterstrich die Lebensgeschichte, die er durch mein Leben erzählt. Jenes Gespräch bleibt in meiner Erinnerung als die Nacht, in der meine Sorgen und Nöte zu tanzen begannen, in der meine Theorien über Gemeinschaft und Leid und Brüder im Glauben miteinander verschmolzen und zu einer Feier der Freundschaft und des Lebens wurden.

LIEBE GIBT EINEM MEHR, ALS SIE VON EINEM FORDERT

Auch wenn Leiden und Freuden nur selten getrennt voneinander existieren, ist das theoretisch möglich. Wahrheit und Freiheit sind hingegen unzertrennlich. Das ist ein Gesetz Gottes. Freiheit ohne Wahrheit versklavt ganz schnell den Willen, den man für so frei und gut hielt. Dann wird er zum Spielball von Trugbildern und die Freiheit ist futsch. Anders herum kann man andere Menschen nicht auf die Dauer mithilfe von Wahrheit knechten, sonst gibt es bald eine Revolution. Die Geschichte von Diktatoren, Gesetzesfanatikern und Kontrollfreaks zeigt, dass etwas tief in ihrem Innern Angst vor der Vereinigung von Wahrheit und Freiheit hat. Es ist eine Angst vor Liebe. Es ist eine Angst davor, ihren Besitz vollends zu verlieren, den sie unrechtmäßig an sich gerissen haben.

Freiheit ermuntert zur Wahrheit; Wahrheit erzeugt Freiheit; Wahrheit und Freiheit zerschlagen Trugbilder. Leiden und Freude liefern das Lied, durch das wir unsere Freiheit und die Genüsse des Lebens feiern können.

Als Jesus sich selbst zum Weg, zur Wahrheit und zum Leben erklärte, da stellte er sich gegen alle Lügen, alle Manipulation, allen Tod, alle Komplotte und Intrigen, allen Betrug und alle religiösen Geister.* Er zerschlägt jedes Bollwerk des Bösen. Er ist die exakte Verkörperung seines Vaters, was bedeutet, dass ihm nichts gleichkommt. Keiner seiner Pläne kann durchkreuzt werden. Keiner kommt an ihm vorbei, denn er ist der Weg. Er ist die Tür, und nur durch ihn findet man Leben. Alle, die ins Leben eintreten, müssen sich vor ihm beugen und Buße tun. Niemand, der sich in Demut und Leid vor ihm gebeugt hat, ist je abgewiesen worden. Vor jedem Mann steht ein Kreuz – das nackte, heilige Kreuz Christi –, und jeder Mann muss sich diesem Kreuz stellen, wenn er Jesus begegnen will.

Für ihn genauso wie für uns ist das Kreuz ein Ort großen Leids. An diesem Ort opferte er sein Leben, seine Größe und die Gegenwart seines Vaters. An diesem Kreuz entleerte er sich und verzichtete uns zuliebe auf jedes Recht. Wenn wir zum Kreuz kommen, tun wir dasselbe. Wir geben unseren Ruf auf, unseren eigenen Weg, unsere Rebellion, unsere Masken, unser falsches Ich und das bisschen Größe, das wir angesammelt haben. Vor allem aber geben wir unseren verdrehten Willen auf, damit er durch etwas Neues ersetzt werden kann.

Solange wir das nicht tun, können wir auch nicht erleben, wie groß und befriedigend dieser Tausch ist. Das Kreuz ist die

---

* Johannes 14,6

rechtliche Verfügung für Freude. Liebe gibt uns immer mehr zurück, als sie von uns fordert. Die reine Liebe des Vaters fordert von uns, dass wir unser kostbares Eigentum aufgeben, damit er uns unser üppiges Erbe geben kann. Dieses Erbe ist vor allem die Gegenwart des auferstandenen Jesus in unserem täglichen Leben, aber zweitens – und das ist genauso wichtig, weil wir nicht von seiner Güte getrennt werden können – ist es die Gegenwart von Glaubensbrüdern, von Männern, die ihr Erbe empfangen haben und befreit worden sind. Das macht den christlichen Glauben zu etwas Praktischem, Feierlichem und Wahrem. Alle anderen Segnungen fließen zu und durch uns, weil Jesus lebt und uns hier und jetzt liebt.

TÄGLICHES BROT FÜR TÄGLICHES LEID

Wie viele Männer kennst du, die voller Freude sind? Kennst du überhaupt welche? Jesus sagte, er wolle uns mit seiner Freude erfüllen, damit unsere Freude dadurch vollkommen werde.* Aber wenn ich mir unsere Gemeinden anschaue, dann denke ich häufig eher nicht an Freude. Das ist ein Grund, warum ich so viel über das Feiern spreche, darüber, das tägliche Brot in unsere täglichen Routinen zu bringen und daraus ein Fest und eine Freude zu machen. Nachdem wir ohne Zweifel wissen, dass wir von Gott geliebt sind, ist mehr Freude das größte Bedürfnis von Männern, denn unsere Ängste und Leiden haben uns kalt werden lassen. Ich habe Christen schon öfters sagen hören, dass es einen Unterschied zwischen oberflächlichem Glück und wirklicher Freude gibt. Gott, so heißt es, möchte nicht bloß, dass wir „happy" sind, sondern tiefe Freude haben. Schön und gut. Aber zum Teil ist das

---

* Johannes 15,11

zu einer Ausrede geworden, warum viele Christen solche Miesepeter sind, denen man kaum etwas recht machen kann. Wir haben aus dem geistlichen Leben etwas Mieses gemacht, als befänden wir uns in einem Scheidungsverfahren mit Gott. Poeten und Songschreiber wissen, dass es leichter ist, etwas Trauriges und Dunkles zu schreiben, als Schönheit zu schaffen, die von Freude erfüllt ist. Vielleicht liegt das daran, dass unser Leiden so konkret, so greifbar, so gegenwärtig ist, während Freude schwer einzufangen ist. Männer, denke ich, neigen dazu, in ihrem Leid festzuhängen, statt aus dem „Tal der Todesschatten" auch wieder herauszukommen.

Mit Mitte zwanzig verirrte ich mich wie sich nur ein junger Mann verirren kann, der sich in einer fremden Stadt mit wenigen Freunden und zu viel Einsamkeit wiederfindet. Eines Morgens, nach einer traurigen und nicht erfüllenden Nacht in den Armen eines One-Night-Stands, fuhr ich zur Arbeit und Tränen liefen mir das Gesicht hinab. Ich konnte kaum die Straße sehen. Ich war verzweifelt und flehte Gott an, mir zu helfen. In dem Moment, als ich ihn um Hilfe bat, flog ein wunderschöner Blaukehl-Hüttensänger gegen meine Windschutzscheibe und fiel tot auf die Straße. Hüttensänger waren schon immer meine Lieblingsvögel, meine kleinen Freunde im Vogelreich. Ich bin zu farbenblind, um auch nur die Hälfte der Kardinäle im Wald zu sehen, aber die strahlenden Farben des Blaukehl-Hüttensängers sind mir schon immer ins Auge gefallen. Als ich an jenem Morgen zu Gott schrie und den Bruchteil einer Sekunde später mein wunderschöner kleiner Freund gegen mein Auto prallte, heulte ich: „Gott, warum? Warum hast du diesen kleinen unschuldigen Vogel sterben lassen?" In dem Moment hörte ich in meinen Gedanken: *Jedes Mal, wenn du sündigst, stirbt etwas Schönes und singt nicht mehr.*

Wenn das stimmt, finde ich es erstaunlich, wie viel Tod sich ereignet, während ein Mann zu leben lernt, und doch kann der Funke der Auferstehung das Gestorbene wieder zum Leben erwecken, unabhängig von den Umständen. Mein Vater sagte mir oft, es gäbe *„dead men walking"* – Männer, die wie tot durchs Leben liefen, die ihr Herz verloren hätten, weil sie es Stück für Stück an Dinge hängten, die Männer töteten. Es ist leicht, dass bei Dingen zu sehen, die wir für große moralische Versagen halten, aber genauso gilt es für den vielen kleinen Müll, den wir als normalen Teil unseres Charakters oder unserer Persönlichkeit ansehen. Ob man sein Leben nun über einen längeren Zeitraum Stück für Stück aufgibt oder in einem einzigen Moment großen moralischen Versagens, beides tötet das Lied des Herzens, selbst wenn es langsam stirbt. Unser Herz tötet uns, es sei denn, wir haben ein Heilmittel.

Bei der Beerdigung meiner Mutter fragte ihr Pastor die nahezu fünfhundert Gäste, wie viele von ihnen schon mal bei meinen Eltern zu Hause eine Mahlzeit gegessen hätten. Unsere Familie drehte die Köpfe nach hinten und sah ein Händemeer. Es muss wohl ein paar Ausnahmen gegeben haben, aber wir sahen niemanden, der nicht die Hand gehoben hatte. Der Essenstisch meiner Eltern hieß 55 Jahre lang alle willkommen.

Ähnlich bietet uns der Tisch des Herrn Wiederherstellung und ein warmes Willkommen in Gottes Gegenwart, zusammen mit anderen Sündern. Dort können wir ein Zuhause finden, nachdem der Singvogel unseres Lebens tot an den Straßenrand gefallen ist. Feinde – einschließlich jene Feinde, die wir selbst geschaffen haben – kommen, um zu stehlen, zu töten und zu zerstören. Doch Jesus bietet uns seinen gebrochenen Leib und sein Blut an, als göttliche Wiederherstellung. Das versinnbildlicht auch das

Abendmahl. Gott gibt uns das tägliche Brot für tägliches Leid. Dass der Wein und das Brot, die Symbole von Freude und Leben, in denen die heiligen Mysterien Gottes eingeschlossen sind, eine solche Bedeutsamkeit verliehen bekommen haben, ist eine Realität, die sich nur Gott ausgedacht haben kann. Wir empfangen das heilige Heilmittel, das sakramentale Mysterium. Wir reichen es einander weiter. Wir empfangen Jesus immer und immer wieder und bekommen das Recht, Kinder Gottes zu werden. „*Tut dies zu meinem Gedächtnis*", sagte Jesus, denn in seiner Gegenwart ist Freude in Fülle.

Vielleicht kann auch der Tisch bei dir zu Hause – sofern er das noch nicht ist – ein Tisch der Gegenwart des Herrn werden, nicht nur für dich und deine Familie, sondern auch für andere.

Für die Sterbenden und diejenigen, die aufgrund ihrer Sünde und Leiden bereits gestorben sind – oder vor der Schwertspitze ihres Feindes stehen –, gibt es eine Einladung, Jesus zu empfangen. Er verwandelt unser Leid in Freude, unsere Trauer in Tanzen. Er zerstört den Tod in unserem Herzen, über den wir keine Macht haben. **Nichts spiegelt das Leben von Jesus klarer wider als das Licht der Welt, das durch das Prisma der Tränen eines Mannes strahlt, während er das Fest am Tisch unseres Herrn genießt.** Das sind die Tränen, die frei von den Gesichtern jener Männer fließen, die die Herrlichkeit Gottes gesehen haben.

Vielleicht ist es die Aufgabe von Trauer, uns auf die Freuden des Himmels vorzubereiten und uns zu Kindern Gottes zu machen, die in sein Reich eintreten können.

9

DIE HARTEN JAHRE

Wer vor der Mühle flieht, die langsam mahlt
und die klein mahlt, der muss sich dem Hammer
und dem Meißel fügen; denn wer kein Stein
im lebendigen Tempel sein will, der muss
zum Mörtel jenes Tempels gemacht werden.

GEORGE MACDONALD, CASTLE WARLOCK

Einige Männer möchten im Licht leben. Andere Männer ziehen die Dunkelheit vor. Wieder andere wollen das Halbdunkel, wo genug Dunkelheit herrscht, um ihre bösen Absichten zu verbergen, aber ausreichend Licht, um andere von ihrer Lauterkeit zu überzeugen. Das sind gefährliche Männer, die unverfroren bei unseren Festen mitfeiern, dabei aber nur sich selbst und ihr eigenes Wohl im Blick haben.*

---

* Judas 11–12

172

In der folgenden Lebensgeschichte geht es nicht so sehr um etwas, was mir von außen widerfahren ist, sondern was in meinem Innern stattfand. Bitte behalte das beim Lesen im Hinterkopf. Es ist eine Geschichte über drei Verrate und einige teure aber lebensrettende Lektionen.

Vor mehreren Jahren war ich total überrascht davon, dass das Leben nicht mehr so verlief, wie ich wollte. Eine Schwierigkeit folgte der nächsten und ich hatte ein plötzliches Gefühl der Leere. Gerade in einer Zeit, in der mir das Leben eigentlich eine Ernte einbringen sollte, musste ich Geld, Zeit, Kraft und Emotionen für Dinge ausgeben, die ich absolut nicht erwartet hatte. Was genau sind diese harten Jahre? Sie stellen eine Lebensphase dar, in der Männer in ihren Familien, ihren Beziehungen und ihrer Arbeit größere Herausforderungen haben denn je, während ihr Vermögen, Dinge zu leisten, zu schwinden beginnt.

Die Charakterschule in der Mitte des Lebens kann brutal sein. Sie verhält sich nicht so wie das Schleifen eines Diamanten, sondern vielmehr wie ein verrostetes Stück Stahl, das mit einer Feile oder einer Drahtbürste bearbeitet wird. Die Männer in meinem Bekanntenkreis sprachen nicht über ihre Reise durch diesen Irrgarten. Unsere Kinder zogen nacheinander weg von zu Hause, wodurch unser jahrzehntelanges Familiengefühl erschüttert wurde. Spiegel offenbarten Falten und Anzeichen von Stress. Die Arbeit fühlte sich beengend an – meine selbst zugefügte Strafe für Entscheidungen, die ich in der seligen Unwissenheit meiner Jugend getroffen hatte. Die Gemeinde wurde zu einer langweiligen und leeren Pflicht, sie fühlte sich an, als hätte jemand ein Nagetier auf mich losgelassen, das an meinem Herz und meiner sorgfältig konstruierten Identität nagte. Ich hatte das Gefühl, mich an den Ketten wund zu reiben, die mich irgendwie an meinen Stumpf hielten.

Wenn Männer es am wenigsten erwarten – zumindest ehemalige Optimisten wie ich –, zieht das Leben plötzlich andere Saiten auf. **Die Jahre, von denen wir erwartet hatten, dass sie mit Frieden und der Frucht unserer Arbeit gefüllt sein würden, werden zu den Jahren unserer größten Kämpfe und unserer tiefsten Ängste.** Hartnäckige Ungewissheiten schwellen zu ausgewachsenen Zweifeln heran. Die eigenen Kinder gehen Wege, die ihnen Qualen bereiten und zu Lebenslektionen führen, die sie lernen müssen. Unsere Rolle ist nur noch, zuzusehen und zu beten wie Wächter auf der Stadtmauer und bereit zu sein, wenn der Hilferuf erschallt.

Niemand hat uns von diesen Jahren erzählt, niemand hat uns darauf vorbereitet. Nicht unsere Väter, nicht unsere Freunde, nicht unsere Lehrer, nicht unsere Pastoren und ganz sicher nicht unsere Traumfabrik, die uns von klein auf ein Bild davon gemalt hat, dass wir alles sein können, was wir wollen. Dass es uns vielleicht gar nicht gefallen würde, wenn unsere Träume wahr werden, wurde dabei verschwiegen.

1970 verließ ich unsere Farm auf der Suche nach meinem Traum und folgte dem kleinen Mann im Ohr. Zwei Jahre lang verdiente ich mir mein Geld als Bauarbeiter, bevor ich eines Septembermorgens fristlos kündigte. Etwas stimmte nicht mit der Welt und ich wusste es. Heute hege ich große Bewunderung für Männer, die am Fließband arbeiten, die dreißig oder vierzig Jahre auf einer Farm oder in einer Fabrik schuften, weil ihre Liebe für ihre Familie unerschütterlich ist und sie treue Versorger sind. Damals fürchtete ich mich vor so einem Dasein. Ja, ich verachtete es, und ich wusste, dass ich nie so leben könnte. Ich tickte anders. Ich wusste, dass ich nicht dazu bestimmt war, jahre- oder jahrzehntelang Stahl herzustellen, Beton zu gießen oder Tag um Tag in einer geistlosen Routine zu leben, bis mein Herz und meine Träume darin verschrumpeln und sterben würden. Heute aber schaudere ich, wenn mir ein alter Schulfreund einige der Sprüche zitiert, die ich damals kloppte. Nur ist es leider vorhersehbar, Überheblichkeit fordert seinen hohen Preis.

Wenige Monate vor meinem 23. Geburtstag kam ich in einer der großen amerikanischen Traumwelten an – in der „Music City" Nashville. Mein Plan war, dort ein Jahr lang zu bleiben, irgendein Unternehmen auf die Beine zu stellen, reich zu werden, eine Familie zu gründen, ungefähr fünf Kinder zu haben und so zu leben, wie es jeder Mann verdient hat – allseits bewundert und geliebt. Aufgrund meines Erfolgs würde ich großen Respekt genießen und meine Söhne würden mit mir unter den „Ältesten am Stadttor" sitzen. Als starker Mann würde ich die Schwächen, denen andere Männer erliegen, vermeiden. Andere würden von mir zu Recht eine hohe Meinung haben, weil ich den Fehlern, die andere Männer entgleisen lassen und zerstören, ausweichen würde. Meine Hand lag fest am Ruder meiner eigenen Bestimmung, daher schickte ich meine Schutzengel in den Ruhestand.

Eines Nachts hatte ich dann einen Traum, das erste von mehreren lebhaften Bildern, die so eindrucksvoll waren, dass selbst ich ihre tiefe Bedeutung verstehen konnte. Ich war zurück auf der Farm und pflügte auf einem alten „John Deere"-Traktor in hohem Gras. Ich hielt unter einem Baum am Feldrand an, um einige Äste zu entfernen. Ich sprang vom Traktor und trat fast auf eine giftige Schlange, die zusammengerollt auf dem Boden lag. Sie hob den Kopf, und gerade als sie zubeißen wollte, da fiel ein Ast vom Baum und tötete sie. Als ich aus dem Traum erwachte, rief ich meine Mutter an und fragte, was er bedeutete. Sie sagte, Gott bewahre mich vor Gefahr, der ich mir nicht bewusst sei und vor der ich mich selbst nicht schützen könne. Sie war der Meinung, dass sich der Traum nicht auf ein einziges Ereignis beziehe, sondern ein Bild dafür sei, wie Gott mich bewahren würde, während ich lernte, ihm mein Leben anzuvertrauen.

Zu sagen, dass ich auf Irrwege kam, während ich meinen eigenen Weg ging, ist bestenfalls euphemistisch. Die Wahrheit ist, dass ich total im Schlamassel steckte und auf mich selbst konzentriert war. Ich hatte mich von der klugen Richtungsweisung älterer Männer gelöst und bewies dadurch nur, dass kein Mann sich allein durchschlagen kann. Die einsamen Tage und Nächte, die mein Leben wie ein Leichentuch umhüllten, gingen mit vielen Stimmen einher, aber nicht mit vielen Freunden. Eine Stimme, die von einem Mann kam, den ich fälschlicherweise für einen Freund hielt, überzeugte mich davon, ein Darlehen aufzunehmen und mit ihm in eine Farm zu investieren. In nur wenigen Jahren, sagte er mir, würden wir das Vieh und Land wieder verkaufen können und damit einen satten Gewinn einkassieren. Ich wüsste ja, wie man einer Farm vorsteht, sagte er, und wir könnten jemanden anstellen, dort zu leben. Was gab es schon zu verlieren? Wir würden die Freuden von Träumern genießen können und ohne viel Arbeit die Frucht ernten. Es klang nach einem guten Plan, den Fluch von Eden auszutricksen.

Schon bald aber sollte ich lernen, dass das Leben wie ein geschürter Feuerofen ist. Eine betende Mutter und ein Gott, der einen liebt, verbunden mit der eigenen Unwissenheit, kann einem schon die Hölle heißmachen, auch in Form eines Abschwungs auf dem Immobilienmarkt. Es hätte keine dümmere Zeit geben können, in eine herabgekommene Farm mitten im Nirgendwo an einer abgelegenen Landstraße in Tennessee zu investieren. Oder zu erwarten, Mama würde das Mädchen mögen, mit dem ich ausging. Oder zu glauben, Gott seien meine zunehmenden Ausschweifungen egal. Oder Kameradschaft fälschlicherweise für Freundschaft zu halten. Der verheerende Sturm brach eines späten Abends über mir ein, als mein angeblicher Freund und das Mädchen mich informierten, sie seien ineinander verliebt. Er wolle sich scheiden lassen und seine Familie verlassen, um sie zu heiraten. Und, ach übrigens, sie würden keine Zahlung mehr für die Farm leisten. Sie solle gleich nächsten Monat versteigert werden.

Von meinen Freunden verraten, verbrachte ich die Nacht in der Scheune meiner Farm, das Gesicht auf den Boden gepresst. Ich weinte, bis ich keine Tränen mehr hatte. Man male sich das aus: ein verlorener Sohn, ein fix und fertiger Bauernjunge, der mit dem Gesicht in dem Dreck eines Scheunenbodens lag. Die Ironie dieser Szene blieb mir nicht verborgen. Und mir wurde klar: Gott weiß schon, wie er Dinge in die Wege leiten kann. In den langen Stunden jener Nacht kam ich zur Erkenntnis, dass Gottes Wille für mich *immer* besser ist als das, was ich für mich selbst wähle. Gott segnete mich mitten in meiner Not. Und ich entdeckte, meine Schwächen waren keine Deal Breaker für Gott. Im Gegenteil, gerade in meinen Schwächen erlebte ich seine größte Zärtlichkeit. Dadurch, dass ich mir meine Mängel ehrlich eingestehen musste, konnte Gott mir seine Gnade erweisen. Und es zeigte sich, ob Jesus real ist und die Kraft hat, einen Mann authentisch zu verändern, oder ob er nichts weiter ist als ein toter Rabbi aus dem Mittleren Osten, ein Rabbi, der zwar eindrucksvoll gewesen sein mag, aber unterm Strich nur ein religiöses Bild aus der Antike ist.

Als der Tag nach jener langen Nacht anbrach, öffneten sich meine Augen gegenüber der Herrlichkeit und Schönheit des Morgenlichts. Ich fühlte mich Gott ganz nah. Er war schon immer in bescheidenen Ställen zu Hause, und er war gekommen, um einen seiner Söhne aufzusuchen.

Gott kann viele Umstände benutzen. In meinem Fall benutze er den Verrat durch andere, um mich wachzurütteln und die nötige Reue in mir zu erzeugen, die zu wertvollen Lebensveränderungen führte. Nahezu zwei Jahre verstrichen, nachdem mich die Versteigerung der Farm tief in Schulden gestürzt hatte. Zwei Jahre hörte ich kein einziges Wort der Entschuldigung. Zwei Jahre lang stützte ich mich auf das, was ich im Schmutz der Scheune gelernt hatte, bis ich eine „gute Nachricht" hörte, die mich echt auf die Palme brachte. Und zwar hatten die beiden Schurken Buße getan und ihr Leben Jesus gegeben. Warum war Gott so nett zu ihnen, beklagte ich mich? Warum nahm Gott sie mit offenen Armen auf? Wie konnte er es wagen, *die* zu retten? Wäre ihr Glaube authentisch, und selbst nur ein bisschen, dann hätten sie sich bereits bei mir entschuldigt. Sie wären demütig zu mir gekommen und hätten mich um Vergebung angefleht. Da sie das aber nicht getan hatten, kam ich zu dem Schluss, dass ihre angebliche Bekehrung nur Heuchelei war. Doch Gott war noch nicht fertig damit, mir eine Lektion zu erteilen.

Wenig später stellte ich fest, dass meine „Freunde" an einer Konferenz in Indiana teilnehmen wollten, zu der auch ich mich angemeldet hatte. Ich zog in Betracht abzusagen, aber aufgrund verschiedener Verpflichtungen war das keine Option, also beschloss ich, ihnen unter allen Umständen aus dem Weg zu gehen. Ich kam am Konferenzort an und parkte mein Auto auf dem einzig freien Parkplatz der Unterkunft, wo ich übernachten sollte – und *sie* saßen direkt vor mir an einem Picknicktisch, nur wenige Meter entfernt. Sie erspähten mich, bevor ich den Rückwärtsgang einlegen konnte. Sie kamen sofort auf mich zu. Ich stieg aus dem Auto. Sie erzählten mir von ihrer Bekehrung und wollten sich bei mir bedanken, weil ich der erste Mensch gewesen sei, den sie kennengelernt hatten, der wirklich zu Jesus gehörte.

Ich fragte, wie das sein konnte, da diese beiden *all* die Sünden meiner Jahre als verlorener Sohn kannten. Sie sagten, sie wüssten nicht genau, woher sie es wussten, nur dass sie es eben wussten. Und dann weinte ich, da das die Lüge zerbrach, dass ich meine Schwächen am besten vor anderen verstecken sollte. Gott konnte mich mehr gebrauchen, wenn ich in der Wahrheit lebte als in Halbwahrheiten oder im Schatten. Das war die dritte Lektion des ersten Verrats: Wenn Gott einen verlorenen Sohn wie mich für seine Ziele benutzen konnte, dann würde sich das Leben als viel interessanter entpuppen, als ich mir vorgestellt hatte.

Ich erzähle diese Geschichte aus meiner Jugend, weil ich damals davon ausging, dass mich diese eine große Lektion so ziemlich alles gelehrt hatte, was ich wissen musste. Dann vergingen mehr als zwanzig Jahre. Gott gab mir eine Familie, eine Frau, die gut mit meinen Verrücktheiten umgehen konnte, eine praktisch orientierte Person, die Menschen genauso liebte wie ich und sogar was von Finanzen verstand. Kinder kamen hinzu und wurden groß, und die Samen einer lebenslangen Freundschaft mit drei anderen Ehepaaren wurden gepflanzt, deren Leben mit unserem durch jede nur denkbare Lebenserfahrung hinweg verwoben wurde. Beruflich ging es aufwärts, was uns finanziell genug absicherte, um die Höhen und Tiefen der unternehmerischen Unsicherheiten zu überstehen. Wir erlebten sowohl die Freuden als auch die Leiden des Lebens. **Wir lernten unsere Schwächen kennen und lernten immer mehr, zu beten: „Dein Wille geschehe" und: „Tu, was immer du in unserem Leben tun willst, um deine Ziele in und durch uns zu erreichen."**

Das sind lebensverändernde Gebete, die Gottes Willen entsprechen. Er erhört sie und schafft dadurch eine Schönheit, die sonst unmöglich wäre. Doch solche Gebete sind auch abenteuerlich und können sogar gefährlich sein, wenn man diesen gebrochenen Planeten mit dem Gelobten Land verwechselt und meint, man könne durchs Leben wie in einem Kanu auf einem ruhigen See paddeln, ohne Wind oder Überraschungen, ohne dass man darauf angewiesen sei, dass Jesus über den aufgewühlten See zu einem kommt und sagt: „Friede! Sei still!" Wie sich herausstellte, sollte mein See noch mehrfach aufgewühlt werden.

Der erste Verrat war wie ein Schmelzofen, der mich zur Buße brachte und Authentizität zu einem Lebensmuster werden ließ. Der zweite Verrat war ein verzehrendes Feuer. In der Bibel steht, dass Gott wie ein Schmelzfeuer ist: *„Er reinigt die Söhne Levis ... dann werden sie dem Herrn die richtigen Opfer darbringen."*[*] Durch die beiden Verrate lernte ich viel über Freundschaft – was sie ist und was sie nicht ist, und was Gott benutzt, um mein Herz und die Herzen anderer Männer zu läutern. Der erste Verrat war schwierig. Gott war zwar in allen gegenwärtig, aber der zweite und dritte waren nahezu unerträglich schmerzhaft.

DIE HARTEN JAHRE

Die harten Jahre im Leben eines Mannes sind wie ein Eimer voller Schlangen und krabbelnder Viecher. Was immer in dem Eimer ist, kommt herausgekrabbelt und setzt sich an einem fest. Gottes Lösung ist Feuer. Er weiß, wie er die Flammen entfachen kann – wo er uns hinbringen muss, damit wir seinem läuternden Feuer nicht entgehen können. In den mittleren Jahren brauchen wir Männer

[*] Malachi 3,3

wie Brüder an der Seite mehr als in jeder anderen Lebensphase, weil es die Zeit ist, in der Männer am meisten auf sich gestellt sind. Diese mittleren Jahre sind harte Jahre, wenn sie noch nicht gelernt haben, sich in ihren gemeinsamen Schwächen aufeinander zu stützen; wenn einst selbstbewusste Männer anfangen, sich und alles, was sie glaubten, infrage zu stellen. Es mag zwar Männer geben, die sich aufgrund ihres Erfolgs weiter für unbesiegbar halten, aber viele Männer werden in dieser Zeit müde und ruhelos und ängstlich. Es ist eine Zeit, in der sie Unsicherheiten ausgesetzt sind, die sich von jeder anderen Lebensphase unterscheiden. Obwohl viele Männer in der Mitte des Lebens mehr als zu jeder anderen Zeit versuchen, ihrem Leben eine neue Richtung zu geben, ist es auch die Lebensphase, in der sie am häufigsten Verrat erleiden. Vielleicht liegt das daran, dass sie schwächer werden und somit leichte Beute sind oder aufgrund ihrer vergangenen Stärke zur Zielscheibe für andere geworden sind. Zwar kann Gott das Chaos zwischenmenschlicher Beziehungen benutzen, um etwas zu erreichen, was wir aus uns heraus nie schaffen könnten, aber Verrat fühlt sich immer wie die Hölle an, ganz gleich, aus welchem Blickwinkel man ihn betrachtet.

Nachdem wir in ein neues Haus gezogen waren, war das Leben viele Jahre schön. Die Nachbarn waren alle liebenswürdig und lebensfroh und die Kinder waren eine helle Freude. Alles war so nett wie auf einem hübschen Wandgemälde. Wir schufen eine Gemeinschaft, ein sicheres und liebendes Umfeld für unsere Kinder, einen Ort, an dem Träume gefördert werden konnten – und darauf waren wir stolz. Wir waren treue Kirchgänger, die ihre Freiheit von Gesetzlichkeit und enger Religiosität feierten. Doch unsere Herzen waren immer noch nicht frei. Perfektion hatte uns immer noch in seiner Gewalt.

Damals waren in der Gemeinde die *Promise Keepers* (wörtlich: „Versprechenhalter") in aller Munde. Männergruppen sollten die Welt verändern, und Kleingruppen, in denen Rechenschaft voreinander abgelegt wurde, versprachen, alles an Männern zu verbessern. Ehefrauen freuten sich, dass ihre Männer endlich ihre „Sachen" in Angriff nahmen, und alle wussten, was „ihre Sachen" bedeutete. Damit war die Katastrophe schon vorprogrammiert. Die bereits erwähnte Männergruppe, die sich jeden Dienstag bei uns auf der Veranda traf, bewies schon bald, dass die letzte große christliche Männerbewegung lieber *Promise Breakers* („Versprechenbrecher") hätte heißen sollen.

Kurz gesagt, ein Mann in unserer Männergruppe, der schon früher Schwierigkeiten gehabt hatte, den Reißverschluss seiner Hose zuzulassen, gab zu, dass er eine Beziehung zu einer jüngeren Frau hatte. Wir flehten ihn an, sie aufzugeben und sich von uns helfen zu lassen, die Beziehung zu seiner Frau und seinen Söhnen zu ehren und zu heilen. Wir sagten ihm, wenn er an dem Morgen ohne einen derartigen Entschluss ging, dann würden wir ihn nie wiedersehen, nicht weil wir ihn nicht sehen wollten, sondern weil seine Entscheidung ihn von uns und von den Menschen, die ihn liebten, wegführte. Wir sagten ihm, dass er sich aufgrund seiner falschen Entscheidung in unserer Mitte nicht mehr wohlfühlen würde, nicht weil wir ihn nicht mehr lieben würden, sondern weil verbogene und gebrochene Dinge das nun mal so an sich haben. Er sagte, es tue ihm sehr leid, aber er stieg in sein Auto und bog links auf den Highway ab, und seitdem haben wir ihn nur noch selten zu Gesicht bekommen. Der leere Stuhl, auf dem unser Glaubensbruder saß, bevor er „von der Veranda fiel", bot einen traurigen Anblick. Doch wir liefen ihm nicht hinterher und brachten ihn nicht nach Hause.

Unsere Treffen am Dienstagmorgen gingen weiter. Sie füllten zwar schon eine gewisse Lücke in unserem Leben, aber Scharfblick war nicht unsere Stärke, und wir wussten nicht viel über geistliche Freundschaft. Wir hingen immer noch in einem Paradigma fest, das von religiöser Pflicht und systematischer Theologie geprägt war. Wir hatten immer noch die Vorstellung, dass wir das, was kaputt ist, reparieren können. Dabei hätten wir keine Reparatur gebraucht, sondern Heilung und Vergebung, die sich einstellt, wenn man Jesus einlädt, inmitten des Durcheinanders bei einem zu sein. Als ein weiteres Mitglied auf der Veranda uns dann von seiner dunklen inneren Seite erzählte, die er nicht mehr kontrollieren konnte, schritten wir zur Tat und fanden eine christliche Reha in einem anderen Bundestaat, wo er durch Gottes Gnade tatsächlich Heilung erlebte. Seine Ehe wurde wiederhergestellt und seine Familie wurde gerettet. Doch als er aus der Reha zurück nach Hause kam, nahm er bezeichnenderweise nie wieder an unserem Treffen auf der Veranda teil. Damals war mir das ein Rätsel, doch heute weiß ich, warum. Weil wir unsere tiefsten Schwächen nicht gezeigt und Authentizität nicht verstanden hatten.

Rückblickend scheinen die damaligen Situationen dazu geschaffen worden zu sein, uns von unseren Attrappen und Fassaden zu lösen, die sich als moderne Geistlichkeit ausgaben. Wir tauschten zwar eifrig Ideen unter uns aus, aber Jesus selbst war nicht der Mittelpunkt unseres gemeinsamen Lebens.

Unser Männerkreis verkleinerte sich zwar, dümpelte aber weiter vor sich hin – bis zu einem Junitag ein paar Jahre später. Mich erreichte die Nachricht, dass einer unser Männer wegen mehrerer Schamlosigkeiten, die er im Urlaub begangen hatte, verhaftet worden war. Er saß im Ausland in Haft, sein Leben war bedroht und mehrere Freunde waren bereits aktiv und unterwegs, um sich dafür einzusetzen, ihn nach Hause holen zu können. Ich war sprachlos und am Boden zerstört. Ich hatte meinen Glaubensbruder zwar nicht für perfekt gehalten, aber diese Nachricht überstieg meine Vorstellungskraft. Ich dachte, ich hätte seine Kämpfe gekannt, doch offensichtlich hatte ich keine Ahnung vom dem wirklichen Kampf, den er gekämpft und schließlich verloren hatte. Am darauffolgenden Dienstagmorgen saß ich lange Zeit auf meiner Veranda und stöhnte. Allein. Wie ein Mann ohne Freunde, der keinen Trost findet.

Die dunkle Erdanziehungskraft gewann und einer nach dem anderen unserer Gruppe „fiel" von der Veranda. Wir erlebten eine Desillusion, die nur diejenigen erleben können, die aus dieser Welt ein perfektes Zuhause machen wollen. Unser Experiment war gescheitert. Diese Veranda-Episoden waren zwar kein direkter Angriff von einem Glaubensbruder auf einen anderen, aber trotzdem fühlten sie sich wie die verräterischen Küsse von Judas an, und sie hinterließen Narben bei Familie und Freunden. Wir verrieten unsere eigenen Ideale, wir waren unfähig, ihnen gerecht zu werden, und der Kollateralschaden hatte sein Übriges getan. Der schlimmste davon kam einige Jahre später, als einer der Männer aus unserer Gruppe seinem Glauben abschwor und viele Leute – einschließlich derer, die er mit Jesus Christus bekannt gemacht hatte –, zu überzeugen versuchte, dass alles, einschließlich Gott, eine Farce sei.

Die „harten Jahre" waren wie eine Plage über uns hereingebrochen. Er war nur einer der Männer, die in jenen Tagen unseren Ort demolierten. Er tauschte seine geschädigte und nicht geheilte Identität gegen ein anderes falsches Ich aus. Er tauschte die Herrlichkeit Gottes gegen das süchtig machende Vergnügen der Zügellosigkeit aus, bis er davon gefangen genommen wurde.

Andere von uns blieben still und trugen dadurch zur Verwüstung bei. Wiederum andere fanden Zuflucht in erneuertem religiösen Fleiß. Und viele junge Männer flatterten haltlos wie in starkem Wind umher und fragten sich, was mit ihren Vätern und geistlichen Leitern geschehen war.

Man könnte sagen, dass unsere Probleme moralischer Natur waren, und ja, einige waren das. Oder dass es ethische Angelegenheiten waren, und das stimmt wohl. Oder dass es ungünstige Verquickungen waren, bei denen psychologische wie religiöse Störungen eine Rolle spielten, und das mag sein. Auf jeden Fall hatten wir einen Punkt erreicht, an dem man mit systematischer Theologie einem Mann nicht mehr weiterhelfen konnte. Welcher Tropfen auch immer das Fass zum Überlaufen brachte, unsere Männergruppe war Opfer eines fehlgeleiteten Denkens geworden. Im Nachhinein erscheinen mir die meisten Gespräche, die wir bei unseren Treffen hatten, irrelevant. „Gehe vom Besten bei anderen aus, solange du keinen triftigen Grund dagegen hast", lautete ein Teil unserer Maxime und hatte den gleichen Stellenwert wie irgendein Bibeltext. Dieser nette kleine Leitgedanke zum Umgang miteinander ist jedoch der erste Schritt auf dem Weg des geringsten Widerstands, der in geistliche Blindheit mündet. Die Wahrheit ist immer besser. **Wir können uns echte Freundschaften und Männergruppen von vorneherein abschminken, solange wir in einer Illusion leben, die nicht zulässt, dass wir die ungeschminkte Wahrheit über uns selbst und unsere Artgenossen betrachten.** Leo Tolstoi sagt in seinem eindrucksvollen Roman *Auferstehung*: „*Männer sind wie Flüsse: das Wasser ist in ihnen überall gleich.*"* Männer haben alle die gleichen Vorausset-

* Leo Tolstoy, *Resurrection*, Heritage, New York 1963, S. 174.

zungen, aber damals war mir das noch nicht so bewusst. Meiner Reise in Sachen Freundschaft stand noch eine weite Strecke bevor, aber ich war wie von einem dichten Nebel umgeben. Ich verbrachte immer noch Zeit mit anderen Männern, hatte aber immer weniger Freude daran. Aus Stille und Sportneuigkeiten bestand die vorherrschend männliche Kommunikation, die um mich herum geschah.

DIE GRÖSSTE MORALISCHE ENTSCHEIDUNG
Nachdem wir große Trauer erlebt und den betäubenden Lärm einer komplizierten Welt erlitten haben, führt Gott uns gewöhnlich zu stilleren Gewässern, um uns vor dem nächsten schwierigen Anstieg etwas Ruhe zu verschaffen. Ungefähr ein Jahr lang hatte ich eine Verschnaufpause. Zwar gingen die Geschäfte gut, doch ich fühlte mich so leer und ausgelaugt vom täglichen Druck, dass ich den Großteil der Arbeit einem meiner Mitarbeiter übergab. In dem Jahr schrieb ich am 2. Januar in mein Tagebuch die Worte: „lebendig und durstig".

Ein paar Monate später spazierte ich eines Nachmittags über die Wiese hinter unserem Haus als in meinen Gedanken der friedliche Sommertag wie von einem Blitz durchrissen wurde. Und zwar musste ich plötzlich an die Worte Jesu denken, die er an Petrus gerichtet hatte, bevor dieser wenige Stunden später leugnete, seinen besten Freund überhaupt zu kennen: *„Simon, Simon, siehe, der Satan hat verlangt, dass er euch wie Weizen sieben darf. Ich aber habe für dich gebetet ... Und wenn du wieder umgekehrt bist, dann stärke deine Brüder!"** Der gedankliche Eindruck war real und galt mir persönlich. Ich blieb wie angewurzelt stehen

* Lukas 22,31–32

186

und rief aus: „*Neeeeein! Neeeeein!*" Ich dachte an Petrus und den berüchtigten Hahn, dann sagte ich: „Gott, wenn dieser Gedanke wirklich von dir kam, dann bitte ich dich nur, dass dieser Test nicht so gravierend ist, dass ich dich wirklich verleugne."

Ich sollte die Schmiede des läuternden Feuers kennenlernen, den Ort, an dem man am liebsten sterben würde, was Gott aber nicht zulässt. Er bleibt auch dort bei einem, selbst wenn man seine Gegenwart nur noch selten spürt. Bis dahin hatte ich nicht gewusst, wie man wirklich so vergibt, wie wir laut Jesus einander vergeben sollen. Kann er wirklich gemeint haben, dass wir boshaften Feinden vergeben sollen, denjenigen, die uns mit Absicht verletzt haben? Sollen wir Männern vergeben, deren Ziel es ist, uns zu vernichten? Dante behält in seinem *Inferno* die tiefste Stufe der Hölle jenen vor, die ihre Freunde verraten. Dort lebt zum Beispiel Judas. Und genau dorthin wollte ich gerne die Männer schicken, die mich verletzt hatten.

Dieser dritte Verrat geschah im geschäftlichen Umfeld. Ich hatte einigen christlichen Männern genügend Verantwortung und Autorität übertragen, um das zerstören zu können, was ich in nahezu dreißig Jahren aufgebaut hatte. Intrigen waren ihre „neue Weltordnung". Ein destruktives Schulden-Einnahmen-Verhältnis schwächte die Firma und die Produktivität ließ nach. Diese Männer trieben meine Firma in den Konkurs, während sie einen Ableger gründeten, durch den sie meine Firma ersetzen wollten. Mehr als ein Jahr lang hatte ich eine böse Vorahnung, die ich nicht genau bestimmen konnte. Manchmal weiß man etwas, bevor man es weiß, und ich wusste, dass irgendetwas ganz und gar nicht stimmte. Am Tag nach einem weiteren tragischen Schulmassaker, das Familien ohne Vorankündigung in tiefe Trauer riss, spazierte einer meiner Mitarbeiter in mein Büro und sagte: „Eine weitere

Schulschießerei. Das wird gut für's Geschäft sein." Ich konnte nicht glauben, was ich da hörte, und ich wusste, dass der gewohnte Gang schlagartig zum Erliegen gekommen war. Innerhalb weniger Stunden war ich weg, um Zeit mit einem lieben Freund zu verbringen, der eine Tochter bei dem Massaker verloren hatte, und der Kontrast zwischen dem, was ich für ihn und seine Familie verspürte, und der teuflischen Bemerkung, die ich gerade gehört hatte, schien mir wie der Unterschied zwischen Himmel und Hölle zu sein. Ich war niedergeschmettert.

Ein oder zwei Abende nach meiner Rückkehr kreuzten drei Brüder im Glauben, deren Fürsorge ich nie vergessen werde, bei mir zu Hause auf und sagten: „Wir sind gekommen, um mit dir über alles zu reden, was du uns über deine Firma erzählt hast. Wir nehmen wahr, dass die Dinge noch schlimmer sind, als du denkst. Wir wollen, dass du uns alles erzählst, was du weißt. Alles, was deiner Meinung nach falsch läuft. Wir wollen dir helfen, alles richtig einzuordnen. Wir glauben nicht, dass dir noch viel Zeit bleibt, um deine Firma zu retten." Diese drei Männer – mein Bankier, mein Buchprüfer und ein Fachberater – kannten meine Firma gut. Ich erzählte ihnen von meinen Vermutungen und Befürchtungen und diesem und jenem, was auf ein bevorstehendes Fiasko hindeutete, einschließlich vermuteter finanzieller Unregelmäßigkeiten, wachsender Firmenschulden, möglichem Diebstahl und anderer moralischer Unlauterkeit. Ein paar Tage später dann stürzte die Welt ein, in der ich gelebt hatte. Wiederhergestellte Computerdateien bestätigten mir einen Fakt: *Männer sind nicht vertrauenswürdig.*

Mit den aufgewühlten Emotionen klarzukommen und einen Beinahebankrott meiner Firma zu bewältigen, war schon schwer genug, aber am schwersten war es, den Männern zu vergeben,

Gott kennt sich sehr gut damit aus, Gefangene zu befreien, also nimm dich vor ihm in Acht, falls du Rache vorziehst und dich lieber in der Sicherheit deines eigenen Gefängnisses wiegen willst. Hier draußen ist Gott auf freiem Fuß, und er ist gut.

Rückblickend war mein Versagen gegenüber meinen Glaubensbrüdern größer, als mir zum damaligen Zeitpunkt bewusst gewesen war. Ich wollte ihnen meine eigene Berufung auferlegen, weil ich müde war. Damit lastete ich ihnen etwas auf, was sie nicht hätten tragen sollen, statt ihnen zu helfen, ihre eigene Berufung zu entdecken. Ich erwartete von ihnen, meine Träume und meinen Erfolg zu unterstützen, und hatte dabei kaum ihre eigenen Träume berücksichtigt. Dass sie deswegen verbittert mir gegenüber wurden, ist zwar traurig, aber nicht überraschend. Ich halte es ihnen nicht mehr vor. Wir alle müssen lernen – oft auf die harte Tour.

Die „harten Jahre" bringen enorme Herausforderungen mit sich, einschließlich Veränderungen in der Familienstruktur. Kinder ziehen aus. Todesfälle passieren und Scheidungen führen auf beiden Seiten zu Opfern. Die Jobsicherheit nimmt ab. Einige kleine Schwächen türmen sich und haben unverhältnismäßig große Folgen. Enttäuschungen stoßen mit Erwartungen an das Leben zusammen und lösen eine Kettenreaktion aus. Die Realität des alternden Körpers und Gesundheitsprobleme fordern die ganze Ehrlichkeit des geistlichen Lebens heraus. In Anbetracht all dieser Unsicherheiten haben nicht wenige Männer in meinem Bekanntenkreis zu verzweifelten Maßnahmen gegriffen. Statt die Vergänglichkeit der irdischen Lebensreise zu akzeptieren und sie gemeinsam mit Gott zu bestreiten, suchen sie immer noch nach dem Gelobten Land auf der Erde. Vergeblich!

Es heißt, dass Männer oft erst nach Sinn suchen, nachdem

sie Erfolg gehabt haben, aber ich glaube, dass jede Kleinigkeit im Leben sinnerfüllt ist. Nichts ist verschwendet, weder das Banale noch große soziale und geistliche Unternehmungen, noch nicht einmal die Jahre, in denen man wie ein Hund den eigenen Schwanz gejagt hat. Wir müssen nur lange genug innehalten, um die Weisheit und Gnade zu empfangen, die unser Lebensdesigner in unserem Namen für uns reserviert hat.

Vergebung schafft einen Grundrahmen, um das Wesen von Männern zu verstehen. Solange ein Mann Vergehen nicht vergibt, kann er sich selbst und andere Männer nicht richtig verstehen. Der Mann ist von Natur aus ein Lebensspender und Vergebungsverweigerung ist ein selbsterfüllender Todeswunsch. Sie verstopft die emotionale und geistliche Quelle unserer Identität. Vergebung ist wie ein hervorsprudelndes Wasser, das kühl genug ist, um die Hitze des Zorns unter Männern abzukühlen und wahre Höllenfeuer unter Erzfeinden auszulöschen.

Jesus ist der erste und einzige Gott, der an einem Kreuz starb, und zwar in erster Linie, damit Feinde zu Freunden werden können. Niemand hat inmitten seines eigenen Leids je eine bedeutsamere Aussage gemacht:

„Vater, vergib ihnen"* – diese Aussage hat die Menschheitsgeschichte für immer in zwei Gruppen gespalten: Auf der einen Seite gibt es die Menschen, denen vergeben worden ist und die selbst vergeben. Auf der anderen Seite gibt es die Menschen, die nicht vergeben wollen und deswegen auch keine Vergebung empfangen.

Insofern findet die größte moralische Entscheidung, die ein Mann treffen kann, an der Schwertspitze seines Feindes statt.

* Lukas 23,34

Einst verachtete ich diese erlesene Wahrheit, doch jetzt liebe ich sie von ganzem Herzen, nämlich dass Gott die Verräter und die Verratenen gleichermaßen liebt. **Gott misst unsere Sünden nicht wie in einer mathematischen Gleichung. Gott liebt mich genauso, wie er die liebt, denen ich geschadet habe.** Anders herum liebt er auch die, die mir geschadet haben, nicht weniger als mich. Erst wenn wir das wissen, können wir aufhören, einander das Leben zu ruinieren. Erst wenn wir diese erstaunliche Liebe von unserem Vater empfangen, wollen wir überhaupt damit aufhören.

Wie immer deine Situation im Einzelnen aussieht, stütz dich auf seine Arme. Er wird dir durch die harten Jahre hindurch helfen, und am Ende wird er dich sicher nach Hause bringen.

Doch diese Geschichte ist noch nicht zu Ende, noch nicht ganz. Nahezu ein Jahrzehnt später kam einer meiner ehemaligen Mitarbeiter zu mir, weil er nun in seinem eigenen Schlamassel saß, der bemerkenswerte Ähnlichkeiten mit meinem Desaster vor zehn Jahren hatte. Er wollte von mir wissen, wie lange ich gebraucht hatte, um meine Wut zu überwinden. Er fragte, ob ich ihnen vergeben habe und ob ich mich dazu durchgerungen habe, bevor oder nachdem ich aus den Schulden herausgekommen sei.

Wie in *Die Elenden* des französischen Schriftstellers Victor Hugo befinden wir uns auf einem langen Weg, unsere gebrochenen Beziehungen wiederherzustellen, und ich vermute, dass wir die uns noch verbleibenden Jahre damit verbringen werden, die Wirkung unseres früheren Missmuts umzukehren – als wäre das alles von Anfang an geplant gewesen.

10

DER ZUSTAND
DER GEMEINDE

Mein Freund Jimmy fragte mich kürzlich: „Wie alt bist du in Gemeindejahren?"

„Was meinst du damit?", erwiderte ich. Ich dachte, vielleicht meinte er so etwas Ähnliches wie Katzen- oder Hundejahre. Vielleicht meinte er auch den Bibelvers, dass bei Gott tausend Jahre *„wie ein Tag"* sind.* Da ich schon mein ganzes Leben in der Gemeinde bin, schätzte ich meine Jahre also inzwischen auf mehrere Millionen.

„Wer in Gesetzlichkeit und Tradition gefangen ist", sagt er, „lebt in einem beschleunigten Alterungsprozess. Wer hingegen im Geist und in der Wahrheit lebt, bleibt für immer jung."

Im Jahr 1973 hing die traditionelle amerikanische Gemeinde wie ein müder alter Boxer in den Seilen. Wir wussten es nur noch

---

* 2. Petrus 3,8

nicht. Zwei Weltkriege, der Krieg in Korea und der Wahnsinn von Vietnam zogen alles in Zweifel, was wir traditionell über unser amerikanisches Leben als gegeben vorausgesetzt hatten. Hinzu kamen Elvis, die Beatles, Dr. Martin Luther King Jr., Abtreibungsrechte, der Kalte Krieg, die Folk-Propheten, Watergate und freizügiger Sex. Das Donnern einer sich neu ordnenden Gesellschaft durchdrang die Nacht.

Außerhalb christlicher Kreise erhielt Naivität geradezu einen K.-o.-Schlag. Viele traditionelle Kirchen tuckerten selig weiter, nur hatten sie einen Großteil ihrer kulturellen und menschlichen Relevanz verloren. Das Licht war gedimmt, ja, es war fast ganz aus. Die evangelikal christliche Bewegung *Jesus Movement*, die von vielen in den traditionellen Kirchen abgelehnt wurde, erschien anderen wiederum als der einzig sichtbare Teil des Friedensreiches Gottes oder als das Einzige, was geistig oder praktisch gesehen theologischen Sinn ergab. Die Bewegung war auch so ziemlich die einzige Stimme, die die Menschen außerhalb der Kirchenmauern wissen ließ: „Jesus liebt dich, egal wer du bist und egal, was du getan hast." Ansonsten war die Nacht hereingebrochen, und die süße kleine Gemeinde Jesu war fest eingeschlafen. Ob du es glaubst oder nicht, damals außerhalb der Kirchenmauern „Jesus liebt dich" zu sagen, klang geradezu revolutionär – und das war es auch. Ist es vielleicht sogar immer noch.

Während der Zeit des Watergate-Skandals war meine zukünftige Frau, Linda, noch auf der Suche nach Gott. Sie war damals 17 und besuchte eines Sonntagmorgens zusammen mit einer Freundin einen Gottesdienst irgendwo in Organe County, Kalifornien, in der Hoffnung, „Gott zu finden und herauszufinden, warum er mich so nervte und mich nachts um meinen Schlaf brachte". Der Prediger ließ sich lautstark über Nixon und die Korruption in

Washington aus. Doch irgendwie vergaß er dabei, über Gott zu reden. Da Linda niemand ist, der einen Dummkopf mit ihrer Gegenwart beglückt, flüsterte sie ihrer Freundin zu, dass sie gehen wollte und stand auf, in der Hoffnung, sich klammheimlich davonschleichen zu können. Doch der Pastor unterbrach seine Predigt und wollte von den beiden jungen Frauen wissen, warum sie gingen. Linda hielt im Gang an und wandte sich er Gemeinde zu. Dann sagte sie ihm: „Nun, ich bin hierhergekommen, um Gott zu finden, aber er ist offensichtlich nicht hier." Kleine alte Damen fächelten sich Luft zu, um nicht in Ohnmacht zu fallen, während der Prediger sich nun lautstark gegen die freche junge Frau ausließ. Sie tat, was alle klugen Mädchen im Angesicht eines Tyrannen tun – sie nahm die Beine in die Hand. Dass ihre Suche nach Gott danach trotzdem noch weiterging, mag als Wunder gelten.

Liberale Kirchen predigten soziale Gerechtigkeit und Bürgerrechte. Sie ließen sich gegen Nixon aus und benutzten Gott, um zu beweisen, dass es in Ordnung sei, Babys umzubringen und dass es ihre Pflicht sei, Atombomben aufzuhalten. Während „die Liberalen" Antrieb für die Fächer alter Damen gaben und auch tatsächlich einige gute Arbeit in Sachen soziale Gerechtigkeit leisteten, predigten konservative Kirchen gegen Abtreibung, Rockmusik und jede andere nur erdenkliche Sünde, ob sie nun zutreffend war oder nicht. Aus ihrer Sicht war es falsch, Babys zu töten, aber völlig in Ordnung, Atomwaffen einzusetzen, um unsere Freiheit zu verteidigen. Jesus war ihre Deckung, ihr Kopilot, falls es mal einen Notfall gab, mit dem sie nicht allein zurechtkommen konnten.

Insgesamt war das eine Zeit, in der viel Verwirrung in der Gemeinde herrschte. **Jede Gruppierung schien eine Miniatur der Wahrheit für sich zu haben, einen kleinen ferngesteuerten Jesus, der auf Abruf in unserer Gebetskammer auf uns wartete.**

Die Gemeinde war wie durch einen Mittelgang getrennt. Die eine Seite betete nationale Freiheit an, während die andere die Freiheit der Wahl anbetete. Und die Gottesdienstbesuche waren wohl auch deswegen im Rückgang.

Das Vokabular eines Anspruchsdenkens machte sich in der Gemeinde breit. Mit einem Mal hörte man Wörter und Formulierungen wie *Protest, die Moralmehrheit, politische Macht, mit am Tisch sitzen, Einladung zum Weißen Haus, mein Treffen mit dem Präsidenten, Boykott, Kulturkrieg, Wahl, liberale Medien, Konflikt der Geschlechter, Aktivist, die christliche Rechte, die christliche Linke* und noch jede Menge anderer Wörter und Vorstellungen, von denen nichts in der Heiligen Schrift zu finden ist. Auf unserem Weg zurück nach Ägypten errichteten wir einen weiteren Turm im Tal von Schinar und wussten nicht, welche Sprache wir sprachen. Die „Dolmetscher" auf den Plattformen dieser Bewegungen begannen uns einzureden, was und wie wir zu denken hätten, und wir fügten uns. Dabei war uns nicht klar, wie sich das auf uns und unsere Kinder auswirken würde, und was das mit dem Licht anrichten würde, das eigentlich in der Finsternis strahlen sollte. Bevor es vorbei war, hatten wir unseren Verstand, unser Herz und unsere Seele an die Sorgen der Welt verloren, und einige von uns gingen sogar soweit, die geschlechtslosen Teletubbies der gleichnamigen Kindersendung für schwul zu erklären. (Selbst die Fernsehnachrichten berichteten von dieser peinlichen Schlagzeile aus dem „Reich Gottes".) Wir waren wie die Jungfrauen, denen in einer dunklen Nacht das Öl für ihre Lampen ausgegangen war. Das war der Anfang eines selbstversessenen christlichen Industriekomplexes. Wir, nicht unsere Kinder, waren die ursprüngliche Anspruchsgeneration.

WENN DIE GEMEINDE IRRELEVANT WIRD

Ohne die Miene zu verziehen, riefen unsere christlichen Leiter uns dazu auf, unser Leben diesem Wahnsinn zu widmen. Die Kirche wurde zu einer Art Kult, die ihre Mitglieder dazu aufforderte, alles für die Sache zu geben. Christliche Leiter, statt ihr Leben wie der gute Hirte für ihre Herde niederzulegen, wurden zu einem Abbild des gescheiterten Religionsstifters Sun Myung Moon. Die Tragik der amerikanisch-geprägten Gemeinde im späten 20. Jahrhundert war, dass wir auf diese Männer und ihre beschränkten Vorstellungen hörten. Auf Männer, die entdeckten, dass man am schnellsten Geld sammeln konnte, indem man durch eine ständige Flut schlechter Nachrichten in Newslettern, Fernsehsendungen und Kirchen Hass schürt und Kontroversen anzettelt. Die Gute Nachricht war nicht gut genug, um Gelder zu beschaffen, und wir trennten uns von allen Menschen, mit denen wir nicht genau auf einer Linie waren. Gott, so wurde uns gesagt, habe Wohlgefallen an uns, aber ich erinnere mich an keine Tauben, die vom Himmel auf uns herabkamen. Genauso wenig kann ich sagen, dass eine Stimme aus dem Himmel erschallte.

Hinzu kam noch die Vorstellung, dass unsere Bemühungen bald dazu führen würden, dass das Böse ganz vernichtet wird. Mit Gott an unserer Seite würden wir die Wiederkunft des Messias und das tausendjährige Friedensreich herbeiführen. Mehr als ein Bestsellerautor sagte vorher, dass der Messias vor 1997 wiederkommen würde, was Öl ins Feuer des religiösen Zugs schüttete, der von einer sinnvollen Beteiligung an Kunst und Kultur wegführte. Es war die amerikanisch-geprägte Gemeinde des letzten Jahrhunderts, die eine leidensfreie Flucht für alle wahren Gläubigen erfand. Die hungerleidende Gemeinde in weniger wohlhabenden Teilen der Welt hatte solche Illusionen nicht.

Mit diesem neuen Loslösungsstreben ging ein nahezu fanatisches kulturelles Disengagement einher. Wir entdeckten zu spät, dass die Eschatologie unserer Fantasie nicht mit der Eschatologie der Bibel gleichzusetzen ist. *Left Behind* – „Zurückgelassen" – hieß der englische Originaltitel der Endzeit-Roman-Serie *Finale*, ein Titel, der die Abkopplung der Gemeinde von der Gesellschaft auf den Punkt bringt. Der Schaden, der durch diese Abkopplung für beide entstanden ist, wird immer noch von keinem der beiden richtig verstanden.

Was ein Mann glaubt, zeigt sich in dem, was er tut. Wer aber nicht den ganzen Ratschlag Gottes annimmt, der lebt auch nicht in der realen Welt, ob er nun ein Mann der Kirche ist oder nicht. Jesus rief uns in einem Gleichnis dazu auf, bis zu seiner Wiederkunft seine Gaben verantwortungsvoll einzusetzen.* Alltagsroutinen mutig zu meistern; aus dem Bild Gottes, das in uns lebt, etwas zu kreieren; unseren Nächsten so zu lieben wie uns selbst, Jesus Christus nachzufolgen statt eingebildeten religiösen Leitern; und uns mit Wahrheit und Licht zufriedenzugeben – all das hätte unsere Schulen und Wohnorte viel mehr verbessert als irgendwelche Strategien, Städte für Jesus zu „erobern".

Wir waren wie der sprichwörtliche Kaiser ohne Kleider. Die Welt sah unsere Nacktheit, die wir leugneten. Wir wollten ihr weismachen, dass das, was sie sahen, eine neue Art von Stoff sei. Wir glaubten, dass wir die Welt durch unsere Überzeugungskraft retten könnten. Für unsere Kinder schufen wir christliche Ghettos, um sie vor vermeintlichen Irrwegen zu bewahren – obwohl nur Jesus sie bewahren kann. Während wir mit all dem beschäftigt waren, verwandelten wir die lebensveränderndste Botschaft des ganzen

---

* Lukas 19,13

Universums in einen schlafinduzierenden Monolog über die Übel der materiellen Welt und die immer mehr in die Ferne rückenden Herrlichkeiten des Himmels. Mit dem christlichen Glauben hatte das nicht mehr viel zu tun. Unsere Strategien und Größenwahnvorstellungen führten zu einem Massaker, zum Tod der Freude.

Unsere Initiativen blieben gut finanziert. Nicht nur unsere Missionen, sondern zum Teil auch unsere Regierungsämter wurden von Christen geleitet. Die Wahrheit hing wie Trophäen an unseren theologischen Strukturen, bis sie unter dem Gewicht unseres Stolzes zusammenbrach. Nur wussten wir nicht, dass wir stolz waren. Wir wussten nur, dass wir jetzt dran waren, in den Hallen der Macht zu spazieren.

In solch ein Chaos hinein kommt Jesus. Er reitet auf einem Esel und erleidet einmal mehr die Demütigung seiner eigenwilligen Kinder. Er kommt in Form des Geringsten, während die Menge ihm zwar zujubelt, ihm aber nicht in sein Leiden, seinen Tod und seine Auferstehung folgen will. Nur sehr wenige wollen wirklich die Geringsten im Reich Gottes sein.

G.K. Chesterton merkte an, dass das Christentum schon viele Tode gestorben ist, nur um jedes Mal wieder aufzuerstehen. Denn es hat einen Gott, der den Weg aus dem Grab heraus kennt, was uns Mut machen sollte.* Die Fragen, die sich daraus ergeben, lauten:

Wie soll die Gemeinde in dieser Welt aussehen?

Wie zeigt sich das Reich des Himmels auf der Erde?

Warum ist uns Politik wichtiger als Jesus?

Warum sind uns kirchliche Programme wichtiger als schlichte Nächstenliebe?

* G.K. Chesterton, *The Everlasting Man*, Hodder & Stoughton, London 1947, S. 290.

Warum sind wir wütender auf ideologische Widersacher als über die eigene Apathie?

Und warum vernachlässigen wir es, anderen die Gegenwart von Jesus nahezubringen, die ein Geschenk ist? Ein Geschenk, das sich sowohl im Geistlichen als auch im Materiellen ausdrückt und tatsächlich die Kraft hat, die Welt zu verändern?

AUFERSTEHUNGSHOFFNUNG UND GESUNDER MENSCHENVERSTAND

Schauen wir mal von den amerikanisch geprägten Gemeindeströmungen weg und richten unser Augenmerk auf die weltweite Gemeinde von Menschen, die Jesus nachfolgen. Es gibt Glaubensgeschwister an nahezu jedem Ort der Welt, unter allen Völkern und Stämmen und in vielen Sprachen. Einige sind gebildet, andere sind ungebildet. Manche leben unter Brücken, andere in den Hochhäusern der besserverdienenden Gesellschaft. Es gibt Geschwister in Gefängnissen und Krankenhäusern, auf Totenbetten und auf dünnen Matten in Hütten oder unter offenem Himmel – überall, selbst im hintersten Winkel der Welt. **Mehr als zwei Milliarden Menschen bekennen sich zum Glauben an Jesus Christus, und unsere individuellen wie gemeinsamen Gebete steigen Tag und Nacht zu dem auf, der uns hört und der weiß, wie er am besten mit uns und unseren Nöten umgeht.** So chaotisch die Welt auch sein kann, so sehr sich Gottes Kinder teilweise von ihm abkoppeln – ich habe noch nie gesehen, dass Gott sich Sorgen macht oder Angst hat. Es kann allerdings gut sein, dass er leicht verärgert ist über unsere mangelnde Nächstenliebe. Wäre möglich, oder?

Hast du dich schon mal gefragt, warum Gottes Strategie zur Errettung der Welt etwas dumm erscheinen mag? Denk doch nur mal an dich. Oder an die anderen Menschen, die heute leben. Alle, die vor uns gelebt haben, sind tot. Wir sind alles, was er auf der Erde hat, und aus irgendeinem wunderbaren Grund liebt er uns und sieht uns als seine Kinder an. Wir sind von ihm gewollt. Und während wir hier sind, gibt es ein paar Besorgungen, die wir für ihn erledigen sollen. Was ich dabei so verrückt finde, ist, dass er seine Strategie zur Errettung der Welt in unsere Obhut gelegt hat. Wir sollen sie in den wenigen Jahren, die wir haben, auf der Erde voranbringen, und dann ist die nächste Generation dran, die aus genauso verkorksten Menschen besteht wie unsere eigene. Mir tut nur leid, dass meine Generation so viel Zeit mit religiöser Nabelschau vergeudet hat. Wir haben so getan, als wären wir nicht verkorkst, während wir uns um die besten politischen Plätze gedrängelt haben, als hätte das auf lange Sicht je irgendetwas messbar verbessert.

Auch tut es mir leid, dass wir ein so freudloser Haufen sind, der kaum davon überzeugt ist, dass wir geliebt sind. Das ist wohl unsere größte Schwäche, das Traurigste an uns. Es ist so tieftraurig, dass wir es kaum laut aussprechen können. Ich höre mich schon seit Langem in Gemeinden um, ob es dort wirklich von Freude erfüllte Christen gibt. Fast alle, die ich frage, schütteln den Kopf und bekommen einen traurigen Ausdruck in den Augen.

Ich aber gehe davon aus, dass ein Mann, der sich geliebt weiß, auch voller Freude sein muss. So ein Mann ist voller Dankbarkeit für das, was er für den tun darf, der ihn liebt.

Ein Mann hingegen, der sich dieser Liebe nicht sicher ist, agiert oft aus Zorn heraus und muss sich in irgendeiner Mission oder einer Reihe von Regeln verlieren, um ein Identitätsgefühl zu gewinnen. Von daher glaube ich, unsere modernen politisch-religiösen Bewegungen werden mit ihren Leitern sterben, und ich glaube nicht, dass sich viele davon wirklich tief von Gott geliebt wussten. Ihre Taten haben sie oft verraten. Ihre Worte waren von Zorn durchsetzt, und das, was sie durch ihre Bewegungen erreichen wollten, hätte man in der Hälfte der Zeit und mit einem Zehntel der Kosten erreichen können, wenn die Liebe Jesu in jedem ihrer Lebensbereiche sichtbarer gewesen wäre. **Wir haben ganze Arbeit geleistet, den in uns lebenden Jesus so zu verzerren, dass andere Menschen die Merkmale seiner Gegenwart, die stets erkennbar sein sollten, nicht sehen konnten.** Zu diesen Merkmalen gehören Liebe, Freude, Friede, Geduld und Freundlichkeit, um nur einige zu nennen.

Das Reich Gottes muss schnellstens zu unserer höchsten Priorität werden, sonst wird die westliche Gemeinde des 21. Jahrhunderts nicht über den Kleingeist und die Bewusstlosigkeit der viel zu politisch orientierten Gemeinde des späten 20. Jahrhunderts hinauswachsen. Jede Gemeinde, die darin versagt, das Reich Gottes zur klaren Priorität zu machen, wird irrelevant. Die Gemeinde in Amerika gibt einige Lebenszeichen von sich, es wäre daher naiv, sie abzuschreiben. Doch die nächste richtige Bewegung Gottes in der Gemeinde wird nicht politischer Natur sein. Genauso wenig wird sie von einer Mentalität geprägt sein, die sich Gottes Liebe durch Leistung verdienen will. Welche Form sie im Einzelnen auch annehmen wird, sie wird die Gemeinde mit der Gegenwart Gottes füllen. Jesus wird im Kern erkennbar und willkommen sein und im Mittelpunkt stehen, während unsere an den Massengeschmack angepasste Versionen des großen „Ich bin" sich wie der Schaum auf einem Latte, den wir im Anschluss an den Gottesdienst trinken, verflüchtigt. Denn steht Jesus im Zentrum der Gemeinde, können sowohl die männliche Herrschaft als auch die Feminisierung der Gemeinde endlich an den Haken gehängt werden.

HEILUNG VON RELIGIÖSEM RATIONALISMUS FINDEN

Ich weiß nicht, ob wir das je hinbekommen, aber:

- Können liberale Christen je sagen, dass Krieg *und* Abtreibung beide falsch sind?
- Können politisch konservative Christen je zugeben, dass Nationalismus dem Reich Gottes in die Quere kommt?
- Können wir je so zueinander finden, dass wir unsere Herzen miteinander in der Furcht Gottes vereinen, um den Armen zu helfen, Gefangene zu besuchen, uns um Obdachlose zu kümmern, zerbrochene Familien an unseren Tisch einzuladen und uns als Salz und Licht in jede Ecke der Gesellschaft einzufügen?
- Können wir uns an unseren örtlichen Schulen engagieren, damit unsere Kinder eine bessere Bildung bekommen, als staatliche Programme das allein je leisten können?
- Können wir erreichen, dass jedes Geschäft, das wir abwickeln, ehrlich ist?
- Können wir alle an einem gemeinsamen Tisch anbeten, an dem wir alle zugeben, dass wir Sünder sind, während wir Brot und Wein in der Gegenwart Gottes miteinander teilen?

Worum sonst geht es im Reich Gottes, wenn nicht darum, uns um andere Menschen zu kümmern, ihnen gute Nachricht zu bringen und zu Glaubensbrüdern zu machen, die einst verloren waren, aber jetzt wiedergefunden worden sind?

Ich bin ganz und gar nicht gegen die Gemeinde. Ich bin für sie, ich bin ein Teil von ihr und ich liebe sie. Das heißt, ich liebe die Menschen, aus der sie besteht. Aber ich bin *nicht* für eine Gemeinde, die etwas wie Zuschauersport veranstaltet, bei der die meisten sitzen und sich anschauen, was vorne dargeboten wird. Ich wünsche mir etwas weniger Gekünsteltes.

Das Traurige dabei ist, dass viele Männer die Gemeinde langweilig finden und zu anderen Männern keine tiefergehende Verbindung wie Brüder haben. Genauso traurig ist, dass wir als Gemeinde oft nicht für Männer da sind, um sie in ihren größten Kämpfen zu begleiten und zu unterstützen. Wir wissen anscheinend gar nicht richtig, wie wir in diesem Gebilde, das wir den „Leib Christi" nennen, füreinander da sein sollen. Es gibt beispielsweise viele Pastoren, die nie im Berufsleben außerhalb ihres Gemeindedienstes gestanden haben, sich aber mit den täglichen Kämpfen eines Mannes in der Gesellschaft identifizieren müssen. Und es gibt viele Gemeindeleiter, die keine engen Freunde haben und gar nicht wüssten, was sie mit einem anstellen sollten, wenn sie einen hätten. Selbst heute noch vermitteln viele Gemeinden den Eindruck, dass unsere tägliche Arbeit nicht so wichtig sei wie der Gemeindedienst. Wer in den „vollzeitlichen Dienst" tritt, dem wird laut applaudiert. Das ist ein Haufen Häresie, die da Männern über den Kopf geschüttet wird. Die Botschaft ist, dass Freundschaft nicht so wichtig sei und dass die höchste Berufung die eines Missionars oder Pastors sei. Tja, dumm gelaufen, liebe Klempner und Anwälte, liebe Bauern und Lehrer, liebe Fabrikarbeiter und Krankenpfleger, liebe Techniker und Müllarbeiter. In Gottes Hierarchie seid ihr leider unten durch. Ich bin immer noch dafür, dass man einen Prediger teeren und federn sollte, der auch nur im Entferntesten andeutet, Gott hätte mehr Gefallen an „professionell im christlichen Umfeld arbeitenden Christen" als am Rest von uns.

Die Männer, die ich kenne, sehnen sich nach Brüdern und Vätern. Sie brauchen kein weiteres Programm von oben, keine weitere große Kampagne, keinen weiteren Plan zur Verbesserung von Männern, kein weiteres zu haltendes Versprechen, keine weitere große religiöse Sache, keinerlei geistliche Propaganda irgendeiner Form. Sie brauchen keine weiteren auf Scham oder Schuld basierenden Methoden.

Die Mission des Reiches Gottes, wie von Jesus gelehrt, reicht auf Lebenszeit für einen Mann, seine Freunde, seine Nachbarn und seine Familie. Die Italiener haben ein Wort für „Genug!", das es in sich hat, wenn man es so richtig mit Emotion sagt: *„Basta!"*

Wir fühlen uns vielleicht so ähnlich wie auf Noahs Arche nach vierzig Tagen des Regens. Wir waren mit allen Tieren der Schöpfung eingeschlossen und konnten nirgends hingehen. Wir stinken ziemlich, aber schaukeln noch weiter durch den Sturm. Wir bergen uns in einer Sicherheit, sind aber von den ganzen Ausdünstungen mehr als nur ein bisschen benebelt.

Jesus sagte: *„Seid also vollkommen, wie euer himmlischer Vater vollkommen ist!"** Doch wir haben diese Worte missverstanden und daraus ein Programm entwickelt, das wir hier auf der Erde erreichen wollen. Ich höre es fast jede Woche aus irgendeiner Ecke des christlichen Ghettos. Nur die Eingebildetsten glauben, dass sie nicht mehr sündigen, und der Allerdemütigste, der diese Worte gesprochen hat, wollte mit dieser Aussage sicher nicht der Arroganz seinen Segen verleihen. Was meinte er also dann damit, dass wir „vollkommen" wie unser Vater sein sollen? Auf unsere Leistung kann sich das schlecht beziehen, da wir ja alle versagen. Dann hätte Jesus diese Worte genauso gut ungesagt lassen können. Aber er meinte damit, dass wir ein Herz wie das Vaterherz entwickeln sollen. Wir sollen das für uns annehmen, was Jesus für uns geleistet hat, um uns vollkommen zu machen. Dann müssen wir nicht mehr verkrampft sein, sondern können das Herz des

* Matthäus 5,48

Vaters ausleben. In diesem Sinne können wir vollkommen werden, in einem schrittweisen Prozess der Liebe, die Gott und nicht uns als Quelle hat. Die Vollkommenheit unseres Vaters, zu der Jesus uns aufruft, ist *seine vollkommene Liebe*, nicht die Erwartung, dass wir alles richtig machen werden. Können wir ja auch gar nicht. Ich bekomme kaum etwas genau richtig hin. Was für eine Freude, sich darüber keine Sorgen machen zu müssen!

Ein Leben in der Gegenwart Gottes erfordert noch etwas ganz Grundlegendes – auf das sich Menschen, die das Reich Gottes leben wollen, verlassen sollten. Etwas, das Jesus in einer der scheinbar widersprüchlichsten Aussagen, die er je gemacht hat, beschreibt. Und diese spiegelt nicht gerade die tagtägliche Lebensperspektive der meisten Menschen in meinem Bekanntenkreis wider: *„Meine Gnade ist alles, was du brauchst! Denn gerade wenn du schwach bist, wirkt meine Kraft ganz besonders an dir."**

Wie steht's damit? Wir hören unser ganzes Leben, dass wir uns auf unsere Stärken konzentrieren sollen, dass wir im Bereich unserer Kernkompetenzen arbeiten sollen, dass wir auf unsere Erfolge aufbauen sollen, dass wir unsere Marke perfektionieren sollen, dass wir unser Image wahren sollen. Ich will damit nicht sagen, dass du deine Stärken nicht mehr nutzen solltest. Aber wenn du die Kraft Gottes erleben willst, dann darfst du auch deine Schwächen nicht mehr vor ihm und vor den Menschen, die dir nahestehen, verstecken. Das ist ein vergebliches Unterfangen. Es bedeutet einfach, dass du ehrlich werden musst, dass du in der Wahrheit statt in einer Fiktion lebst. Das ist etwas, was Jesus von uns fordert und was den meisten Christen einen Heidenschrecken einjagt.

---

* 2. Korinther 12,9 (Hfa)

DIE NEUE STRATEGIE:
EIN FREUND VON JESUS WERDEN

Kannst du dir eine Gemeinde vorstellen, in der es keine Bekenntnisse gibt, die mit Scham einhergehen? Eine Gemeinde, die stattdessen mit Nachfolgern Jesu gefüllt ist, die ganz ohne Scham die Wahrheit über sich selbst sagen? Ich kenne einige wenige Menschen, die so sind, und es ist erfrischend, mit ihnen zusammen zu sein. Da sie nichts zu verbergen versuchen, sind sie voll da. Sie lassen sich von Weisheit bestimmen, wann sie etwas sagen und wann sie lieber still bleiben sollen. Sie haben echten Frieden, unabhängig davon, wie chaotisch es in ihnen oder um sie gerade ist. Selbsttäuschung ist eine der heimtückischeren Neigungen des Menschen, und davon befreit zu werden, ist den Preis der Heilung wert.

Gott hat den Leib Christi sehr geschickt konzipiert. Er hat nämlich mit Absicht Fehlfunktionen ins System eingebaut, indem er dich und mich nebeneinandergestellt hat, zusammen mit all unseren anderen unvollkommenen Glaubensbrüdern und -schwestern. Er gibt uns ein unglaubliches Geschenk, nämlich das ewige Leben, und dann setzt er uns mit einem Lächeln auf dem Gesicht nebeneinander und sagt uns: „Jetzt arbeitet daran. Kommt miteinander klar. Nehmt euch selbst nicht so wichtig. Benehmt euch wie eine Familie, bis ihr zu einer werdet. Ladet andere verkorkste Männer mit in den Kreis ein, bei dem ich das Zentrum bin." Wer sich Freiheit wünscht, der muss das als neue Normalität anerkennen. Zum größten Teil hat das die letzten zweitausend Jahre auch ganz gut funktioniert – und tut es immer noch, trotz Kirchen- und Kulturkriege und anderer teuflischer Kriege, die wir und unsere Vorfahren angezettelt haben, weil wir das eine oder andere Wort von Jesus vergessen hatten.

Jesus ist ein Weinproduzent, und zwar ein richtig guter. Zu diesem Zweck hat er Trauben erschaffen – und Menschen, die ihren Saft mögen. Der Wein, den er in Kana machte, war erst der Anfang. Die Gäste bei der Hochzeit sagten, dass dieser Mann im Gegensatz zu anderen Gastgebern seinen besten Wein bis zum Schluss aufbewahrte. Allein schon die Menge an Wein war erstaunlich. Doch genauso erstaunlich war die Lektion: nicht immer sofort das Beste aufzutischen, was man zu bieten hat, um andere von sich selbst zu beeindrucken. Wäre vielleicht keine schlechte Idee in der Gemeinde.

Wein ist dafür gedacht, das Leben zu feiern. Seit zwei Jahrtausenden wird damit das Abendmahl gefeiert, damit Christen seiner Gegenwart gedenken können und dadurch mit ihm vereint werden. Dass er, der Weinproduzent, sagte, dass er keinen Wein mehr trinken würde, *„bis ich ihn wieder im Reich meines Vaters mit euch trinken werde"*, ist eine reine Freude.* Die Party fängt nämlich nicht ohne uns an. Dass viele Kirchen das Abendmahl auf einen schnellen Schluck Saft und einen Krümel Brot reduziert haben, grenzt an Wahnsinn. Das Abendmahl sollte vielmehr eine Zeit nüchterner Buße und eine wilde wie fröhliche Feier des Lebens sein. Es ist geschaffen als ein Mittel der Gnade, durch die wir in Gottes Freude eintreten. Stattdessen ist es für viele nur zu einer weiteren trostlosen religiösen Routine geworden. Oder kennst du diese Aufforderung nicht: *„Bitte schnell machen, damit wir mit dem Rest des Gottesdienstes weitermachen können."* Gott rette uns vor der Zerstörung des Abendmahls!

Ich vermute, dass die Zeit kommen wird, in der sich die meisten Megakirchen in etwas Menschenfreundlicheres verwandelt

---

* Matthäus 26,29 (Hfa)

haben, in der die übergroßen Kirchengebäude wieder zu Staub verfallen sind und in der freundlose Pastoren wieder anfangen, echtes Vertrauen zu ihren Glaubensbrüdern aufzubauen. Ich vermute, dass das nicht gleich morgen oder übermorgen geschieht. Wir sind nicht von einem Tag auf den anderen in unserem momentanen Zustand angekommen, und es wird ein riesiges Werk von Jesus und seinen Freunden erfordern, aus der Gemeinde wieder das zu machen, was sie sein sollte: Männer und Frauen ohne Falsch, die so offen miteinander sind wie kleine Kinder und damit zufrieden sind, mit Jesus zusammenzusitzen und ihn sein Werk in und durch sie tun zu lassen. Soll heißen: die Welt durch seine Liebe zu gewinnen. Das wird passieren, wenn die Herzen christlicher Männer erwachen und sie andere mit Liebe, Freude, Frieden, Geduld, Freundlichkeit, Güte, Treue, Sanftheit und Selbstbeherrschung anstecken, dem wahren Beweis für die Gegenwart des Heiligen Geistes in unserem Leben.* Denk dran: Gott fühlt sich zu Kindern hingezogen – und zu Erwachsenen, die wie Kinder werden.

Mögen diese Eigenschaften des Heiligen Geistes aus dir herauskommen, lieber Bruder, wie eine reifende Frucht an einem Baum und möglich gemacht durch die Freundlichkeit desjenigen, der dich so sehr liebt.

Dass er dir diese Gaben anvertraut, spricht für dich.

---

* Galater 5,22–23

11

ZIMMERE DEINEN EIGENEN SARG

Die Auswanderer aus Europa, die in der Mitte des 18. Jahrhunderts nach Amerika kamen, mussten viel Mut gehabt haben. Ohne Skype, ohne Smartphones, ohne E-Mails, ohne Flugzeuge oder die Möglichkeit, einfach wieder zurück nach Hause zu kehren, verließen sie ihre Freunde und Angehörige in den Städten und Dörfern ihrer Geburt und segelten in kleinen Schiffen auf dem hohen Meer gen Westen, auf der Suche nach schwer zu fangenden Träumen. Viele von ihnen flüchteten vor Verfolgung oder Armut und erhofften sich religiöse Freiheit und kostenloses Land. Meine schweizerischen und deutschen Vorfahren gründeten ihr neues Zuhause in einem Tal, wo mein Vater während der Goldenen Zwanziger und der Großen Depression die ersten einundzwanzig Jahre seines Lebens verbrachte. Damals wie heute ist es dort still und es sieht immer noch aus wie ein kleines Stück Schweiz.

Meine Brüder und ich stellten uns meinen Vater gerne als amischen Jungen in unserem Alter vor, und wir liebten es, die Scheunen und Bauten des alten Gehöfts auszukundschaften: eine Sommerküche, die aus Feldsteinen und Gestein aus dem Bergsteinbruch gebaut worden war; ein viel genutzter, weißgetünchter Stall im Stil des 19. Jahrhunderts; und ein wackeliges, aber funktionsfähiges Klohäuschen im Garten mit stapelweise Seiten aus einem alten Katalog als Klopapier. Wir staunten über diese merkwürdige Annehmlichkeit. An einem Nachmittag, während einer Wanderung mit unserem Vater auf die Spitze des Jacks Mountain, entdeckten meine Brüder und ich das bemerkenswerte Fossil einer Schlange, das dort oben auf dem Berg ruhte und seit der Sintflut darauf gewartet hatte, von uns gefunden zu werden. Ich hatte bis dahin noch nie von so etwas gehört – von einer versteinerten Schlange –, und obwohl Noahs Arche nirgends in Sichtweite war, schien Noah auf einmal ganz nahe zu sein. Mit einem Mal fühlte ich mich wie Petrus und Johannes auf dem Berg der Verklärung, und ich wünschte mir, wir könnten dort Hütten bauen und für immer da bleiben. So stark kann das Verlangen von Söhnen sein, mit ihren Vätern zusammen zu sein. Es ist eine meiner ersten Erinnerungen an ein Gefühl der Sehnsucht.

Auf einem Acker des ländlichen Amerikas im frühen 20. Jahrhundert groß zu werden, war nichts Ungewöhnliches. Anders war es, zu den Amischen zu gehören. Die Amischen befanden sich noch nie im gleichen Takt wie die allgemeine Bevölkerung. Hättest du meinen Großvater gekannt, wärst du vielleicht zu dem Schluss gekommen, dass seine querdenkerische Ader Absicht war, vermutlich war sie das auch. Für uns stellte seine DNA eine Komplexität dar, die wir verstanden. Mitglieder einer Gruppe, die sich ganz bewusst von der allgemeinen Gesellschaft absetzt, können gleichzeitig stark individualistisch sein sowie sich auch sozial-gesellschaftlich beteiligen, sodass daraus eine blühende Gemeinschaft und eine ungewöhnliche Kultivierung des Ganzen entsteht. Diese Spannung erzeugt einen charmanten Humor, der mit einer fast heiteren Verdrießlichkeit gekoppelt ist. Doch es gibt Grenzen für das, wodurch sich ein Einzelner in diesen Gemeinschaften auszeichnen darf. Zu den erlaubten amischen Auszeichnungen gehören geschickte Handwerkskunst, Erzählkunst, intelligente Landwirtschaft und Viehzucht, mechanische Erfindungen, Kochkünste, qualitativ hochwertiges Hausgemachtes aller Art und eine Vielfalt an Mätzchen, dessen einziger Zweck darin besteht, Nachbarn und Freunde zum Lachen zu bringen. Mein Großvater zum Beispiel machte, nachdem er einen neuen Schornstein auf seinem zweistöckigen Farmhaus fertiggestellt hatte, einen Kopfstand auf dem Schornstein. Und als einmal der Freund einer Großtante mütterlicherseits mit seinem Sportwagen zu Besuch kam, versteckten ihre Brüder den Wagen auf einem Scheunendach. Das ist die herrliche Verrücktheit, aus der legendäre Geschichten entstehen.

Die Nächte in Opas Haus waren magisch und mysteriös. Die nächtlichen Geräusche auf der Farm, das sanfte Muhen der Kälber, das Gurren der Tauben in der Scheune und die melancholischen Klagenachtschatten-Schwalben riefen uns und sich gegenseitig zu, während wir in den Schlaf glitten. Mit den sonderbaren alten Nachttöpfen in jedem Schlafzimmer, seinen weichen Holzfußböden, deren Knarren von zweihundert Jahren des Erinnerns erzählten, und den Gerüchen von Steppdecken vermittelte Opas Haus ein Gefühl der Heimeligkeit. Hähne, genauso unhöflich wie Wecker, weckten jeden vor Sonnenaufgang auf – bevor selbst Gott wach war –, doch der Duft von Omas althergebrachtem

Bauernfrühstück lag bereits in der Luft. Omas uralter Holzback- ofen war eine nie versiegende Quelle von Süßem, und ein alter Blechnapf baumelte an einem Wasserhahn, der kaltes Bergquell- wasser direkt in ihre Küche beförderte. In diesem Tal überfluteten mich Erinnerungen wie der Duft von Flieder im Frühling.

In der Ecke hinter der Schlafzimmertür des Gästezimmers stand Opas selbstgemachter Sarg aus Sperrholz wie ein stiller Soldat des Todes. Zwischen unseren Besuchen bei Opa vergaß ich den Sarg meist. Umso erschreckender war es, wenn ich abends die Schlafzimmertür zumachte und ihn dann, von dem flackernden Licht einer Kerosinlampe beschienen, wieder entdeckte. Er war eine unheimliche Erinnerung daran, dass Opa wusste, dass er sterben würde. Er wusste zwar nicht, wann, aber er wusste, dass eines Tages der Tod kommen würde, und irgendwie schien ihn das nicht zu stören. Er hatte keine Angst davor. Er war ein origineller „Oldtimer", unbekümmert im Hinblick auf soziale Gepflogenhei- ten oder seine eigenen Absonderlichkeiten. Den Einwänden des Leichenbestatters zum Trotz bestand er drauf, dass sein Leichnam auf der Ladefläche eines Pick-ups zur Kirche und zu seinem Grab gefahren werden sollte. Der Gedanke, in einer schwarzen Limou- sine befördert zu werden oder in einem hübschen Holzkasten in einem Loch auf dem Friedhof begraben zu werden, gefiel ihm nicht. Wenn er gefragt wurde, warum er oben nicht zwei Särge stehen hatte – ob er meinte, dass Oma keinen bräuchte –, lächelte er für den Bruchteil einer Sekunde und sagte, dass er immer noch einen weiteren bauen könne, falls sie zuerst Bedarf an einem hätte. Das war aber nicht der Fall.

Es war ein frischer, kalter Tag, an dem wir Opa begruben. Ein Eissturm war in der Nacht zuvor durchs Tal gefegt, und es ist zu bezweifeln, ob es in *Narnia* je eine hübschere Szene gegeben hat.

Jeder Zweig und jeder Ast auf beiden Berggraten strahlte wie die Reinheit des Himmels. Die Berge glänzten vor einem tiefblauen Himmel und drückten gleichzeitig ein „Lebe wohl" und ein „Willkommen zu Hause" aus während wir über den Lebenssinn, unsere Hoffnung und Gott nachsannen. Wir, Bauern, Menschen der schmutzigen Erde, sangen Hymnen und schlossen sein Grab mit zärtlicher Stärke, wie es in unserer Familie immer üblich gewesen war. Für uns ist das der letzte Liebesakt auf dieser Erde, den ein Mann für seinen Vater oder Freund tun kann. Wir lassen die Gräber der uns nahestehenden Menschen nicht von irgendjemandem zuschütten. Wir glauben nicht an Bagger oder herzlose Totengräber oder mechanische Drehkurbeln, um die Toten im Schnellverfahren zu begraben. Als wir Abraham Yoders Leichnam ins Grab legten, da war das ein sanftes, sorgsames und liebendes Lebewohl. Eine Schaufel voll nach der anderen für einen alten amischen Patriarchen, der den guten Kampf gekämpft und sein Rennen vollendet hatte. Sein Geist war bereits über den blauen Himmel hinweg zu Jesus geflogen und er war ein freier Mann.

STERBE, DAMIT DU LEBEN KANNST

Jeder, der je gelebt hat, ist tot, mit Ausnahme vielleicht derer, die noch am Leben sind. Ansonsten sind es hundert Prozent. Aus diesem Grund, und weil wir das Unbekannte fürchten, übt der Tod viel Macht auf uns aus. Deshalb ist es so paradox, dass Jesus seinen eigenen Tod benutzt hat, um Menschen von dem freizusetzen, der Macht über den Tod hatte. Indem er sein eigenes Leben für unsere Freiheit gab, hat er uns eine heilige Einladung gegeben, aller Ungerechtigkeit gegenüber zu sterben und in den Genuss der Lebensgaben zu kommen, die er für uns in seinem Namen bereitgelegt hat.

Bevor wir Männer uns überhaupt auf etwas einlassen, wollen wir für gewöhnlich erst die dahinterstehenden Absichten wissen. Dieses Misstrauen sitzt so tief, dass Jesus nicht unbedingt viele Abnehmer findet, wenn er nicht gleich alle Details auftischt, sondern nur sagt, dass man sein eigenes Leben verlieren muss, um es zu finden, und dass man sein eigenes Kreuz tragen muss, um zu leben. Das klingt nach einem ziemlich miesen Angebot. Doch nur selten legt ein Gastgeber schon im Voraus alle Vergnügungen dar, die er für einen wunderbaren Abend geplant hat. **Das Problem der meisten Männer ist, dass, solange wir unser Leben noch nicht ganz in den Sand gesetzt haben, wir eigentlich lieber so bleiben, wie wir sind und kein starkes Interesse an der Einladung von Jesus haben – ein Umstand, der beim Rest der Bevölkerung nicht unbemerkt geblieben ist.** Wir wollen das, was wir uns unser ganzes Leben lang erarbeitet haben, nicht aufs Spiel setzen. Es mit Absicht aufzugeben, scheint sogar noch schlimmer. Ein Handel, den wir uns gerne ersparen wollen.

Trotzdem möchten Männer gerne leben – richtig leben –, und die Welt der Männer dreht sich um dieses Körnchen Wahrheit, denn die innere Achse für alles, was ein Mann tut, wird vom Wunsch nach Leben angetrieben. Er will das, was er sich wünscht und verdient hat, nicht verpassen, sondern sich zu Eigen machen, bevor es an ihm vorüberzieht.

Vor nicht allzu langer Zeit war die Maxime *carpe diem* sehr beliebt. Es war genau der richtige Spruch für eine Modeerscheinung aus dem 20. Jahrhundert, und er kitzelte uns im Ohr, wann immer wir ihn sagten. Aber wer wusste wirklich, was es bedeutete? *Carpe diem* war nur ein weiterer Versuch, unsere Sehnsüchte selbst zu stillen, wie eine Traumsequenz, die erst nach Honig schmeckt, dann aber wie Staub an uns kleben bleibt. Der Versuch, aus dem Leben so viel wie möglich herauszuquetschen, zerstört genau die Freude, die wir eigentlich suchen. Denn er versucht das zu erzwingen, was von sich aus gegeben werden würde, wenn nur Liebe da wäre.

Bevor wir den Dreck unserer eigenen Selbstsucht abwaschen, kann es gut sein, dass wir hassen, was Salomo in seinem Buch Prediger richtigerweise schreibt. Wie kann alles Nichtigkeit sein? Es ist ja auch nicht so, dass wir das Leben nicht lieben dürfen, aber das *Leben zu lieben* und das *Leben an uns zu reißen*, sind zwei sehr unterschiedliche Vorgehensweisen. Wenn Jesus uns auffordert, das Leben so zu nehmen, wie Gott es gibt – sprich: den Tod des eigenen Drecks zu akzeptieren und das Kreuz auf sich zu nehmen, um zu leben –, dann möchte er uns damit zu einem Leben mit Gott bewegen. Wir müssen das aufgeben und zurückgeben, was wir für uns selbst ergriffen haben. Das ist eine Entscheidung, eine Weggabelung für alle Männer. Eine Entscheidung, die sie entweder in sinnvolle Beziehungen zu anderen führt oder die einsame Entschlossenheit bekräftigt, allein unterwegs zu sein. Doch der Weg des Alleingangs ist schon seit langer Zeit überfüllt.

JESUS LIEBT DIE TOTEN UND STERBENDEN

Die beste Grundannahme für das Leben lautet: *Jesus ist nicht verrückt und er hat etwas richtig Gutes für Männer auf Lager.* Die gute Nachricht ist, dass er unbedingt mit Menschen in Beziehung treten will, ob sie nun Schurken, Prostituierte, Süchtige, Heuchler, Betrüger oder Otto Normalverbraucher sind. Er lässt sich nicht von Menschen abschrecken, die dunkle Geheimnisse verstecken – selbst nicht von denen, die ihn mit einem Kuss der Freundschaft verraten. Besonders erstaunlich dabei ist, dass der Tod, zu dem

Jesus uns einlädt, erst ermöglicht, so richtig am Leben zu sein. Jesus garantiert, dass er unsere Herzen zum Leben erweckt.

König David beschreibt prophetisch einen leidenden Befreier. Er spricht davon, wie er von den Leuten verspottet wird, wie seine Kleider aufgeteilt werden und wie seine Hände und Füße durchstochen werden. Doch dann mündet diese Beschreibung in einen siegreichen Lobgesang, der einen der feierlichsten Segenssprüche enthält, die je geschrieben worden sind: *„Aufleben soll euer Herz für immer."** Ich habe diese Worte schon häufig als Toast am Essenstisch gehört. Besonders passend ist er für den Abendmahlstisch, während wir Jesu Tod gedenken und seinen Namen in Gemeinschaft aussprechen.

Jesus ist wie der Bauer, der weiß, dass der Same, den er in den Boden pflanzt, erst sterben muss, bevor er etwas Wertvolles hervorbringen kann. Selbst ein Körnchen Wahrheit kann schon eine reiche Ernte der Freiheit erzeugen.

Unseren eigenen Sarg zu zimmern, ist dementsprechend eine Metapher für eine bestimmte geistliche Haltung. Sie drückt die Bereitschaft aus, uns vom Gärtner Edens begraben zu lassen, damit wir wieder auferstehen und in die Gemeinschaft des Lebens eintreten können. Sie versinnbildlicht, dass wir unsere schwere Last begraben, um dafür etwas zu bekommen, was leichter zu tragen ist. Unser freiwilliger Tod stellt eine Gemeinschaft wieder her, in der wir Freude und Seelenruhe bekommen. Ruhe von dem ermüdenden Streben nach eigener Befriedigung. Ruhe von der bösartigen Leere und Trauer unseres schlecht gepflegten Mannseins. Ruhe von der Leistung und dem Handel, den wir mit falschen Ideen und Idealen eingegangen sind, die uns am Ende nur

---

* Psalm 22,27

Kummer bereitet haben. Einige finden den Weg von Jesus zu heftig, weil er diesen Tod von uns fordert. Doch wenn mein Großvater da ein Anhaltspunkt ist, dann kann das Sterben so lässig sein wie das Pflanzen einer neuen Ernte. Der Grad der Schwierigkeit hängt ganz davon ab, inwieweit wir dem Unausweichlichen widerstehen oder den Tod als einen Weg zum Leben verstehen.

Zu heftig muss der Weg von Jesus also nicht sein. Aber er ist schon eindringlich. Wer einmal ihm gehört, der kommt nicht so leicht davon. Wenn ich morgens aufwache, begrüßen mich meist zwei Gedanken: *„Oh nein, nicht schon wieder!"* Dieser Gedanke hat viel damit zu tun, wie Männer ihre Arbeit und den Missmut über den endlosen Kampf angehen. Der andere Gedanke ist: *„Ach, du bist auch noch da?"*, als hätte Gott sich verzogen, während ich schlief – als wäre er am Vorabend nur bei mir gewesen, weil ich ihn dafür bezahlt habe. Religion fördert diese Vorstellung, dass wir uns Gott verdienen müssen. Sie befleckt die Reinheit von Gottes heiliger Freundlichkeit, indem sie ihn zum ultimativen Quidproquo erklärt. Falls du so tust, als würde Gott dich verlassen, weil er lieber mit einem fähigeren, weniger fehlerbehafteten Mann zusammen ist, der ihm mehr bezahlen kann als du, der mehr leisten kann als du oder mehr Gunst bei ihm gewinnen kann als du, dann bist du immer noch in einer „Gott ist mein Prostituierter"-Mentalität gefangen. Diese falsche Gottesvorstellung muss sterben – je schneller, umso besser. Falls du immer noch in dem schrecklichen Paradigma religiöser Leistung festhängst, dann möchte ich dir raten, dir jetzt deinen Sarg zu zimmern. Du besitzt bestimmt eine ganze Wagenladung an Dingen, die du lieber zum Friedhof bringen solltest, und zwar schnell. Vielleicht könnten einige unserer geistlichen Leiter, die selbst eine solch persönliche Reformation brauchen, die Karawane zum Friedhof ja anführen.

Religiöser Perfektionismus ist nicht das Einzige in Männern, was sterben und für immer begraben werden muss. Wir brauchen eine gute alte irische Totenwache für den ganzen Kram in unserem Leben, der verursacht, dass wir nur ein schwaches Abbild der Männer sind, als die Gott uns eigentlich geschaffen hat. Unsere Totenwache sollte den Tod der Selbstgenügsamkeit, Unsicherheit und Ablehnung feiern, sowie des ganzes Zwangs, der durch Lügen und Halbwahrheiten, Süchte, Drohungen, Einschüchterungen, Machtrausch, Missbrauch, Gier, Arroganz und Stolz entsteht. Wo wir schon mal dabei sind, können wir auch gleich all unsere Ängste mit in den alten Holzkasten legen. Legen wir los! Raus mit dem ganzen Schrott in unserem Herzen! **Ein Herz, das nicht richtig lebt, ist auch nicht viel besser als ein totes Herz.** Binnen kurzem sterben wir sowieso alle, ganz gleich, was wir dagegen unternehmen, und in dem Moment, wo wir sterben, verlieren wir alles. Warum nicht schon jetzt lieber den Müll eintauschen, der das Sterben in unserem Herzen erzeugt hat, und freiwillig der Gemeinschaft des Lebens beitreten, statt zu warten, bis der letzte Atem aus uns herausgepresst wird? Die von uns, die schon länger mit Jesus leben, wissen, dass einige Dinge leichter sterben und andere ein ganzes Leben zum Sterben brauchen. Doch indem wir selbst die Angst vor dem Tod und seine lebenslange Knechtschaft begraben, erleben wir, das die sanfte Gnade Jesu genügt, um uns Tag für Tag durch unser neues Leben zu führen. Wir müssen nichts an uns reißen. Stattdessen können wir mit offenen Händen die täglichen Gaben annehmen, die uns gereicht werden.

DER ELEGANTE TANZ DES LEBENS

Bevor wir die Vorzüge derer erleben können, die als Söhne des Vaters leben, müssen wir verstehen, dass uns ein ganz wichtiges Lebenselement fehlt. Wir verlieren allmählich – und haben es vielerorts bereits völlig verloren – die rettende Gnade und Freundlichkeit einer lebendigen und dynamischen Glaubensgemeinschaft. Während das gesellschaftliche Pendel vom krassen Individualismus zum gruppenorientierten Twitter und anderem protechnischen Unsinn geschwungen ist, haben sowohl die individuellen Merkmale des Mannseins als auch eine unverwechselbare Gemeinschaft abgenommen. Das hat uns verarmen lassen, ohne dass wir es richtig wissen, geschweige denn, dass wir wissen, was wir dagegen tun sollen. Wir werden immer passiver in allem, nur nicht in dem Streben nach unserer eigenen Befriedigung und Unterhaltung. Wir vergessen, was unser Meister gesagt hat, dass nämlich nur diejenigen seine Brüder sind und ins Reich des Himmels eintreten dürfen, die den Willen seines Vaters tun.

Gemeinschaft, wie ich sie in der Schlichtheit der Amischen und Mennoniten erlebte, zeichnete sich durch das gemeinsame Ziel aus, ein ausgefülltes Leben zu führen, das heißt ein Leben, das mit Liebe, Identität, Glauben und einer sanften Güte gefüllt ist. Wir wussten etwas, was viele Gemeindegruppen und Vereine nie entdecken: Familien sind wertvoller als Erfolg; Kinder sind wichtiger als Sport; Oma und Opa schickt man nicht einfach zum Sterben weg, solange der Gesundheitszustand das nicht zwingend notwendig macht; zusammen zum Wohl eines anderen zu arbeiten, schafft mehr Gemeinschaft als eine Runde Golf; Mühsal bewirkt ein besseres Leben als ein regelmäßiges Partyprogramm; und Gott hat Freude daran, dass wir seine Güte feiern. Wir suchten das Wohl anderer mehr als unseren eigenen Vorteil.

Wir achteten andere höher als uns selbst. Wir praktizierten den Spruch: *„Überlass es anderen, dich zu loben!"**, und wir gaben uns alle Mühe, uns nicht zu überschätzen, sondern ehrlich und bescheiden im Urteil über uns selbst zu bleiben.** Wir schworen allen Auseinandersetzungen vor Gericht ab und praktizierten Vergebung für alle und alles. Wir baten um Erbarmen und teilten es frei aus, und beim Abendmahl knieten wir uns demütig voreinander hin, um die Füße unserer Glaubensgeschwister zu waschen. Wir hielten unsere Versprechen, selbst wenn es uns etwas kostete.

Ich glaube nicht, dass die Mennoniten oder Amischen vollkommenere Menschen sind als irgendeine andere Gruppierung auf der Erde, aber eins wissen sie besser als die meisten, und zwar wie man eine Glaubensgemeinschaft lebt, die sich um jeden, auch den Allerletzten, kümmert, als wäre er der Größte. Und in dieser Bejahung des Schwachen sind sie Vorbilder für Jesus Christus, unseren Retter.

Für mich bedeutet eine *Glaubensgemeinschaft* eine Feier von Toten, die die Auferstehungskraft erlebt haben und die jeden Gedanken daran, gut genug für Gott zu sein, aufgegeben haben. Sie ruhen in einer zärtlichen Fürsorge des Vaters, der uns alle so annimmt, wie wir sind. Es ist so, als befände sich inmitten des Dunkels und Leids eines gebrochenen Planeten ein Lichtstrahl, in dem der Tote tanzt, als wäre er nie gestorben. Ihm schließt sich eine ganze Glaubensgemeinschaft an, eine Wolke von zahllosen Zeugen. Diese heilige Feier, deren Teilnehmer nicht mehr in der Gewalt des Todes sind, und die keine Angst mehr vor ihm haben, ist eine der sanften Gnaden Christi – eine Eleganz, die er uns verleiht,

*   Sprüche 27,2
** Römer 12,3

während wir weinen, tanzen und singen, bis wir in sein ewiges Reich eintreten.

Es ist diese Eleganz, die aus einem unattraktiv aussehenden Paradox eines der attraktivsten Angebote macht, die ein Mann je annehmen kann. **Denn indem ein Mann sein Ego begräbt, entdeckt er die Schönheit und die Kraft individueller Eigenschaften in der Balance zu einer gnadenerfüllten Gemeinschaft.** Eigentlich mögen oder brauchen wir unser eigenes Gepäck auch gar nicht, also ist dieser Tausch schon von daher zu unseren Gunsten. Das gilt für Männer genauso wie für Frauen, für Familien genauso wie für Gemeinden, für Individuen genauso wie für Gruppen.

Wir könnten dir beispielsweise Karris vorstellen, eine wunderbare Freundin, die seit mehr als neun Jahren alles aufgegeben hat, um unter den Kindern Haitis zu leben. Wenn jemand sie an das erinnert, was sie alles aufgegeben hat, füllen sich ihre Augen mit Tränen und sie sagt: „Aber ich habe mein Leben gefunden."

Wir könnten dich nach New York führen, wo B.J., ein unvollkommener Hirte – ein kleiner Wilberforce, wenn man so will –, gleichermaßen unter den Armen und Reichen Manhattans lebt. Er hat mehr als die Hälfte seines Lebens in den Glauben investiert, der besagt, dass Gott und seine heiligen Wege ganz praktisch für den Alltag bestimmt sind, dahingehend, dass die Bedürfnisse eines Menschen im Grunde gleich sind, ob er nun in einem harten und isolierten Straßenumfeld oder in einem komplexen Leben hoch oben in der Wall Street lebt.

Und wir sähen es gerne, dass du Bill kennenlernst, der zwar keine leiblichen Söhne hat, der aber aufgrund seiner Weisheit und Freundlichkeit einen ganzen Stamm junger Männer angesammelt hat, deren Leben für immer verändert worden sind.

Oder du könntest auch zu uns nach Hause kommen, eine Mahlzeit mit uns teilen und dir anhören, wie wir dir unsere Sünden und Schwächen bekennen. Würdest du uns schon länger kennen, würdest du sicher zugeben, dass wir nicht mehr dieselben Menschen sind, die wir einst waren. Die These, auf die wir unser ganzes Leben gesetzt haben, ist, dass Jesus uns verändern kann und aus uns ein größeres Wunder der Gnade macht, als irgendjemand – uns selbst mit eingeschlossen – je erwartet hätte.

Falls du wirklich mal bei uns übernachten solltest, bringen wir dich bei uns im Gästezimmer unter, und wenn du abends die Tür zumachst, wirst du dort einen selbstgebauten Sarg in der der Ecke stehen sehen, wie ein stiller Soldat, der im Mondlicht scheint.

Nein, noch nicht. Meine Frau sagt, wenn ich tatsächlich einen Sarg baue, wird sie mich eigenhändig umbringen und dort hineinverfrachten. Sie will „so ein Ding" nicht im Haus haben!

12

DER CHRISTUS-MANN

Ethan war elf, als ich ihn eines Sonntagmorgens zum ersten Mal sah. Er hing hinten im Gottesdienstsaal in den Armen seines Vaters. Er wäre lieber woanders gewesen. Ich auch – müde wie ich war. Wir hatten eine sofortige Verbindung miteinander. Da die kleinen Dinge, die Gott tut, häufig wichtige Dinge sind, sprach ich still ein Gebet für Ethan. Ich sagte Gott, dass es cool wäre, wenn Ethan später im Gottesdienst beim Abendmahl zu mir käme, da ich einer derer war, die das Abendmahl austeilten.

Während des Abendmahls platzte Ethan dann plötzlich hinter einer hochgewachsenen Person hervor und stand vor mir. Ich hatte ihn gar nicht kommen sehen. Kurz zögerte ich, dann beugte ich mich vor, um ihm direkt in die Augen zu sehen und ihm zu sagen: „Ethan, dies ist das königliche Fest unseres Herrn Jesu Christi. Dies ist der Leib, der für dich gebrochen wurde, und dies ist sein Blut, das alle deine Sünden wegwäscht. Dies ist der Friede Christi, für dich." Er stand da und schaute mich an, die Hände an

der Seite. Dann wurden seine Augen groß und er rief aus: „Wow!",
als er das Brot und den Kelch nahm. Und ich empfand eine über-
schwängliche Freude.

Auf dem Nachhauseweg nach dem Gottesdienst ließ ich die
Szene noch einmal Revue passieren. Wie nett von Jesus, sich auf
diese Weise blicken zu lassen! Ich war erschöpft und Ethan am Boden zerstört. Und dann kam Jesus und gab mir die Gelegenheit,
ein Lebensspender für einen jungen Mann zu sein, der in diesem
Augenblick einen Funken Leben gespendet bekam.

Gegen Mittag setzte sich unsere Familie mit Verwandten zusammen, die in der Nähe wohnten. Wir aßen eine der feinen Som-
merspeisen, die Linda gerne zubereitet. Es war exquisit. Perfekt
gegrillte Hüftsteaks mit Edelpilzkäse, karamellisierten Zwiebeln
und gerösteter Paprika auf frischem, noch dampfendem Brot
direkt aus dem Ofen – eine Mahlzeit, bei der einem das Wasser
im Mund zusammenlief. Was könnte es Besseres geben? – Nun,
ich verspürte noch immer ein Hochgefühl von dem Licht, das in
Ethans Augen aufgeleuchtet war.

Als unsere Gäste gingen, machte jemand eine Bemerkung, die
mir auf die Nerven ging, und in einem fehlgeschlagenen und un-
nötigen Bemühen, mich selbst zu schützen, sagte ich etwas, was
Linda tief ins Herz schnitt. Sie beherrschte sich und blieb freundlich, bis alle gegangen waren, und dann zahlte sie es mir heim!
Ich hatte es verdient. In einem einzigen Augenblick war ich von
einem Lebensspender zu einem Lebensräuber geworden. Meine
Unfreundlichkeit verdarb mir sogar die Freude an meinem Erlebnis mit Ethan und unserem Familienessen, und ein feierlicher
Tag entwickelte sich zu einem trüben Nachmittag.

An dem Abend verbrachten Linda und ich viel Zeit auf unserer Veranda, wo wir in unseren Schaukelstühlen saßen und

verarbeiteten, was passiert war und was sich dahinter verbarg. Sie vergab mir. Innerhalb nur weniger Stunden war ich von einem Lebensspender zu einem Lebensräuber und dann zu einem Lebensempfänger geworden. Und am Ende sah das Erlebnis mit Ethan ganz nach einem dieser abgekarteten Spiele aus, die Gott manchmal mit uns treibt!

War ich am Ende des Tages mehr zu einem „Christus-Mann" geworden? Was genau bedeutet diese verblüffende Kombination aus Gott und Mensch? Nach seiner Auferstehung sagte Jesus, dass er gehen müsse, aber dass sein Vater seinen Heiligen Geist senden würde, um in den Gläubigen zu leben. Er versprach, dass ihnen und der Welt enorme geistliche Vorzüge zufließen würden, nachdem das dritte Mitglied der Dreieinigkeit gekommen sein würde. Sein Geist, sagte Jesus, würde Waisen in Söhne und Töchter verwandeln, und zwar von innen heraus. Meine eigene Verwandlung besteht anscheinend immer noch aus sehr nassem Beton.

MISCHUNG AUS STAUB UND GOTTHEIT

Trotz aller Unvollkommenheiten des Mannes schafft diese wundersame Kombination aus Gottes Geist und menschlichem Geist etwas Neues. Etwas, das weder wie der alte Mensch ist noch ganz wie Gott. Dieses Neue stellt die einzigartige Persönlichkeit und Eigenschaften eines Mannes wieder her, gibt ihm aber einen neuen Blickwinkel, als würde sein Geist gleichzeitig älter (sprich: weiser) und jünger werden. Die Gegenwart Gottes in einem Mann schneidet tief in seinem Geist die alternden Folgen der Sünde ab – nicht ganz, aber doch deutlich bemerkbar. So wie das Altern der Sünde einen täglich schleichenden Tod darstellt, so ist auch die Erneuerung des lebenspendenden Geistes täglich am Werk, hier und jetzt.

Dieses Leben im Geist bleibt gründlich im Boden der realen Welt verwurzelt. Menschen sterben oder werden verrückt; das Leben ist auf jeder erdenklichen Stufe schwer; Eltern begraben ihre Kinder. Und doch ist der innewohnende Geist wie ein guter Professor, wie eine zärtliche Mutter, wie ein weiser Vater, wie ein trostspendender Freund. Er führt uns in die Wahrheit, die uns von den Lügen befreit, die wir glaubten, bevor wir zu Christus-Männern wurden. Einst waren wir Gefangene unseres Ichs, unseres Halb-Ichs und unserer Halb-Wahrheiten, doch durch Gottes in uns wohnenden Geist sind wir jetzt frei. Eine sonderbare Überspitzung drückt es so aus: *„Zur Freiheit hat uns Christus befreit."** Diese Freiheit, diese innere Gegenwart von Christus, ist das, was den Christus-Mann von allen anderen Männern unterscheidet. Letzten Endes haben nur Christus-Männer die volle Kapazität, ihre ganze Männlichkeit auszuschöpfen und zu dem einzigartigen Mann unter den Geschöpfen Gottes zu werden, den Gott sich vorgestellt hat

Traurigerweise erschreckt Freiheit bestimmte Christen zu Tode. Eines Tages sollten wir uns dafür entschuldigen, in wie vieler Hinsicht unsere Ängste es anderen unmöglich gemacht haben, Gott kennenzulernen. Vielleicht können jene, die unbedingt nach dem Gesetz leben wollen – das heißt, die sich ihren alten Versklavungen zuwenden, statt in Freundschaft mit Gott und ihren Glaubensbrüden zu leben –, einmal mehr als unsere besten schlechten Beispiele dienen. Solche Menschen sind verkümmerte Kinder Gottes. Da sie sich nach dem Gesetz und nicht nach Gnade richten, bereitet ihnen die allsehende, allwissende Gegenwart des Heiligen Geistes Sorgen. Mehr noch, sie binden sich an die Regeln religiöser „Fruchtinspektoren". Ihre Sorgen offenbaren, dass

* Galater 5,1

sie selbstgerecht statt Gott-gerecht sind. Da Schuld und Scham die hässlichen Zwillinge sind, die immer noch die Gottesbeziehung dieser Menschen bestimmen, kann es kaum eine schlechtere Nachricht geben als einen innewohnenden Gott, der alles weiß. Das heißt, wenn sie Mist bauen, versprechen sie Gott hochheilig, es nie wieder zu tun. Doch es dauert nicht lange, da brechen sie ihr Versprechen wieder. Sie können nicht anders. Wie denn auch? Selbsthilfe ist ja keine Lösung.

Da Gesetzesgläubige von der Sorge besessen sind, nicht gut genug für Gott zu sein, haben sie Angst, vor ihm entblößt zu werden. **Dabei sind wir bereits entblößt. Jeder von uns. Wir sind Gefangene, die Jesus befreit hat.** Er ermöglicht es, von den vorherrschenden Mächten des Bösen frei zu sein, frei von der verdrehten Selbstsucht und unserer grotesken Aufgeblasenheit. Nur um das einmal festzuhalten: Mit kaum jemandem ist so schwer auszukommen, wie mit einem religiösen Mann, der von Selbstsucht bestimmt ist. Doch ist er einmal befreit, heißen wir sein Licht willkommen.

Genauso heißen wir junge Männer wie Ethan willkommen, die nicht nur einen Segen von uns erhalten, sondern uns auch etwas über uns selbst zeigen. Das sind Gebetserhörungen, durch die Gott uns mehr sagen will, als wir eigentlich gefragt haben.

Genauso schätzen wir die Ehrlichkeit unserer Frauen, deren Stimmen zur Stimme des Geistes in uns beitragen, um uns zu helfen, zu Christus-Männern zu werden.

Genauso akzeptieren wir die *„treuen Schläge"** von Seiten eines Freundes, wenn sie Heilung bringen sollen, und wir gehen nachsichtig mit denen um, die durch den Geist Christi noch nicht sanft geworden sind.

* Sprüche 27,6

Wenn es wirklich absolut stimmt – und das tut es –, dass Gott, der jetzt in mir lebt, all meine Gedanken kennt und mich trotzdem liebt, dann muss ich zweierlei sagen: Gott ist mit einem Mal zu meinem besten Freund geworden und vielleicht ist er das immer schon gewesen. Entweder kann ich mich vor seiner Freundschaft fürchten, was der Fall ist, wenn ich nicht an seine Güte glaube, oder ich kann ihn willkommen heißen und ein unglaubliches Leben mit einem neuen Partner und Freund beginnen. Er kennt all meine Not und alles andere in mir. Sein Geist ist der Suchscheinwerfer, der alles aufzeigt. Und sein Geist macht aus meinem Leben ein Licht, das finstere Orte erleuchtet, damit auch andere ihren Weg finden können. Stell dir vor, was passiert, wenn sowohl du als auch deine Frau denselben besten Freund haben – Gott. Stell dir vor, ihr hofft nicht mehr, dass der andere euch nicht enttäuscht, weil ihr wisst, dass menschliche Enttäuschungen zwar unweigerlich kommen, dass euer bester Freund jedoch da ist, um euch bei dem Schlamassel zu helfen. Das verändert das Leben. Dann fragt man sich, warum man je dachte, man bräuchte Religion, wenn man doch ständig im Genuss einer echten Gottesbeziehung stehen kann.

Hinter aller Intelligenz, aller Erfahrung, aller Geistlichkeit steht also die Frage, was und wer wir sind. Moderne Anthropologie betrachtet das kleine *Wer* unserer Existenz – was durch unser Verhalten, unsere Leistungen und unsere sich entwickelnden Sozialmuster zu erkennen ist – und folgert daraus, dass wir intelligenter sind als andere Tiere. Brillant, aber weiter bringt einen die menschliche Vernunft nicht. Wir sehen zwar, dass es noch mehr gibt, können es aber nicht verstehen. Gott lädt uns zu einer anderen Sichtweise ein, die uns das Potenzial verstehen lässt, dass er in uns geschaffen hat. Ein heiliges Potenzial, das seinen vollsten Ausdruck in der Vereinigung von Gott und Mensch findet. Gott sieht Design und Persönlichkeit, nicht nur Verhalten. Er sieht Identität statt nur Leistung und Bestimmung statt nur evolutionäre Migration. Mehr noch, er verleiht uns seinen eigenen Charakter und lässt uns an seiner Herrlichkeit teilhaben, an jener transzendenten Schönheit, die die Quelle unserer Sehnsucht und Freude ist. Seine Herrlichkeit – so dürfen wir entdecken – ist in Freundschaften gegenwärtig, in denen er willkommen ist.

GROSS IST DAS GEHEIMNIS

Die Frage, wer Gott ist und wer wir sind in dieser lebendigen Christus-Mann-Kombination, ist faszinierend und geheimnisvoll. Es ist eine Vereinigung des Unendlichen mit dem Endlichen, die sowohl dem Anthropologen als auch dem Theologen zu denken geben sollte. Unser alter Anhaltspunkt wird ausgelöscht. Das Leben kommt zu dem Sterbenden und eine neue geistliche Intelligenz wird ermöglicht. Diese geistliche Erneuerung liefert dem aufmerksamen Anthropologen den Hinweis auf eine mögliche Kraft, die über eine rein evolutionär bedingte Entwicklung hinausgeht und eine radikale Transformation von Individuen und ganzen Gesellschaften erzeugt. Das ist die Kraft Gottes, den Zerfall von allem rückgängig zu machen, indem er das geistliche Leben in den Kreislauf des Todes und Zerfalls einfügt. Ich bin also zu einem Mann zweier Welten geworden, freudig schizophren und gleichzeitig geistig wunderbar gesund, sterbend und doch lebendiger denn je.

Jesus und der Mann sind ein untrennbares Duo. Der eine ist der Erlöser, der durch seine Auferstehungskraft alle Männer bei ihrem neuen Namen nennt; der andere spiegelt Gott unter seinen Artgenossen wider. Er spricht und tut so gut es geht das, was sein Bruder – Jesus – ihm zu sprechen und tun aufträgt. Das ist der Höhepunkt davon, wer Jesus ist, wer wir sind und wer Jesus und der Mann zusammen sind.

Denk doch nur mal daran, in welcher Beziehung ein Künstler zu seiner Leinwand steht oder ein Bildhauer zu dem Stein unter seinem Meißel. Im Gegensatz zu den leblosen Objekten, die sie mit ihren Werkzeugen bearbeiten, haben sie als Menschen endlose Möglichkeiten, durch die sie der flachen Oberfläche oder dem gewöhnlichen Gestein Leben einhauchen. Mit ausreichend Zeit sind die Resultate schier grenzenlos.

Ich habe eine Theorie über Gott, die ungefähr so klingt: Gott schafft Menschen, weil er gerne schafft und sich wie jeder gute Künstler gerne über seine Kunst ausdrückt, und zwar durch seine Schöpfung. Da Gott grenzenlos ist, braucht er Milliarden von Menschen, durch die er sich vollständig künstlerisch ausdrücken kann. Deshalb sind wir alle so unterschiedlich und tragen trotzdem ähnliche Merkmale, die unsere Bindeglieder zueinander und zu Gott darstellen. Das, was einst Staub, eine flache Leinwand, ein gewöhnlicher Fels war, wird zu einer lebendigen, atmenden Seele. Doch Gott geht noch einen Schritt weiter. Er gibt seiner Kunst seinen eigenen Geist ein, um darin zu leben und aufzublühen, sodass seine Kunst von jedem Blickwinkel betrachtet – von innen wie von außen – zu einem multidimensionalen Geheimnis wird. Er verleiht seinen Kunstwerken sogar die Entscheidungsfreiheit, den Geist des Künstlers anzunehmen oder nicht. Das heißt, dass in seiner Kunst die Kraft innewohnt, über die ursprüngliche Schöpfung noch hinauszuwachsen, noch mehr an Persönlichkeit zu gewinnen, noch kreativer zu werden und in den Genuss einer dynamischen Verbindung zwischen dem lebendigen Kunstwerk und dem lebendigen Gott zu kommen. Dadurch erlangt das Kunstwerk, ohne seine Menschlichkeit zu verlieren, gottähnliche

Eigenschaften. Anders herum gilt: Wenn das Kunstwerk den Geist des Künstlers nicht annimmt, dann sind der moralische, geistliche und intellektuelle Zerfall unausweichlich.

Ein gängiger Einwand unter Männern, die sich dagegen entscheiden, den Geist des Künstlers in sich hineinzulassen, ist der, dass sie ihre einzigartige Persönlichkeit und ihren persönlichen Lebensstil nicht verlieren wollen. Oder sie wollen – aus gutem Grund – nicht zu einem weiteren religiösen Spinner werden. Statt zu versuchen, diese Männer durch Argumente zu überzeugen, schlage ich vor, dass Christus-Männer so authentisch lebendig im Geist Christi werden, dass andere Männer das Angebot des Künstlers einfach unwiderstehlich finden. Um das zu erreichen, müssen wir zulassen, dass der Künstler sein Leben in uns hineingießt. Wir müssen dem Künstler genug Zeit und Raum geben, sein prächtiges Kunstwerk auch tatsächlich fertigzustellen.

Vor einigen Jahren starb eine ganz liebe Freundin von uns an Krebs. Dass Peggy die Erste in unserem engeren Freundeskreis war, die starb, schien sowohl absurd als auch passend. Absurd deshalb, weil sie es von allen Menschen am meisten verdient hatte, zu leben; passend deshalb, weil sie vollkommener, „fertiger" war, als die meisten, die wir kannten.

Wenige Monate vor ihrem Tod trafen sich vier Ehepaare, die seit mehr als einem Vierteljahrhundert gemeinsam das Leben bestritten hatten, ein letztes Mal zu einem Valentinstagessen. Die Mahlzeit war vom Feinsten, das Ergebnis eines Kochkurses, den die Damen besuchten, aber ich bezweifle, ob sich einer von uns noch an den Speiseplan erinnern kann. Woran wir uns hingegen erinnern, ist das, was während der Mahlzeit geschah. Peggy mochte es nie, im Mittelpunkt der Aufmerksamkeit zu stehen, also bat ich sie vor dem Essen um die Erlaubnis, unser Gespräch auf unsere Liebe für sie zu konzentrieren und darauf, was ihr baldiger Weggang – solange kein Wunder geschah – für uns alle bedeutete. Sie schaute mir in die Augen und sagte: „Ich vertraue dir. Tu, was dir gut erscheint."

Die Vorstellung, dass wir Peggy bald verlieren sollten und dass wir als ihre engsten Freunde noch nicht gemeinsam darüber mit ihr gesprochen hatten, machte mich wahnsinnig und hatte uns alle in eine unbeholfene Atmosphäre gehüllt. Wie konnten wir behaupten, Freunde zu sein, wenn wir nicht miteinander über die schwerste Sache reden konnten, die uns bislang treffen würde? Was würden wir später sagen? Wie kann Liebe stärker als der Tod sein, wenn die Erinnerungen einer Lebenszeit mit einer solchen Qual vermischt sind? Warum konnten wir Peggy und einander nicht einfach mit offenen Gefühlen lieben, so schwer das auch sein mochte?

Für uns alle war sie die aufrichtigste Freundin, die wir kannten. Die Reinheit in Peggy machte die Freundschaft zu ihr so einzigartig. An jenem Valentinsabend erzählten wir Peggy und einander, was diese Freundschaft, diese Liebe, diese Beziehungen und all unsere gemeinsamen Lebenskämpfe in unseren Herzen geformt hatten. Später konnten wir den Abend nur so beschreiben, dass wir die Herrlichkeit Gottes erlebt hatten, die in Freundschaft zu finden ist. Wir hatten erlebt, wie sich unsere Herzen mit Freude füllten, während uns Trauer und Liebe die Wangen hinabfloss, hinein ins Meer der Güte Gottes. Gott kam und setzte sich zu uns ins Tal der Todesschatten. Die Frauen schütteten Peggy ihr Herz aus, eine nach der anderen. Die Schönheit ihrer gegenseitigen Liebe war und ist so tief, dass wir staunend dasaßen und der ausdrucksvollen Zuneigung lauschten, die sich wie heiliges Wasser aus den Quellen Bethlehems ergoss.

So bewegend das, was die Frauen Peggy sagten, auch war, wäre es doch unvollständig gewesen, wenn die Männer nicht ihre eigenen Worte hinzugefügt hätten, die eine perfekte Harmonie zu einer schönen Melodie bildeten. Einer der Männer, der sonst nicht so gesprächig ist, drückte sich ganz redegewandt aus. Eine sanfte Kraft mischte sich unter seine Tränen und zeigte sich in seinen Worten. Als Worte die Liebe, die wir im Innern spürten, nicht mehr ausdrücken konnten, brachen wir das Brot und segneten es, tranken den Wein und beteten. Wir empfingen vom Herrn das, was er denen gegeben hat, die an der Gemeinschaft des Leidens teilhaben. Geist und Wahrheit machten uns gegenwärtiger füreinander als zu sonst irgendeinem Punkt einer lebenslangen Freundschaft. „Geh, Liebe", sagten wir, „aber nur, wenn du musst." Vier Monate später konnten wir aufgrund unserer Tränen kaum etwas sehen, als wir ihren Sarg zum Grab trugen, ein weiteres liebevolles Kunstwerk, das nun vollendet war.

DIE ULTIMATIVE ANZIEHUNGSKRAFT

Durch Leid und Tod, genauso wie durch Feier und Freude, lernt der Christus-Mann zu leben und wird jeden Tag im Leben erneuert. Der Tod macht der Vortäuschung falscher Tatsachen den Garaus. Unser Gespräch darüber, dass Männer sich von Schönheit angezogen fühlen und gerne auf der Gewinnerseite stehen, und sei es nur als Zuschauer im Stadion, wandert nun zu einem tieferen und höheren Ort. **Gottes Herrlichkeit ist die ultimative Anziehungskraft für den Mann.** Doch da diese Herrlichkeit oft unsichtbar ist, verlockt es uns, die Herrlichkeit Gottes gegen bruchstückartige und vergängliche Schönheit einzutauschen. Wenn ich an diesem Köder anbeiße, erlebe ich die Leere, gegen die ich doch eigentlich so hart arbeite. Wenn die Herrlichkeit Gottes und unsere Beziehung zu ihm tatsächlich die Freudenquellen für den Christus-Mann darstellen, warum gibt es dann so wenige freudevolle Männer? Und mit „freudevoll" meine ich nicht, naiv, verweiblicht oder bloß optimistisch zu sein. Ich meine wahrhaft freudevolle und glückliche Männer. Ich glaube, der Mangel an solchen Männern liegt daran, dass unsere Leiter geübte Händler sind, die die Herrlichkeit Gottes gegen Genüsse eintauschen, die unsere Männlichkeit nahezu ausgelöscht haben. Deswegen ist die Freundschaft unter uns Männern nur noch ein Schatten von dem, was woanders existiert.

Doch der Christus-Mann sieht dieses Dilemma. Er hat nicht nur die Heilung für seine Selbstsucht empfangen, sondern befindet sich auch auf einer Reise mit Gott, auf der unser Vater _„viele Sünder zur Herrlichkeit führen"_* will und auf der die eigenen Schwächen offengelegt werden. **Wenn Gott unser Freund ist, verändert das alles. Weil Gott dieses erstaunliche Werk in uns vollbringt, schämt Jesus sich nicht, uns seine Brüder zu nennen.**** **Ich bin sein Bruderherz und du auch.** Die geistliche Freundschaft schließt die verborgenen Geheimnisse von uns Männern auf, und dadurch können wir allen unseren Mitmenschen Heilung und Leben bringen. Und das geht mit Authentizität, Ehrlichkeit und Weisheit einher. Wir legen die falsche „Verantwortung" ab, andere „in Ordnung" bringen zu wollen, und laden stattdessen unsere Freunde und Familie ein, zu einem Heiligtum zu werden, in dem die Gegenwart von Jesus zu Hause ist.

Da die Herrlichkeit Gottes also im Christus-Mann wohnt – sprich: der Geist und die Wahrheit unseres Bruders Jesu –, kann er auch auf der gezackten Kante zwischen Glauben und Kultur balancieren. Mehr noch, er kann die beiden integrieren. Er lernt

* Hebräer 2,10
** Hebräer 2,11

die Dialekte der Kultur und Gesellschaft, in der er lebt. Er stellt den Kulturkrieg ein und ersetzt ihn durch rücksichtsvolles Handeln und einen lebensspendenden Dialog, der durch die Weisheit Gottes überzeugt. Das tut er, weil er sich in dem Ziel Jesus angeschlossen hat, Freiheit für alle Männer zu erlangen. Eine Freiheit, die nicht mehr im Widerspruch zum Gehorsam steht, sondern zusammen mit Gehorsam die beiden Pole bildet, die unsere Existenz im Gleichgewicht halten. Obwohl wir immer noch die Kapazität zum Bösen haben, entscheiden wir uns für das Gute.

Aus heiterem Himmel sagte mein erwachsener Sohn einmal: „Papa, danke, dass du kein Zombie bist." Er kennt sich selbst und andere Männer gut genug, um zu wissen, dass Männer durchaus zu Zombies werden können, die ihre toten und sterbenden Überreste in äußeren Schalen verstecken.

„Was meinst du damit?", fragte ich.

„Die meisten Männer in deinem Alter haben bereits abgeschaltet", sagte er, „und es ist unmöglich, noch ein richtiges Gespräch mit ihnen zu führen."

Das ist eine traurige Wahrheit, aber hoffentlich nicht die letzte Wahrheit für die gegenwärtige Generation von Männern. Es ist noch nicht zu spät. Doch nichts von dem, was du auf diesen Seiten gelesen hast, wird dein Leben verändern, wenn du zu deinem schweigenden und einsamen Leben zurückkehrst und es einfach bis zum Ende durchstehen willst.

Zum Abschluss also noch ein paar letzte Gedanken und Tipps, damit du wieder ein bisschen Leben in einen müden Zombie gießen kannst:

- Akzeptiere, dass du nicht vollkommen und nicht „selbstvervollkommnungsfähig" bist, und genauso wenig sind es deine Glaubensbrüder und Angehörigen.

- Halte Ausschau nach Männern, die wirklich leben. Solche Männer bauen ihr Leben um ganz bewusst gestaltete Freundschaften. Ein Mann mit engen Freunden ist ein Mann, der im Geist und in der Wahrheit bei seinen Mitmenschen präsent ist.
- Verbitterung stößt Freunde ab; ein reines und sanftes Herz zieht andere an, die sonst Fremde bleiben würden. Ein Christus-Mann heißt jedermann willkommen, selbst einen Mann, der ihn möglicherweise verrät.
- Ein Christus-Mann ist ein Mann ohne Geheimnisse, ein Mann, durch den Licht und Liebe ungehindert strömen können. Das ist das Ziel des Mannseins. Wie mein Vater gegen Ende seines Lebens sagte: „Meine Sorgentage sind vorbei." Er hatte die tiefe und alte Poesie im Herzen unseres himmlischen Vaters entdeckt, die einem Mann sein Lied gibt.

Es gäbe noch vieles, was man über Charakter, Ehre, Schönheit, Wahrheit und Liebe sagen könnte, aber du kannst es durch dein eigenes Leben sagen und durch die Worte deines Herzens, die Widerklang in den Herzen anderer finden werden – in den Herzen deiner Söhne oder Töchter, deiner Ehefrau, deiner Mitreisenden und deiner Freunde. Du musst nur den Mut fassen, über das zu sprechen, was du fühlst und schon viel zu lange unausgesprochen gelassen hast.

Möge von den Männern im Haus gesagt werden: Wir brauchten am Ende keine große Bewegung. Wir brauchten nur einen Freund. Und möge über uns gesagt werden, dass wir als Männer allen freundlich begegnet sind und allen Freundschaft angeboten haben.

EIN GEBET FÜR INNERLICH LEERE MÄNNER

Herr, fülle mich mit deiner Gegenwart.
Ersetze meine Wünsche und meinen Willen
mit deiner heiligen Leidenschaft,
mit deinem Willen,
und lass das Reden meines Mundes
und das Sinnen meines Herzens
wohlgefällig vor dir sein,
Herr, mein Fels und mein Erlöser.

Der Verlag weist ausdrücklich darauf hin, dass bei Links im Buch zum
Zeitpunkt der Linksetzung keine illegalen Inhalte auf den verlinkten Seiten
erkennbar waren. Auf die aktuelle und zukünftige Gestaltung, die Inhalte oder
die Urheberschaft der verlinkten Seiten hat der Verlag keinerlei Einfluss.
Deshalb distanziert sich der Verlag hiermit ausdrücklich von allen Inhalten
der verlinkten Seiten, die nach der Linksetzung verändert wurden,
und übernimmt für diese keine Haftung.

1. Auflage 2018
Bestell-Nr. 817512
ISBN 978-3-95734-512-7

Umschlaggestaltung: Hanni Plato
Umschlagfoto: rdonar/Alamy Stock Photo
Satz: Greiner & Reichel, Köln
Druck und Verarbeitung: GGP Media GmbH, Pößneck
Printed in Germany

www.gerth.de